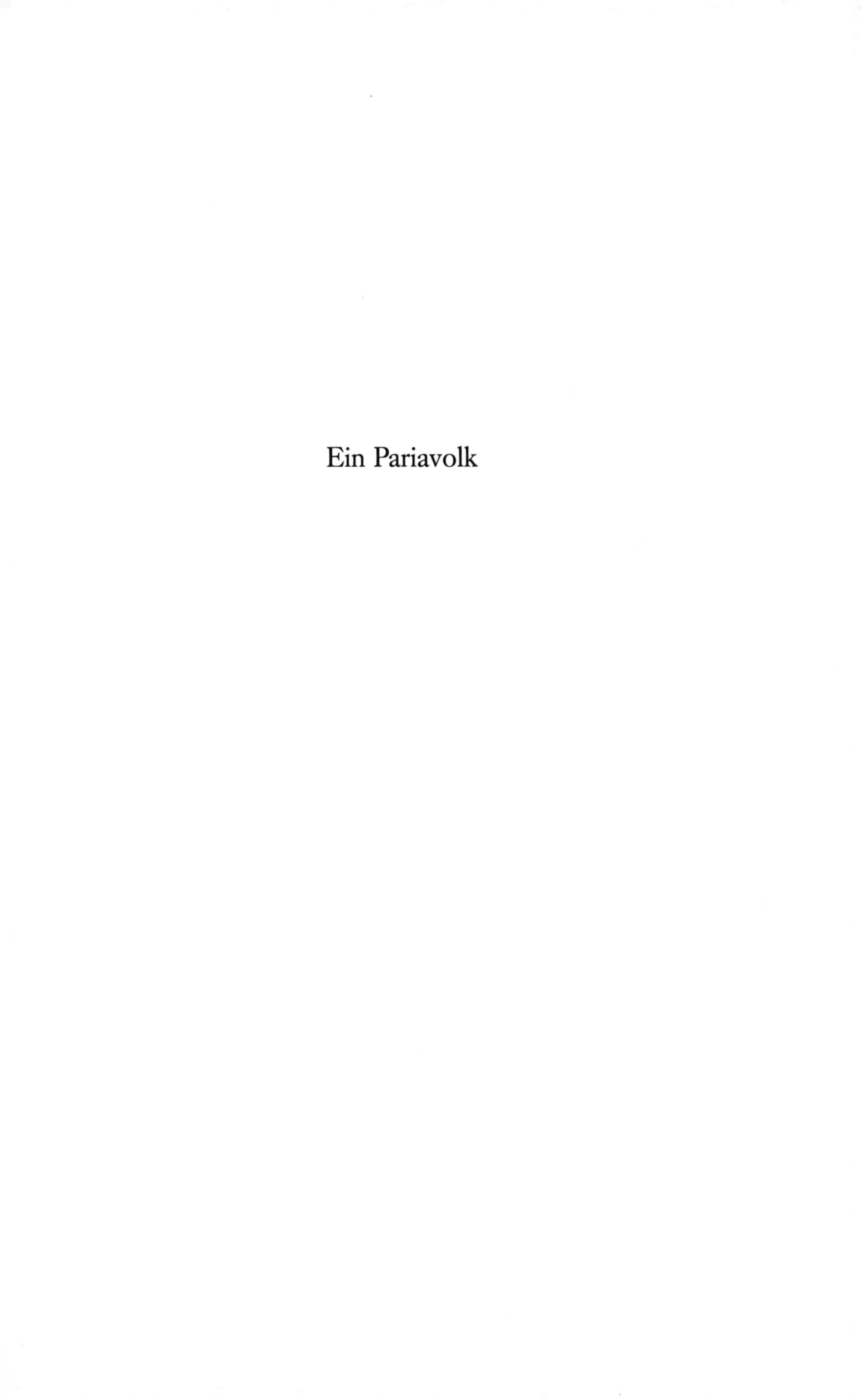

Ein Pariavolk

Umschlag vorn:
Verbrennung der Juden
Holzschnitt aus der Schedelschen Weltchronik, 1493

Die Deutsche Nationalbibliothek verzeichnet diese Publikation
in der Deutschen Nationalbibliografie;
detaillierte Daten sind im Internet über https://portal.dnb.de/ abrufbar.

Originalausgabe: A Pariah People. The Anthropology of Antisemitism,
London: Constable and Company Limited 1996

Hentrich & Hentrich Verlag Berlin Leipzig
Inh. Dr. Nora Pester
Haus des Buches
Gerichtsweg 28
04103 Leipzig
info@hentrichhentrich.de
http://www.hentrichhentrich.de

Korrektorat: Wilma Schütze
Umschlag: Gudrun Hommers
Satz: Barbara Nicol

1. Auflage 2019

Printed in the EU
ISBN 978-3-95565-307-1

Hyam Maccoby

EIN PARIAVOLK

Zur Anthropologie des Antisemitismus

Herausgegeben von Peter Gorenflos
Aus dem Englischen von Wolfdietrich Müller

Inhalt

Vorwort des Herausgebers

Hyam Maccoby wurde in den USA vor allem durch sein Theaterstück „Die Disputation" bekannt, das sehr erfolgreich in zahlreichen Großstädten aufgeführt wurde. Die historische Vorlage dafür war ein Streitgespräch zwischen einem jüdischen Gelehrten und einem christlichen Priester im Barcelona des 13. Jahrhunderts mit dem Zweck – der sein Ziel verfehlte – Juden zur Konversion zu bewegen. Im überwiegend katholischen Kontinentaleuropa ist der britische Altertumsgelehrte, Talmudphilologe, und ehemalige Bibliothekar des Leo Baeck College in London fast unbekannt. In der Bundesrepublik sind seine Bücher „Der Mythenschmied", „Jesus und der Jüdische Freiheitskampf" (Ahriman) und „Der Heilige Henker" (Thorbecke) erschienen, ohne jemals die öffentliche Aufmerksamkeit zu erhalten, die sie verdienen. Vielleicht liegt diese Zurückhaltung an der brisanten Materie, mit der sich Maccoby beschäftigt, die Entstehung und die historische Dynamik des Christentums. Seine Erkenntnisse sind nicht ganz neu, aber noch nie wurden sie so genau begründet, so übersichtlich dargestellt und so präzise formuliert wie von ihm, dem Anhänger der Historikerschule „die Sicht auf den Juden Jesus".

In seinem Buch „Ein Pariavolk", das nun endlich auch in deutscher Sprache vorliegt, untersucht Maccoby das Phänomen des Antisemitismus mithilfe anthropologischer Methoden und vergleicht die Situation der Juden in der christlichen Gesellschaft mit der Situation der Unberührbaren in Indien, in Anlehnung an eine Arbeit von Max Weber, dessen Schlussfolgerungen Maccoby widerlegt. Weder führte die bewusste Absonderung der Juden zu ihrer Herabstufung als Paria, noch das Ressentiment aufgrund vergangener Niederlagen, noch waren sie jemals mit diesem Kastenstatus einverstanden, wie die Unberührbaren Indiens. Ursache war die Gewalt und Unterdrückung der christlichen Gesellschaft, in der sie lebten und in deren religiöser Phantasie sie eine zentrale Rolle spielten. Es war das Stigma der Christusmörder, das auch nach der Aufklärung weiterwirkte und nun plötzlich in pseudowissenschaftlicher Verkleidung als Rassentheorie auftrat. Die verpönte Opferung eines inkarnierten Gottes als Voraussetzung der eigenen Erlösung, das ist das Dilemma der christlichen Religion und ihrer eigentlichen Vorläufer, den hellenistischen Mysterienkulten.

Maccoby erklärt uns, weshalb Jesus nicht der Gründer des Christentums gewesen sein konnte, sondern fest in der jüdischen Gemeinschaft verankert war und der Pharisäerfraktion angehörte. Er hatte den messianischen Anspruch, die jüdische Monarchie wiederherzustellen und sein Land vom

Joch der römischen Besatzung zu befreien und diese offene Provokation brachte ihn ins Gefängnis und nach der Verurteilung durch den römischen Statthalter Pontius Pilatus ans Kreuz, wo er, wie zahlreiche andere jüdische Freiheitskämpfer, einen Märtyrertod starb. Nur seine unmittelbaren Anhänger, die Nazarener, glaubten an seine Auferstehung und baldige Wiederkehr als Messias, angeregt durch die biblische Eliaslegende.

Maccoby belegt durch zahlreiche Indizien, dass der eigentliche Begründer der neuen Religion des Christentums Paulus war, den er als griechischen Abenteurer entlarvt, der nur oberflächlich mit dem Judentum vertraut war. Seine Heimatstadt Tarsus in Kleinasien verließ er erst als Erwachsener und versuchte, beeindruckt von jüdischen Autoritäten, Anschluss an die Pharisäer zu finden und bei ihnen Karriere zu machen. Seine Ambitionen scheiterten allerdings, er wurde niemals jüdischer Gelehrter, wie er selbst von sich behauptete. Schließlich schloss er sich – wohl aus Verzweiflung – der Hilfspolizei des Hohepriesters an. In seiner Funktion als Polizeiagent nahm Paulus, damals noch Saulus, zunächst an der Verfolgung der Nazarener teil.

Auf dem Weg nach Damaskus, wo er jüdische Widerstandskämpfer aus der Nazarener-Fraktion festnehmen sollte, überkam diesen innerlich zerrissenen Abenteurer eine Art Halluzination, eine Offenbarung, bei der ihm nach eigenen Angaben Jesus erschien. Dies war der Ausgangspunkt der Gründung einer neuen Religion, dem Christentum. Denn von den Vorstellungen der Nazarener, der jüdischen Anhänger Jesu, war Paulus fasziniert. Eine gekreuzigte und wiederauferstandene Messiasfigur erinnerte ihn an die Mysterienreligionen seiner Kindheit, den Kult um Baal-Taras, der seiner Heimatstadt den Namen gab. Wie auch in anderen hellenistischen Mysterienreligionen, dem Adoniskult in Syrien, dem Osiriskult in Ägypten oder dem phrygischen Attiskult, starben hier geopferte Götter und erlebten danach ihre Wiederauferstehung. Ihr Leiden war für die seelische Erlösung ihrer Anhänger erforderlich und setzte einen finsteren Täter voraus, auf den man die Schuld für das notwendige Opfer verschieben konnte. Dieses Gebräu begann im Kopfe des Paulus zu gären und vermischte sich mit dem Konzept des Gnostizismus, bei welchem ein außerweltlicher Erlöser vom Himmel herabsteigt, um wenigen Auserwählten die wahre Erkenntnis, die „Gnosis“ zu bringen. Er war nachweislich vor dem Christentum unter Griechen in Alexandria entstanden, die zunächst vom Judentum beeindruckt waren, den Anschluss suchten, aber dann vor den Anforderungen der Thora kapitulierten und in Feindschaft zu dieser Religion traten. Genau in diesem Dilemma befand sich auch Paulus, der aus diesen drei Elementen, den Mysterienkulten, dem Gnostizismus und dem Judentum eine neue Religion, einen hochvirulenten Mythenmix von durchschlagender Wirkung zu fabrizieren begann.

Zunächst schloss sich Paulus den Nazarenern an, gewann ihr Vertrauen und die Berechtigung zur Heidenmission, doch dann kam es zum Streit, als klar wurde, dass er das völlig neue Konzept verbreitete, Jesus sei für die Sünden der Menschen und für deren Erlösung gestorben, sein Sühne- und Opfertod habe die Thora überflüssig gemacht, und er sei als göttliches Wesen anzusehen. Nach einem Konzil in Jerusalem lavierte er sich zunächst heraus, dann wurde ihm fünf Jahre später der Prozess gemacht und es kam zum endgültigen Bruch zwischen ihm und den jüdischen Jesusanhängern.

Paulus war es auch, der das Abendmahl als zentrales Sakrament seiner neuen Religion einführte, nicht Jesus. Dieses knüpft nur oberflächlich an den Kiddusch an, der ein einfaches Dankgebet für Gott ist. Das Abendmahl hingegen ist ein Opferritual, bei dem ein inkarnierter Gott-Mensch symbolisch verspeist wird. Der Wein wird zu seinem Blut, das Brot zu seinem Fleisch. Paulus' Begriff vom „Mahl des Herrn" ist direkt den Mysterienkulten entnommen. Das Wort Hostie kommt aus dem Lateinischen (*hostia*) und bedeutet Opfer. In ihrer Vorgeschichte dienten diese Kulte der Fruchtbarmachung der Felder, der Abwendung einer Gefahr, der Gründung einer neuen Stadt oder eines neuen Stammes, wobei richtige Menschenopfer durchgeführt wurden. Die Mysterien-Religionen schwächten den Menschenopfer-Ritus ab und die jüdische Religion überwand ihn zunächst symbolisch und schließlich mit der Geschichte von Abraham und Isaak vollständig. Paulus aber revidiert diese Entwicklung und macht ein phantasiertes Menschenopfer zum zentralen Thema seiner neuen Religion. Er überträgt die Vorstellung vom stellvertretenden Sühnetod eines Gottes zwecks Erlösung auf eine historische Person, Jesus, was seinem Mythenmix eine besonders dramatische Aura verleiht und die Notwendigkeit eines verantwortlichen Sündenbockes wiederaufleben lässt, den er bereits in „den Juden" ausfindig zu machen beginnt. Formell hält er aber am Judentum fest, welches er usurpiert und umbauen will ohne sich von ihm loszusagen, um für seine Anhänger einen Neuen Bund mit Gott zu schmieden.

Nach dem Jüdischen Krieg (66–70 u.Z.) und der Zerstörung des Tempels begann sich die jüdische Nazarener-Bewegung langsam aufzulösen. Als die konkurrierenden paulinischen Jesusanhänger, die Heidenchristen, von jüdischer Seite nichts mehr zu befürchten hatten, gingen sie von Rom aus – ihrem neuen religiösen Zentrum – in die Offensive. Mit den Evangelien, die zwischen dem Jahr 70 und 110 u.Z. geschrieben wurden, begann die Ära des virulenten Antisemitismus. Die Pharisäer wurden als trockene Heuchler verächtlich gemacht, was zu den antijüdischen Stereotypen des Mittelalters und danach wesentlich beitrug und „die Juden" für den Tod Jesu verantwortlich gemacht. Aus Judas Ischariot konstruierte man einen geldgierigen Täter, der Jesus für 30 Silberlinge verraten haben soll. Seinen Namen suchte man aus, weil er stellvertretend für das ganze jüdische Volk steht. Damit war endlich der Sündenbock, der „Heilige Henker", gefunden, der die böse Tat, die für die Erlösung der Gemeinschaft erforderlich ist, vollbringt. Für die spätere Entwicklung war das entscheidend, denn mit „den Juden" hatte man jetzt ein Reservoir an Prügelknaben über alle Generationen, die man als Blitzableiter missbrauchen konnte.

Hyam Maccoby belegt, dass die Hauptaufgabe des Neuen Testamentes darin besteht, den radikalen Bruch zwischen paulinischen und jüdischen Jesusanhängern zu verschleiern und in einen Konflikt zwischen angeblich einträchtigen Jesusanhängern und „den Juden" auf der anderen Seite umzumünzen, die sich starrsinnig weigerten, Jesus als den endgültigen, göttlichen Messias anzuerkennen. Die Evangelien entpolitisieren Jesus, den sie von einem antirömischen, jüdischen Widerstandskämpfer mit messianischem Anspruch in einen antijüdischen, hellenistischen Mystagogen verwandeln und gleichzeitig in eine mythische Opferfigur zwecks Erlösung der Sünder. Um im Römischen Reich als Religion Erfolg zu haben, durfte im Zentrum des Christentums kein antirömischer Aufwiegler stehen, der für sein Ziel, sein Land von den römischen Invasoren zu befreien, mit dem Tod am Kreuz bestraft worden war.

Die Zerstörung des Tempels war das einschneidende Ereignis, das der paulinischen Kirche Auftrieb gab, denn es wurde als Beweis für die Richtigkeit von Paulus' Idee betrachtet, dass die neue Religion den Alten Bund der Israeliten ablösen würde und dass die Juden bestraft worden seien für ihre Uneinsichtigkeit, Jesus als göttliche Figur anzuerkennen, der auch für ihre Sünden am Kreuz gestorben sei. Nach der jüdischen Kriegsniederlage im Jahre 70 n.u.Z. konnte sich die Heidenkirche frei entfalten. Maccoby demonstriert den verlogenen Charakter der Evangelien, ihre skrupellose Tatsachenverdrehungen, die sie zu antijüdischen Tendenzschriften machen, in denen die Juden die Rolle der Schurken übernehmen, die für Jesu Tod verantwortlich gewesen sein sollen. Bereits bei Paulus beginnt die Usurpation des Judentums, eine feindliche Übernahme, in der die Hebräische Bibel zu einer Art Propädeutik seiner eigenen neuen Religion herabgestuft wird, in der alle biblischen Propheten – die nach seiner Auslegung bereits Opfer der jüdischen Bevölkerung gewesen sein sollen – nur den eigentlichen Messias, Jesus Christus, angekündigt hätten.

Der eigentliche Pariastatus der jüdischen Bevölkerung beginnt im mittelalterlichen christlichen Europa aber erst, nachdem die Kirche politisch stark genug geworden war, um ihre religiösen Phantasien in soziale Realität umzuwandeln. Erst jetzt, ab dem 12. Jahrhundert, wurden sie von allen ehrbaren Berufen ausgeschlossen und mussten von einer für Christen tabuisierten Tätigkeit, dem Geldverleih, leben. Erst jetzt fielen sie christlichen Pogromen zum Opfer, wurden stigmatisiert zu Brunnenvergiftern, Hostienschändern, Kindesmördern, eben zu jenen dämonischen Gestalten und „Untermenschen", die in Ghettos gedrängt und von der restlichen Gesellschaft isoliert und verachtet wurden. Im Gegensatz zu den Unberührbaren im hinduistischen Indien, die fest in ihre Umgebung eingebettet waren, nutzten die jüdischen Bürger jeden Fortschritt in der jeweiligen Umgebung, um Karriere zu machen, die dann nur umso mehr als Provokation empfunden wurde, Neid und Hass hervorrief. Das Paradebeispiel dafür war das Spanien des 16. Jahrhunderts, wo die konvertierten Juden die ersten, und lange Zeit einzigen Opfer der Inquisition waren, jener Vorläuferin des Holocaust. Die Unberührbaren Indiens hatten sich im Gegensatz dazu mit ihrem Status abgefunden in der vagen Hoffnung, durch Seelenwanderung irgendwann in der gesellschaftlichen Hierarchie aufzusteigen.

Nach der Aufklärung bekamen die Juden volles Bürgerrecht, zunächst in Frankreich, dann in den anderen europäischen Ländern und zuletzt in Russland. Die rechtliche Benachteiligung fiel, aber das Stigma blieb und aus den angeblichen Brunnenvergiftern, Kindermördern und Hostienschändern von gestern wurden die Fremden schlechthin, die Verschwörer, die ihre „Gast"-Gesellschaften feindlich übernehmen wollten. Die „Protokolle der Weisen von Zion" wurde die Bibel der modernen Antisemiten und der Judenhass bekam ein neues, pseudowissenschaftliches Gesicht. Die Rassentheorie kam in die Welt, die von Hitler und seinen Gefolgsleuten aufgegriffen wurde, nachdem ein Sündenbock gesucht wurde für die Misere der Weimarer Republik nach der Kriegsniederlage im Ersten Weltkrieg. Diese Entwicklung endete mit der Katastrophe des Zweiten Weltkrieges und des Holocausts.

Maccoby macht klar, dass der von den christlichen Kirchen konstruierte Grabenbruch zwischen mittelalterlichem und modernem Judenhass nicht zu halten ist. Die Nazis hatten in ihrer Hetze gegen die jüdische Bevölkerung nur auf Stereotype aus dem bereits vorhandenen mittelalterlichen, christlichen Repertoire zurückgreifen müssen. Selbst für Hitlers „Tausendjähriges Reich" gab es einen Vorläufer, der das christliche Denken wie einen roten Faden durchzieht. Es war die Idee von der Endzeit, bei der die Heere Christi gegen den – jüdischen! – Antichristen ziehen und alle Juden mit Mann, Frau und Kind ausrotten. Dies war im mittelalterlichen Christentum die etwas heikle alternative Version zur Idee von der Wiederkehr Christi, bei der alle Juden zur Einsicht von der göttlichen Natur Jesu bekehrt würden.

In seiner anthropologischen Betrachtung des Antisemitismus vergleicht Maccoby den Status der Juden nicht nur mit dem der Unberührbaren in Indien, erläutert Gemeinsamkeiten und Unterschiede, sondern auch mit dem anderer Pariagruppen, wie z.B. den Baraku in Japan, einer von Bürokraten der Edo-Zeit im 17. Jahrhundert künstlich erschaffenen Pariagruppe, die der aufstrebenden Zunft der Handwerker und Händler das Gefühl geben sollte, etwas Besseres zu sein. Er führt uns die Beständigkeit des Stigmas vor Augen, als der Lumpenhandel in Paris, einst die Arbeit von Juden, nach deren Vertreibung von gläubigen Katholiken übernommen wurde, die sofort „les juifs", die Juden, genannt und ähnlichen Vorurteilen und Repressionen ausgesetzt waren. Auch erfahren wir, weshalb es in nicht-christlichen Ländern wie Indien oder China nicht zur Entwicklung von Antisemitismus gekommen ist und weshalb den Azteken der christliche Zentralmythos so vertraut vorkam.

Maccoby vergleicht in diesem Meisterwerk auch die beiden anderen Usurpationsmythen, die Gnosis, von deren Ideen das Christentum viel übernommen hat, und den Islam. Beide sind weit weniger virulent als die christliche Variante, weil das Übernahmeangebot dort nur sehr beschränkt ist, bei der Gnosis auf das Buch Genesis, beim Islam auf die religiösen Ursprünge. Statt Isaak ist es dort Ismael, den man als Stammvater proklamiert und die Hebräische Bibel wird zu einem „jüdischen Missverständnis" umgedeutet. Maccoby erklärt uns den Zusammenhang zwischen Usurpationsmythos und Pariastatus und entlarvt den Mythos vom jüdisch-christlichen Abendland als Synkretismus-Schwindel.

Vor allem zeigt uns Maccoby die besondere Malignität des christlichen Antisemitismus, der den Holocaust auf dem Gewissen hat. Er macht uns die Besonderheiten des christlichen Usurpationsmythos klar, bei dem die vermeintliche Vorgängerreligion nicht nur einem vollständigen feindlichen Übernahmeversuch ausgesetzt war. Die degradierten Vorgänger vom Alten Bund mit Gott, dessen Anerkennung als auserwähltes Volk man jetzt für sich selbst in Anspruch nahm, wurden zusätzlich des Gottesmordes beschuldigt, der verpönt, aber entscheidend für die Erlösung der Gläubigen im Neuen Bund war.

Peter Gorenflos
Berlin, den 3. Januar 2019

Vorwort des Autors

Es gibt viele Theorien, die den Anschein erwecken, das Phänomen des Antisemitismus zu erklären. Oft wird nahegelegt, Judenhass sei irgendwie die Schuld der Juden: Sie seien ein eingeschworener Klüngel, sie hätten eine Religion, die von der Norm abweiche, sie seien an einer Verschwörung zur Übernahme der Weltherrschaft beteiligt, sie seien die Gründer des Kapitalismus, sie seien die Gründer des Kommunismus, irgendetwas stimme nicht mit ihrem Blut, sie hätten lange Nasen oder üblen Mundgeruch oder bleiche Gesichter, sie kleideten sich anders oder (noch hinterlistiger) genauso wie andere. Sie seien feige Pazifisten (wie sich zeigte, als sie lammfromm in die Gaskammern marschierten, nackt vor den Maschinengewehren) und auch militaristische Tyrannen (wie sie bewiesen, als es ihnen endlich gelang, Waffen zu erlangen, um sie gegen ihre Feinde einzusetzen).

Was ist es, was Menschen veranlasst, den Juden für alles, was in ihrem Leben nicht in Ordnung ist, wie auch für den Antisemitismus selbst die Schuld zuzuschreiben? Ist diese Tendenz weltweit oder auf bestimmte Regionen der Welt beschränkt? Was gibt es da in der Beziehung zwischen dem Judentum und seinen Ablegern, was dieses Syndrom des Hasses ausgelöst hat?

Das gewaltige Massaker an den Juden im Holocaust hat bei Christen ein Schuldgefühl geweckt. Gedankenloser Antisemitismus, der in der westlichen Literatur bis zum Zweiten Weltkrieg an der Tagesordnung war, ist jetzt unterbunden. Obwohl christliche Traditionen in Europa und Amerika seit dem Krieg kritisch gesehen werden, ist der mittelalterliche religiöse Antisemitismus in Osteuropa erneut in Erscheinung getreten, wo paradoxerweise der offizielle Atheismus die Entwicklung einer kritischen modernen Deutung religiöser Texte verhindert hat. In Südamerika ist Antisemitismus der mittelalterlichen Art weit verbreitet.

Noch besser als eine Untersuchung der Antisemiten ist es, die Gesellschaft, in der Antisemitismus auftritt, zu beleuchten. Ist Antisemitismus auf irgendeine Weise ein notwendiges Element in einer bestimmten Art von Gesellschaft? Hat Antisemitismus eine Funktion zu erfüllen, die dazu beiträgt, die Gesellschaft zusammenzufügen, ihre Mitglieder von störender Schuld zu erlösen, um ihnen Hoffnung für die Zukunft geben zu können? Den Scheinwerfer von den Juden selbst und einzelnen Antisemiten abzulenken und stattdessen auf die Gesellschaft an sich zu richten ist im Grunde eine anthropologische Untersuchung – keine rein soziologische –, weil sie

Faktoren ins Spiel bringt, die in allen Gesellschaften wirken, sei es in westlichen oder östlichen, modernen oder antiken. Bedeutsam in dieser Untersuchung ist der Vergleich zwischen der Rolle, die die Juden in der westlichen Gesellschaft spielten, und jener, die die Unberührbaren in der hinduistischen Gesellschaft spielten, weil die Unberührbaren ein Muster einer benachteiligten Gruppe darstellen, die wesentlich für das religiöse Gefüge und Ethos der betreffenden Gesellschaft ist. Grundsätzlich gilt für den Begriff der Pariaklasse, dass ihre Rolle in ein religiöses Hierarchiesystem eingebettet ist; dies unterscheidet sie von einer bloß unterdrückten Klasse, wie etwa Afroamerikaner im amerikanischen Süden, deren Rolle dem herrschenden demokratischen Ethos der amerikanischen Gesellschaft sogar zuwiderlief.

Die vorliegende Untersuchung betrachtet somit Antisemitismus als ein Phänomen, das nicht mysteriös ist. Es kann durch vergleichende Studien verschiedener Gesellschaftsformen in alter, mittelalterlicher und neuer Geschichte erklärt werden. Die in anderen Interpretationen oft angeführten Ursachen, wie zum Beispiel ökonomische Spannungen oder Fremdenhass, werden als zu schwach befunden, um dieses außerordentliche und durchgängige Phänomen hinreichend zu erklären. Obgleich aus Elementen zusammengesetzt, die auch anderswo zu finden sind, ist die besondere Kombination, die zum Antisemitismus führt und einer bestimmten historischen Verkettung von Ereignissen entspringt, einzigartig.

In früheren Büchern habe ich Aspekte erforscht, die für die vorliegende Untersuchung unentbehrlich sind: den jüdisch-christlichen Konflikt, die Entwicklung des Neuen Testaments, den Judas-Ischariot-Mythos, den Opfermythos, die Misere der Juden im mittelalterlichen Christentum. In diesem Buch entwickle ich meine Erkenntnisse zu einer umfassenden Theorie des Antisemitismus.

Dankbar möchte ich die herzliche und anregende Unterstützung meiner Kollegen und Studenten am Leo Baeck College anerkennen. Bedanken möchte ich mich auch bei meinem Freund Daniel Brin, dem Herausgeber von Heritage, Los Angeles, für die unermüdliche Unterstützung meiner Arbeit und für die Inspiration durch sein Vorbild. Mein besonderer Dank geht an Mary Douglas für ihre großzügige Hilfe und anregende Kritik bei unserem anhaltenden Gedankenaustausch. Der Dank, den ich meiner Frau Cynthia für ihre ständige Hilfe, die kreativen Kommentare und die liebevolle Unterstützung schulde, lässt sich nicht in Worten ausdrücken.

Hyam Maccoby
Kew, 11. März 1996

Kapitel 1

Der Pariastatus der Juden im Christentum

Nehmen wir einmal an, ein Anthropologe aus irgendeiner Zivilisation im Weltall landete auf der Erde und übernähme als wissenschaftliche Aufgabe die Erforschung des Antisemitismus. Sein Bericht könnte in Teilen wie folgt lauten:

> Es gibt eine besondere Gruppe von Menschen, Juden genannt, die in vielen Ländern der Erde eine merkwürdige Stellung haben. Aufgrund einer gemeinsamen Religion und Geschichte und Verbundenheit mit einem Land im Nahen Osten, wo sie einst ein souveränes Volk waren, bilden sie eine ausgeprägte Gemeinschaft. Aber wie viele andere Völker verloren sie ihr Land und ließen sich in anderen Ländern nieder, behielten dabei durch ihre Religion ihre Identität, verhielten sich aber in allen anderen Aspekten, sofern man es ihnen gestattete, wie Bürger ihres Aufenthaltslandes. Während der rückständigen Epoche, die als Mittelalter bekannt ist, verweigerte man ihnen sowohl das Bürgerrecht als auch den Zugang zu ehrbaren Berufen und unterwarf sie sporadischer und zuweilen bitterer Verfolgung. Doch selbst in dieser Epoche wurden ihre Begabung und Nützlichkeit in Zeiten größter Not anerkannt, und viele kulturelle Leistungen des Mittelalters können ihnen zugeschrieben werden. Kurze Abschnitte, in denen man den Juden ein gedeihliches Leben erlaubte, wechselten mit längeren Perioden ab, in denen sie drangsaliert, massakriert oder grausam aus ihren Häusern verjagt wurden. Aber wenn aufgeklärtere Geisteshaltungen vorherrschten, erhielten sie volles Bürgerrecht und durften sich an der Kultur ihrer Aufenthaltsländer beteiligen. Sie reagierten auf diese Freiheit mit Begeisterung, und viele unter

ihnen trugen in bemerkenswerter Weise zu der Kultur bei, zu der man ihnen Zugang gewährt hatte. Sie bewiesen mit eifriger Dankbarkeit ihre Loyalität und gaben zur Verteidigung des Staates in Kriegszeiten in unverhältnismäßig großer Zahl ihr Leben hin.

Sie waren jedoch enttäuscht und erstaunt, als sie feststellen mussten, dass sie, je mehr ihnen offiziell öffentliche Anerkennung zuteil wurde, desto stärker zu Zielen paranoider Fantasien wurden, in denen sie beschuldigt wurden, sich gegen ihre Gastgesellschaften zu verschwören und die Macht über die ganze Erde anzustreben. Diese paranoiden Fantasien, die sämtlich durch die Zuschreibung einer furchterregenden Macht an die Juden charakterisiert sind, schlummerten in Perioden des Wohlergehens, wenn insgesamt rationalere Grundhaltungen vorherrschten. Wurde aber ein Land von einer politischen oder ökonomischen Krise getroffen, erstarkten zuvor schwache Bewegungen, die auf antijüdischer Paranoia beruhten, und sprangen zuweilen sogar auf die Regierung des Staates über. In solchen Zeiten kannten die Wut und Grausamkeit, mit denen die Juden behandelt wurden, keine Grenze. Außerdem gab es auch in Zeiten des Wohlstands viele Anzeichen, dass die Juden trotz ihrer Emanzipation im rechtlichen Sinn mit Verachtung und Misstrauen betrachtet wurden. Das hat dazu geführt, dass manche Juden aus Hoffnungslosigkeit hinsichtlich echter Anerkennung auf die Idee kamen, ihre Gastgesellschaften aufzugeben und an den Ort ihres Ursprungs im Nahen Osten zurückzukehren. Dies hatte jedoch weitere Paranoia zur Folge. Der jüdische Versuch, ‚nach Hause' zurückzukehren, wurde als ein weiterer Schritt hin zur jüdischen Weltherrschaft interpretiert, und das Wort ‚Zionismus', das die Juden zur Bezeichnung ihres Versuchs prägten, wurde ein zusätzlicher Schmähbegriff im Vokabular ihrer Feinde.

Jede vernünftige Beurteilung würde die Juden als friedfertige Menschen ansehen, viele von ihnen begabt und fleißig, die nichts lieber wollen, als dass man sie ein nützliches Leben führen lässt. Der Glaube an umfassende jüdische Macht ist reine Einbildung. Die Juden sind eine der am wenigsten mächtigen Gemeinschaften auf der Erde. Doch wie jede andere schwache Gemeinschaft haben sie einige herausragende Persönlichkeiten, die Wohlstand oder gesellschaftlichem Rang erlangt haben. In Israel haben Juden zum ersten Mal seit 2000 Jahren souveräne politische Macht erreicht, allerdings auf unsichere und umkämpfte Weise. In Amerika besitzen sie wie andere Minderheiten als Interessengruppe Macht. Doch jeder noch so geringe Machterwerb von Juden wird von antijüdischen Elementen als Bestätigung einer jüdischen Verschwörung zur Beherrschung der Erde erlebt. Diese Form von Paranoia unterscheidet sich von jener, die mit anderen fremdenfeindlichen Bekundungen verknüpft wird. Ein Vorurteil gegen Farbige zum Beispiel ist eher durch Verachtung als durch Ängste charakterisiert und wird nie mit Fantasien hinterlistig organisierter Pläne zur Weltherrschaft verbunden.

Meine Aufgabe als Anthropologe ist es, die Rolle der Juden in der Gesellschaft, der sie angehören, zu untersuchen. Es ist eine Rolle, die nicht bewusst von der Gastgesellschaft ausgestaltet ist und sicherlich nicht von den Juden, die auf die Feindseligkeit, die ihnen entgegenschlägt, mit Unverständnis reagieren. Dennoch scheint es, dass die Juden für die Gastgesellschaft nicht einfach schwer zu assimilierende Außenseiter sind, sondern ein wesentliches Element der Gesellschaft selbst, die ohne die Juden als immerwährende Sündenböcke und als Fokus von Machtfantasien nicht richtig funktionieren würde. Die Juden als unentbehrlicher Bestandteil ihrer „Gast"-Gesellschaft sind in der Tat ihr ältestes Element. Es ist darauf hingewiesen worden, dass die Juden nachweislich länger in der Stadt Köln ansässig waren als jede andere Gruppe; doch bei allen ethnischen Veränderungen, die dort stattgefunden haben, sind die Juden als die ewigen Außenseiter betrachtet worden. Die Schlussfolgerung ist, dass es das jüdische altehrwürdige Schicksal ist, zum Frieden in Köln beizutragen, indem sie eine spezielle und notwendige Rolle als Außenseiter spielen.

Also ist es die Aufgabe des Anthropologen zu fragen: ‚Warum sind die Juden so notwendig für ihre „Gast"-Gesellschaft?' Das Wort „Gast" kann in Anführungszeichen gesetzt werden, weil die Juden eigentlich ein wesentlicher und alter Teil der Gesellschaft sind, obwohl sie traditionell die Funktion haben, die Rolle des ewigen Fremden zu spielen. Warum muss eine Gesellschaft in sich eine Gruppe enthalten, der sie die förmliche Eingliederung verweigert? Warum insbesondere schreibt man einer solchen Gruppe eine fast übernatürliche Macht des Bösen zu?

Aufklärung in dieser Frage dürfen wir auf zweierlei Art und Weise erhoffen. Zum einen gilt es, die Geschichte der Juden in der Gesellschaft zu untersuchen. Wie kamen die Juden dazu, eine Nische in der nichtjüdischen Gemeinschaft zu besetzen? Man kann nichts anderes erwarten, als dass die derzeitige anomale Situation, in der Juden offiziell gleichberechtigte Bürger, in Wirklichkeit jedoch die Zielscheibe von Feinseligkeiten sind, wenn sie Gleichberechtigung geltend machen, von einer früheren Situation herrührt, in der Juden offiziell ewige (jedoch notwendige) Fremde waren.

Der zweite Ansatz ist eher aktueller als historischer Natur. Welche Parallelen zu den Juden können wir in anderen Gemeinschaften auf der

Erde finden? In welchen anderen Gesellschaften können wir eine Klasse von Menschen erkennen, die gehasst, gefürchtet und verachtet werden und dennoch vielleicht eine wesentliche Funktion in der Gesellschaft erfüllen? Können wir eine Parallele zu der Feindseligkeit gegenüber den Juden finden, wenn Haltungen der Aufklärung und Befreiung im Widerstreit mit atavistischem Hass stehen?

Ich beabsichtige, diese beiden Linien der Untersuchung zu verfolgen, und vertraue darauf, dass meine Distanz zu den Problemen es mir ermöglichen wird, zur Wahrheit zu gelangen. Ich stelle in der Tat fest, dass Erdbewohner, die sich an die Aufgabe gewagt haben, eine erstaunliche Unfähigkeit bewiesen haben, auch nur die Dimensionen des Problems zu erkennen, aber immer versucht haben, den gegenüber den Juden empfundenen besonderen Hass wegzuerklären, als wäre er von banalen Umständen und leicht zu überwindenden Irrationalitäten verursacht und nicht endemisch in der Struktur der Gastgesellschaft angelegt.

Die Distanz, die der außerirdische Anthropologe für sich beansprucht, ist von jedem Erdbewohner sicherlich sehr schwer zu erreichen, erst recht nicht von jemandem, der tief und persönlich in die komplexe Situation eingebunden ist, die als „Antisemitismus“ bekannt ist. Im 18. Jahrhundert, als aufgeklärte Denker sich um einen neutralen Blick auf die europäische Zivilisation bemühten, war es ein häufig angewandter Kunstgriff, eine Reihe von Briefen zu verfassen, die angeblich von einem chinesischen Reisenden geschrieben waren und für seine Familie und Freunde in China die seltsamen Launen der westlichen Lebensart schilderten. Keines dieser Schriftstücke zeigt allerdings irgendeine Erkenntnis, wie äußerst seltsam die Rolle der Juden in dieser Kultur ist.

Als Jude bin ich Erbe einer langen Tradition des Unverständnisses von Antisemitismus. In einer Geschichte von etwa 4500 Jahren haben die Juden so viele Vorfälle der Feindseligkeit erlebt, dass sie aufgehört haben, irgendwelche bestimmten Ereignisse zu analysieren, und alle als verallgemeinerten und unerklärlichen Hass verbucht haben. Als Christen im Mittelalter Juden verfolgten, war dies in jüdischen Augen bloß eine weitere Drangsal wie frühere Verfolgungen durch Ägypter, Philister, Assyrer, Babylonier, Griechen und Römer. Tatsächlich wurden die christliche Kirche und ihr weltlicher Arm von Juden als die Fortsetzung des Römischen Reiches betrachtet und bekamen daher den Namen „Edom“. Dieser Name ist gleichbedeutend mit Esau, dem Zwillingsbruder des Urvaters Jakob, mit dem er im Mutterschoß um das Erstgeborenenrecht kämpfte. Es war ein jüdischer Glaube, dass der Stammvater Roms kein anderer war als Esau und dass deshalb die Rivalität zwischen Jakob und Esau die Dimensionen eines nationalen, die Geschichte beherrschenden Konflikts angenommen hatte, in dem die Juden verdammt waren, unter Esaus Zorn bis zur Endzeit zu leiden. Es gab eine Theorie der „Vier Reiche" (beruhend auf dem apokalyptischen Programm von Daniel), in der Rom das letzte der verfolgenden Reiche war.

Somit sahen Juden die christliche Verfolgung nur als die Wiederaufnahme alter Feindschaften der antiken Welt an. Allerdings erkannten sie, dass etwas Besonderes an dem christlichen Hass war. Dieser Hass hatte einen mythischen, kosmischen Hauch, an ihm war etwas Intimes und Archetypisches, das nur durch das Bild eines Konflikts zwischen Zwillingsbrüdern symbolisiert werden konnte, verstrickt in einen Kampf vom Mutterschoß bis zum Ende aller Zeit. Ägypter, Assyrer, Babylonier und sogar Griechen konnten kommen und gehen, aber Rom war vom Anbeginn da gewesen und würde bis ans Ende da sein.

Doch es ist auch wahr, dass Juden völlig außerstande waren zu begreifen, was christlichen Hass einzigartig machte. Juden stellten sich ihn als eine Art von nationaler Rivalität vor. Jüdisches Erdulden christlicher Verfolgung konnte als Widerstand gegen den Anspruch einer weiteren militärischen Macht, die Erde zu beherrschen, gesehen werden. Sie begriffen nicht, dass das Christentum vor allem eine Religion war, keine politische Macht. Es war eine Variante des Judentums, und dies machte den Wettbewerb viel bitterer, als wenn es um bloße militärische Überlegenheit gegangen wäre. Der Wettbewerb handelte davon, wer wirklich den Namen „Israel" beanspruchen konnte. Nicht um Herrschaft ging der Streit, sondern um das Geburtsrecht. Und insbesondere war es ein Streit, bei dem der christliche Anspruch auf das Geburtsrecht ein Szenario der Aberkennung enthielt, bei dem den Juden die Rolle der Erniedrigung und des notwendigen Übels zugewiesen war. Die Juden, vertieft in die Betrachtung ihrer eigenen Religion, verstanden das Christentum nicht und vor allem nicht die Rolle, die sie, die Juden, in der christlichen Vorstellungswelt und Theologie inzwischen einnahmen.

Wenn also die Juden Parias im mittelalterlichen Europa waren, dann in einer Weise, die von der Grundbedeutung des Pariatums, wie man es im Hinduismus findet, aus dem das Wort „Paria" stammt, unterschieden werden muss. Denn in der klassischen Periode des Kastensystems (vor der modernen Bewegung gegen Unberührbarkeit) akzeptierten die Parias von Indien im Großen und Ganzen ihren Pariastatus als ihr irdisches zugeteiltes Los. Sie glaubten, sie würden, wenn sie ihre niedrigen Pflichten mit Freude erfüllten, in ihrem nächsten Leben in einer höheren Kaste wiedergeboren. In diesem Sinn waren die Juden im mittelalterlichen Europa keine Parias, denn sie akzeptierten nie den niedrigen Stand, den man ihnen aufzwang. Sie führten ihre Leiden auf Unterdrückung zurück, nicht auf die „Natur der Dinge".

Doch vom Standpunkt der christlichen Theorie waren die Juden tatsächlich Parias, und da die christliche Theorie und nicht die Selbsteinschätzung der Juden ausschlaggebend war, galt die schlichte Tatsache, dass die Juden in der christlichen mittelalterlichen Gesellschaft eine Pariaklasse waren. Außerdem fantasierten Christen, dass Juden ihren Pariastatus akzeptierten – eine Fantasie, die die gesellschaftliche Rolle der Juden noch fester verankerte.

Grundlage für den jüdischen Pariastatus war Augustinus' Äußerung über die Juden. Diese besteht aus einer Begründung für die fortdauernde Existenz von Juden innerhalb der Christenheit. Gemäß Augustinus hatten die Juden den Christen einige wichtige Dienste zu bieten. Einer dieser Dienste war es, durch ihre Leiden die Wahrheit des Christentums zu beweisen. Einst ein unabhängiges Volk, waren die Juden auf den Status von Heimatlosen und Sklaven herabgesunken. Dies zeigte, dass sie für ihre Zurückweisung Jesu und das Verbrechen des „Gottesmordes" bestraft wurden. Es war der Beleg dafür, dass Jesus wirklich war, was er zu sein behauptete, der menschgewordene Gott. Somit waren die Juden der lebende Beweis für die Wahrheit des Christentums und mussten als solcher vor der Vernichtung bewahrt werden. So weit war dies eine menschenfreundliche Botschaft, denn wären die Juden zu bloßen Ketzern erklärt worden, wäre dies ihr Todesurteil gewesen. Ketzer wie die Albigenser wurden bis auf den Letzten ausgerottet, Mann, Frau und Kind. Den Juden blieb dieses Schicksal erspart, weil man glaubte, sie hätten eine wichtige Funktion innerhalb der christlichen Gesellschaft innegehabt.

Laut Augustinus waren Juden auf eine zweite Weise „Zeugen" für die Wahrheit des Christentums gewesen: Sie waren die Übermittler des Alten Testamentes, das sie über die Jahrhunderte vor der Entstehung des Christentums bewahrt hatten. Das Alte Testament war die Beglaubigung und gesetzliche Bekräftigung des Christentums vor den Völkern der Welt: In diesen Weissagungen wurde die Ankunft Jesu zusammen mit dem Triumph der Kirche und dem Untergang ihrer Feinde prophezeit. Ohne die Beglaubigung durch das Alte Testament wäre die Kirche vielleicht als scharlatanische Sekte, die ihre Referenzen selbst fabriziert hatte, verurteilt worden. Durch ihr Überleben bezeugten die Juden den historischen Stammbaum des Alten Testaments und bewiesen somit unabsichtlich und gegen ihren Willen die Ankunft einer neuen Religion. Die Juden waren in

Augustinus' Worten die „Bewahrer der Texte" und Sklaven der Kirche: „Sie dienen uns, sage ich, durch ihre Schriften zum Zeugnis, dass die Weissagungen über Christus nicht ein Machwerk der Christen sind." (*Vom Gottesstaat*, 18:46).

Die Juden, glaubt Augustinus, müssen aus einem weiteren sehr wichtigen Grund überleben – nämlich, dass die Geschichte ohne sie nicht vollendet werden kann. Paulus hatte in seinem Brief an die Römer prophezeit, dass die Juden zur Endzeit zu Christus bekehrt würden. Somit wurde die sehr erwünschte „Bekehrung der Juden", auf die christliche Denker und Reformer während vieler Jahrhunderte hinweisen, mit der erhofften Wiederkehr Christi gleichgesetzt, da die zwei Ereignisse unauflösbar miteinander verknüpft sind. Zur Zeit des Zweiten Kreuzzugs (1145–1148), als wie im Ersten Kreuzzug Nichtchristen große Gefahr drohte, griff Bernhard von Clairvaux ein, um die Juden zu retten, indem er diese Überzeugung anführte und argumentierte, die Juden müssten verschont werden, um ihre Rolle in der endgültigen Erlösung zu spielen. Hier haben wir ein wichtiges Phänomen: eine Gruppe, die verachtet und als verflucht angesehen, jedoch als wesentlich für die Erlösung der Christen betrachtet wird. Solche Paradoxa verlangen eine Suche nach Parallelen in anderen Kulturen, wenn wir zu einer befriedigenden Erklärung gelangen wollen.

Die Juden also existieren weiterhin, wiederum in Augustinus' Worten, „für die Erlösung des Volkes [d.h. der Christenheit], aber nicht für ihre eigene". Ihr Überleben war somit gesichert, jedoch war ihr Elend geradezu eine Voraussetzung ihres „Zeugnisses" für die Wahrheit des Christentums. Sie halfen, Christen die Erlösung zu bringen, aber sie selbst waren von der Erlösung ausgeschlossen, ob in dieser Welt oder der nächsten (denn nur ihre Nachkommen im tausendjährigen Reich würden erlöst werden; sie selbst waren zum ewigen Höllenfeuer verdammt). Sollte es Juden zufällig gelingen, in irgendeinem christlichen Land über ihre elende Lage hinauszuwachsen, wäre dies eine unnatürliche Situation, die bereinigt werden müsste. Es wurde zur Christenpflicht, die Juden zu unterdrücken.

Thomas von Aquin, der bedeutendste Ausleger der christlichen Lehre, schrieb: „Denn aufgrund ihrer Schuld sind die Juden zu ewiger Knechtschaft bestimmt. Daher können die Fürsten über das Eigentum der Juden wie über ihr eigenes verfügen, allerdings mit der Einschränkung, dass sie ihnen nicht das zum Lebensunterhalt Notwendige wegnehmen dürfen." Er rät jedoch, dass es „die Juden zu Gotteslästerung veranlassen" könnte, wenn man ihnen alles bis auf das Lebensnotwendige nähme, und es daher „richtiger sein dürfte, von dem, was das Gesetz erlaubt, Abstand zu nehmen". Den Juden wurde deshalb erlaubt, zu leben und (bis zu einem gewissen Grad) den Gebrauch ihres Eigentums zu genießen, aber nicht weil man ihnen Menschenrechte zugestand, sondern aus einer besonderen frommen Moral, die über den Buchstaben des Gesetzes hinausging. Das Töten eines bestimmten Juden war keine Sünde; nur Massaker oder umfassende Hungersnöte, die zur Auslöschung der Juden führen könnten, wurden abgelehnt, da sie die Wiederkehr Christi oder die Rolle der Juden als „Zeugen“ gefährdeten. Es ist kaum überraschend, dass sich dieses begrenzte Schutzprogramm für die Juden häufig als unzulänglich erwies. Einen Juden zu töten oder auszurauben, war unrecht im „Gesetz der Heiligen“, aber nicht in der gängigen Moral.

Ironischerweise jedoch wirkte Thomas von Aquins Definition der Juden als Knechte bis zu einem gewissen Grad zu ihren Gunsten. Denn dies bedeutete, dass die mächtigsten christlichen Personen, die Könige und Adligen, die Juden als Eigentum betrachteten, das sie sich aufgrund ihrer Macht einverleiben durften. Somit wurden die Juden oft die persönlichen Sklaven mächtiger Personen, die dann daran interessiert waren, ihr Eigentum zu bewahren. Juden wurden, wie Wild, als Zubehör der Reichen betrachtet; anders als Wild konnten sie als wertvolle Quellen von Einkünften manipuliert werden. Jeder, der willkürlich einen Juden tötete oder ausraubte, lief Gefahr, sich den Zorn eines Potentaten zuzuziehen, der sich selbst das Recht vorbehielt, seine Juden zu töten oder auszurauben, seine Handlungen aber oft nach dem Prinzip einschränkte, nicht die Gans zu töten, die die goldenen Eier legte. König Johann mochte in seinen periodischen Anfällen von Geldnot einem Juden die Zähne oder das Auge ausreißen, um den letzten Penny seines Reichtums zu erpressen (von welchem Brauch die englische Redewendung „so viel wert wie eines Juden Auge“ abgeleitet ist), aber wehe der weniger bedeutenden Person, die Zugriff auf diese Einkommensquelle hatte. Inzwischen hatten die Juden nur noch einen Unterdrücker anstatt viele.

Während das Gesetz der übergebührlichen Tugend (d.h. Tugend, die über normale Pflicht hinausgeht) oder bisweilen die Habgier von Potentaten die Juden tatsächlich vor der Vernichtung und in ruhigen Zeiten sogar vor übermäßiger Unterdrückung schützte (obschon sie in Zeiten allgemeiner Not die vorrangigen Sündenböcke waren), hinderte es auch die Juden daran, kulturell oder wirtschaftlich irgendwelchen nachhaltigen Fortschritt zu machen. Denn jeder Anschein von jüdischem Erfolg oder Wohlstand weckte Zorn und Angst unter Christen, die darin eine gotteslästerliche Ablehnung der jüdischen Rolle der Unterwerfung und des Leidens sahen. Die Geschichte der Juden im Mittelalter ist folglich von Höhen und Tiefen geprägt. Über kurze Zeiträume konnten Juden prosperieren, zum Beispiel im Goldenen Zeitalter Spaniens (12. Jahrhundert). Als fleißiges, begabtes Volk, dessen religiöse Philosophie zu irdischen Anstrengungen anspornte, blühten die Juden kulturell und wirtschaftlich auf, wann immer es ihnen gestattet war. Dies wurde von Christen zur Kenntnis genommen, die in Notzeiten nicht zögerten, jüdische Talente für ihre eigenen Zwecke zu gebrauchen. Das Goldene Zeitalter in Spanien fand statt, weil sowohl Christen als auch Muslime die Juden damals brauchten. Als die Notzeit vorbei war, wurden die Juden von den Christen grausam unterdrückt und schließlich vertrieben. Diese Geschichte wiederholte sich immer wieder in den jüdisch-christlichen Beziehungen; ein weiteres herausragendes Beispiel ist die Geschichte der Juden in Polen. Aber es geschah auch unzählige Male auf der unteren Ebene einzelner Städte, die bei geringem Wohlstand die Juden herzlich einluden, sich niederzulassen, und sie dann vertrieben, wenn sich dank jüdischer Anstrengung die Wirtschaftslage besserte.

Ein hervorragendes Beispiel für die Art, wie die Juden als Milchkuh behandelt wurden, um abgeschoben zu werden, wenn die Milch versiegte, ist die Geschichte der Juden im mittelalterlichen England. Es dürfte sich kaum ein besseres Beispiel finden, um die Funktion und den Status der Juden in der mittelalterlichen Christenheit zu veranschaulichen, und in Kapitel vier wird diese Episode in der traurigen Geschichte der Juden unter christlicher Herrschaft genauer untersucht.

Zuerst jedoch wollen wir die Theorie Max Webers genauer überprüfen, der als Erster die Theorie des Pariastatus' heranzog, um die historisch gewachsene Stellung der jüdischen Bevölkerung in der christlichen Gesellschaft zu erklären.

Kapitel 2

Max Webers Theorie der Juden als Pariavolk

Max Weber hat nie eine ausdrückliche Theorie des Antisemitismus aufgestellt, aber seine Auffassung von den Juden als Pariavolk hat naheliegende Folgen für die Untersuchung des Antisemitismus und ist auf diesem Gebiet richtungsweisend gewesen. Da ich in diesem Buch, das hauptsächlich vom Antisemitismus handelt, ebenfalls eine Theorie über die Juden als Pariavolk aufstelle, ist es wichtig, gleichzeitig darzulegen, wie meine Theorie sich von jener Webers unterscheidet.

Der grundlegende Unterschied besteht darin, dass Weber argumentiert, die Juden hätten sich selbst durch die Annahme einer separatistischen Religion zu einem Pariavolk gemacht, während ich dagegenhalte, dass an der jüdischen Religion nichts ist, was in die Richtung eines Pariastatus weist, und dass die Juden nur deshalb Parias wurden, weil sie von den Christen für diese Rolle besetzt wurden, aus einem mythischen Zwang, der aus dem Christentum selbst kommt.

Weber argumentiert, dass die Juden durch die Katastrophe der babylonischen Eroberung und Zerstörung des ersten Tempels traumatisiert gewesen seien. Bis zu diesem Zeitpunkt hätten sie sich in ihrem Bund mit Gott sicher gefühlt. Die babylonische Niederlage sei durch die neue Idee erträglich und verständlich gemacht worden, wonach sie durch die eigenen Sünden verursacht worden sei – definiert als Versäumnis, in den heiligen Schriften enthaltene rituelle und ethische Gebote zu beachten. Die heiligen Schriften erschienen erstmals in kanonischer Form während dieser Zeit der Niederlage, und die priesterlichen Verfasser formten sie zu einem Verhaltenskodex, der die Juden als eine auf dem Gesetz gegründete Religionsgemeinschaft auszeichnete statt eines Volkes. Es war die strenge Einhaltung dieses Gesetzes, das die jüdische Gemeinschaft überleben ließ, anstatt in den benachbarten Völkern aufzugehen. Aber es bedeutete auch, dass die Juden nicht mehr ein Volk mit einem eigenen Territorium waren, sondern eine Gemeinschaft, die als Gast in einer nichtjüdischen Gesellschaft lebte,[1] abgegrenzt von ihrem Gastvolk durch ihren eigenen charakteristischen Kodex.

Weber untermauert dieses Bild durch einen Vergleich zwischen der Position der Juden in einer nichtjüdischen Gesellschaft und der Position der Parias[2] im Hinduismus. Er bemerkt, dass die Parias in Indien einem strengen Verhaltenskodex folgen, durch den sie auf letztendliche Erlösung von Unterwürfigkeit und Demütigung hoffen. Diese Erlösung jedoch ist rein individuell und geschieht in Form der Wiedergeburt in eine höhere Kaste, wohingegen die jüdische Erlösungshoffnung auf gemeinschaftlicher Ebene liegt und von den Nachkommen erfahren werden soll, nicht von ihnen individuell. Dennoch sieht Weber erhebliche Ähnlichkeiten. Sowohl Juden als auch indische Parias leben als verachtete Minderheit in einer dominanten Gesellschaft, beide Gruppen beharren fest auf ihrem gegenwärtigen Status, den sie durch abgrenzende Verhaltensweisen bekräftigen, und beide Gruppen nähren Hoffnungen auf Erlösung als Ergebnis dieser gewissenhaften Einhaltung.[3]

Während ich Webers Auffassung von den Juden als Pariavolk entschieden verwerfe, lehne ich den Begriff „Pariavolk“ an sich nicht ab, da er, richtig verstanden, einen starken Hinweis auf Bedeutung und Ziel des Antisemitismus gibt. Um die Funktion der Juden als „Pariavolk“ im Christentum zu erforschen, wende ich zum ersten Mal eine anthropologische Methode zur Erklärung des Phänomens des Antisemitismus an. Trotz seines offensichtlichen Ziels kann Webers Versuch nicht als anthropologisch betrachtet werden, weil nach seiner Ansicht die Juden ihren Pariastatus selbst schufen. Es kam ihm nicht in den Sinn, die Frage zu formulieren: „Welche Aufgabe wurde durch den Pariastatus der Juden in der christlichen Gesellschaft erfüllt?“ Das ist so, als würde er die Lage der Pariaklasse im hinduistischen Indien erörtern, ohne zu berücksichtigen, wie ihr Status vom Hinduismus diktiert wird oder welche Funktion sie im allgemeinen soziologischen System der hinduistischen Gesellschaft erfüllt. Tatsächlich kann man über europäische Anthropologen nur staunen, die die Erde abgrasten, um gesellschaftliche Phänomene in sogenannten primitiven Gemeinschaften zu analysieren, jedoch nicht in der Lage waren, in ihrer eigenen Gesellschaft ein Phänomen zu erkennen, das geradezu nach einem anthropologischen Ansatz schrie.

Ein Nebenprodukt von Webers Bild vom Judentum ist, dass er die Juden hauptsächlich durch „Ressentiment" motiviert sieht. Ihre Religion ziehe ihre Kraft aus einem tiefen Bewusstsein der Niederlage, aber anstatt die Niederlage für sich wie für ihren Gott zu akzeptieren, bewirkten die Juden ihren eigenen Fortbestand durch einen Traum vom letztlichen Sieg, wenn ihr Feinde gedemütigt würden und die Juden die Weltherrschaft erlangten. So seien alle moralischen und rituellen Vorschriften der Thora in diesem „Ressentiment" begründet, denn sie seien das Mittel, durch das die Juden ihren Gott versöhnten und sicherstellten, dass seine Gunst schließlich zurückkehren werde. Weber behauptet, dieses Verlangen nach Rache besonders in den Psalmen zu finden.

Webers Doktrin des „Ressentiments" ist das Vermächtnis von Nietzsche, der diesen Begriff prägte, um seinen Widerwillen sowohl gegen das Judentum als auch das Christentum als Religionen der Benachteiligten und Schwachen auszudrücken, die ihre Träume abbilden, die Starken und Edlen zu stürzen, die wahren Herren der Menschheit.[4] Nietzsche ist vor dem Vorwurf des Antisemitismus geschützt worden, weil er gelegentlich Bewunderung für die Juden äußerte. Diese Bewunderung scheint allerdings auf seine Theorie gegründet, wonach die Juden nicht wirklich an ihre eigene Doktrin der Demut glaubten, sondern sie nur für den Zweck nutzten, den endgültigen Sieg zu erringen; die Christen dagegen glaubten wirklich an Demut und seien daher wahrlich verachtenswert. Das Christentum nehme ernst, was Juden nur als Werkzeug in ihrem eisernen Willen nach Macht betrachteten. Der Gedanke, das Christentum sei von den Juden als Mittel zur Untergrabung der Stärke ihrer Widersacher in die Wege geleitet worden, ist von den antisemitischen Fantasien Hitlers nur durch Nietzsches Neigung, solche geschmeidige Schläue zu loben, unterscheidbar. Dem Antisemitismus in Nietzsches Ausprägung ein wenig ähnlich ist der moderne japanische Antisemitismus, der sich zum ersten Mal als Folge des nationalsozialistisch-japanischen Bündnisses entwickelte. Die japanische antisemitische Literatur zeigt eine merkwürdige zwiespältige Bewunderung für den angeblichen Erfolg der Juden in der Beherrschung der Welt – eine Nuance, die vermutlich von Japans eigenen Träumen von Weltherrschaft herrührt.

Webers Ausführungen zum jüdischen Pariastatus ignorieren einen großen Teil jüdischer Geschichte. Er führt den Pariastatus der Juden auf die Vernichtung des jüdischen Staates durch die Babylonier 586 v.u.Z. zurück, als die Juden zum ersten Mal eine Religionsgemeinschaft und keine Nation mehr waren und sich auf sich selbst besannen und sich zurückzogen. Weber ignoriert jedoch die Tatsache, dass die babylonische Katastrophe keineswegs das Ende der Juden als unabhängige nationale und politische Einheit war. Unter den hasmonäischen Königen schüttelten die Juden das Joch der Fremdherrschaft ab. Falls die Befolgung der Thora ein Mittel war, Unterwürfigkeit und Machtverlust zu verkraften, fällt es schwer zu verstehen, wie die Thora zur Inspiration des Judas Makkabäus bei seinen heroischen militärischen Siegen über die seleukidischen Griechen (161 v.u.Z.) wurde. Der Hasmonäer Johannes Hyrkanos (135–104 v.u.Z.) herrschte über vierhundert Jahre nach der babylonischen Niederlage über ein Reich, das größer als das König Davids war. Ebenso lassen sich die drei großen Unabhängigkeitskriege, die von den Juden gegen Rom geführt wurden, nicht erklären, wenn das Judentum im Wesentlichen ein Ausdruck der Niederlage war.[5]

Daraus muss man schließen, dass Weber ein Bild von den Juden in die antike Welt hineindeutete, das aus seiner eigenen Zeit abgeleitet war, als die Juden durch Jahrhunderte christlicher Verfolgung in die Unterwerfung mitsamt dem Ausschluss von allen ehrenhaften Berufen gedrängt worden waren und erst seit kurzem durch die lange hinausgezögerten und lange missgönnten Emanzipationsgesetze allmählich ein ehrenhafteres Erscheinungsbild erlangten. Es war leicht, den jüdischen Hausierern und Pfandleihern, die ihre Selbstachtung durch das Studium von Thora und Talmud gerettet hatten, zu unterstellen, sie gebrauchten diese Literatur als quietistischen Zufluchtsort und Phantasie der Rache; es war viel schwerer für Weber, die Thora und den Talmud als die Mittel einer politischen und moralischen Theorie zu betrachten, realistisch und ehrgeizig, die in den Juden ein nationales und ethisches Bewusstsein bewahrte, das auf viel tieferen Prinzipien als Rache gegründet war. Tatsächlich ist Nietzsches und Webers Theorie der jüdischen Rachsucht selbst leicht zu verstehen als eine Fortsetzung der mittelalterlichen Vorstellung vom rachedurstigen Juden (Shylock zum Beispiel) – ein Bild, das durch die Schuldgefühle einer verfolgenden Gesellschaft zustande kam.

Aber was sollen wir von Webers Bild vom Judentum, beginnend mit Esra, als einer separatistischen Religion halten, in der eine Vielzahl von Gesetzen einen Schutzwall gegen die Außenwelt bildete? Dieses Bild ist in der Tat aus einem anderen Kontext vertraut, nämlich jenem der christlichen Polemik gegen das Judentum. Es war immer das Argument christlicher Theologen, angefangen bei Paulus, dass die gesetzliche Ausrichtung des Judentums ein Zeichen seiner Entartung sei. Die Gestalt des Esra (5. Jh. v.u.Z.) als Vater des Legalismus und Schlüsselperson, die das Ende der prophetischen Inspiration markierte, ist wichtig im religiös-historischen Schema von Wellhausen, dessen Arbeit über die dokumentarische

Theorie in seinen *Prolegomena zur Geschichte Israels*, 1885, und *Die Composition des Hexateuchs*, 1889, für eine veraltete christliche Periodisierung herangezogen wurde. Weber übernahm Wellhausen genau genommen nicht pauschal. Er war sich der Tatsache bewusst, dass Wellhausens Datierung der Dokumente stark von christlichen Vorurteilen beeinflusst war. Webers eigene Datierung räumt ein, dass viel fortschrittliches und positives religiöses Denken vor dem Exil stattgefunden hat, besonders in Bezug auf die Vorstellung vom Bund.[6] Aber er pflichtet Wellhausen in seiner Sicht der Rolle Esras bei, der eine neue engstirnige Epoche eingeleitet habe, die zu dem angeblichen Partikularismus, Separatismus, Pariatum und „Ressentiment" des pharisäischen und rabbinischen Judentums im Gegensatz zum Universalismus des Christentums führen sollte.

Das Hauptmerkmal von Esras Werdegang, das zu diesem Schluss führte, ist sein Kampf gegen „Mischehen". Nach Weber schuf Esra, indem er „Mischehen" mit Nichtjuden verbot, den Pariastatus der Juden, den er durch separatistische, gegen die Tischgemeinschaft mit Nichtjuden gerichtete Speisevorschriften bekräftigte. Weber muss zugeben, dass bestimmte, in den hebräischen Kanon aufgenommene Bücher nicht in diese Auffassung passen. Das Buch Jona zum Beispiel beschreibt einen jüdischen Propheten, der mit einem Auftrag zu Nichtjuden geschickt wird. Das Buch Rut verfolgt die Abstammung König Davids bis zu einer Vorfahrin, jener Namensgeberin Rut, die eine moabitische Konvertitin war. Das Buch Hiob, das über Probleme der Theodizee nachsinnt, macht seinen Protagonisten zu einem Nichtjuden und erwähnt keine spezifisch jüdischen Belange. Die Einbeziehung dieser Bücher in den Kanon wird von Weber wie von anderen Anhängern der Theorie vom Separatismus der Juden so erklärt, dass es eine Gruppe von Juden gab, die Esra ablehnten und es schafften, ihre universalistischen Schriften in den Kanon zu platzieren, wenngleich die spätere Entwicklung des Judentums sie ignorierte, wobei ihre wirkliche Nachfolge in den zwischentestamentlichen Pseudepigraphen und dem Neuen Testament zu finden sei.

Weber vermeidet den Fehler vieler anderer Autoren, die eine ähnliche Argumentation verfolgen, dass Esras Judentum den Eintritt von Konvertiten in die jüdische Gemeinschaft verbot. Er kennt zu viele Belege eines stetigen Zustroms von Konvertiten in das Judentum, sowohl vor als auch nach Esra, und einer ständigen Missionstätigkeit oder zumindest einer freundlichen Aufnahme von Proselyten durch die angeblich separatistische Gemeinschaft. Aber Weber denkt, Missionierung sei mit Separatismus vereinbar, weil Proselyten, sobald sie übergetreten sind, von ihren früheren Gemeinschaften abgeschnitten und durch strenge Gesetze der Ehe und Tischgemeinschaft fest in die jüdische Gemeinde eingebunden seien. Daher stellt Missionierung aus Webers Sicht keinen Universalismus der Anschauung in Aussicht, sondern dient nur dazu, die Pariagemeinschaft zu vergrößern.

Weber ist dafür zu loben, dass er sich nicht der großen Schar von Gelehrten anschließt, die behauptet haben, Esra habe sich überhaupt der Aufnahme von Konvertiten ins Judentum widersetzt. Diese Ansicht stützt sich auf Esras (und Nehemias) Maßnahme, jene Juden, die „fremde Frauen" geheiratet haben, zu zwingen, diese wegzuschicken. Wenn Esra den Gedanken von der Bekehrung zum Judentum akzeptierte (wie im Buch Rut befürwortet), warum sollte dann eine solche Maßnahme für notwendig erachtet werden? Warum drängte Esra stattdessen die Juden nicht, ihre fremden Frauen zu jüdischen Bräuchen und jüdischem Glauben zu bekehren? Seine Antwort darauf lautet, dass Esra ein Rassist war, der Proselytentum als Vermischung der jüdischen Rasse betrachtete. Dieses Bild von Esra als Rassist wird bekräftigt, indem der in Esra 9:2 gebrauchte Ausdruck „der heilige Same"[7] betont wird, der als Entsprechung der nationalsozialistischen Ausdrücke über die Reinheit der arischen Rasse verstanden worden ist. Tatsächlich ist die Einführung der modernen rassistischen Theorie in die antike Welt ein Anachronismus. Die biblischen historischen Berichte zeigen, dass die Israeliten von verschiedener Herkunft waren, da sie eine starke Beimischung ägyptischer, kanaanitischer, kenitischer und anderer Elemente enthielten. Allein die Listen, die Esra selbst von den Rückkehrern aus Babylon führt, zeigen, dass viele von ihnen kanaanitischer Herkunft waren. Doch alle diese Rückkehrer wurden als Teil „des heiligen Samens" betrachtet. Dieser Ausdruck bezieht sich nicht auf eine angenommene rassische Reinheit, die im Judentum nie ein Wert an sich gewesen ist. Er bezieht sich auf jene Personen, die das Recht haben, zum genetischen Bestand der jüdischen Gemeinschaft beizutragen. Konvertiten werden durch die Tatsache ihres Übertritts zum „heiligen Samen" dazugezählt, da ihnen erlaubt ist, andere Juden zu heiraten und deshalb zu der jüdischen genetischen Zukunft beizutragen. Die Vorstellung des „heiligen Samens" ist somit vereinbar mit jedem Grad der Mischung der jüdischen Gemeinschaft – selbst mit dem nahezu totalen Verlust semitischer Gene.

Warum also forderten Esra und Nehemia so entschieden, dass die „fremden Frauen" fortgeschickt werden sollten, ohne eine Alternative anzubieten, dass sie, oder zumindest einige von ihnen, übertreten könnten? Die Antwort liegt in der Religionspolitik der Zeit. Wie man bei sorgfältiger Lektüre von Esra, ergänzt um die religiöse Polemik in 2 Könige 17, sehen kann, lautete die strittige Frage, ob das Judentum mit Polytheismus kombiniert werden könne. Die damaligen „Menschen des Landes" stammten von den Nichtjuden ab, die durch die assyrische Strategie des Bevölkerungsaustauschs zwei Jahrhunderte zuvor nach Palästina gebracht worden waren. Diese Menschen hatten eine synkretistische Form der Religion entwickelt, in der der jüdische Gott zusammen mit den aus ihrer früheren Heimat im Norden Babylons mitgebrachten Göttern verehrt wurde. Was Esra und Nehemia auszurotten versuchten, war also nicht so sehr der Polytheismus als die Ketzerei. Die „fremden Frauen" könnten nicht zum Judentum bekehrt werden, weil sie und ihre Familien schon geltend machten, Juden zu sein. Deshalb nämlich waren so viele Verbindungen eingegangen worden, sogar von Tempelpriestern: Es war vor dem Auftritt von Esra und Nehemia nicht so klar, dass die synkretistische Form des Judentums nicht vertretbar war. Esras und Nehemias Aktion sollte nicht als Rassismus verstanden werden, sondern als Beteuerung eines entschiedenen Monotheismus. Die Vertreibung der „fremden Frauen" bedeutete auch die Vertreibung ihrer Eltern und Verwandten aus dem israelitischen Glauben als Götzendiener, die sich als Juden ausgaben. Dies war das erste große religiöse Schisma in der Geschichte, das auf theologischen Erwägungen gründete, nicht auf rassistischen.

Die korrekte Analogie besteht daher nicht zwischen Esra und Hitler, sondern zwischen Esra und Papst Innozenz III., der die Albigenser verbot, obgleich Esras Tat viel weniger gewaltsam war, denn sie verweigerte zwar den Zugang zum jüdischen Status, rief aber nicht zu ihrer Vernichtung auf.

Der Vergleich mit der Geschichte des Christentums ist ebenfalls aufschlussreich in Hinblick auf Webers These, nach der die Maßnahme Esras zwar nicht rassistisch, jedoch die Grundlage für den „Paria"-Status der Juden war.

Es ist schwer zu verstehen, wie Esras Strategie sich von der später von der christlichen Kirche übernommenen unterscheidet, um den Fortbestand des christlichen Glaubens abzusichern. Wenn Esra die Juden in eine Pariagemeinschaft verwandelte, müsste der christlichen Kirche dieselbe Bezeichnung gegeben werden. Es gab ein jüdisches Gesetz, dass Juden verbot, Nichtjuden zu heiraten (ein Gesetz, das im Deuteronomium zu finden ist, also lange vor Esra), und auch die Kirche erließ ein Gesetz, das Christen verbot, Nichtchristen zu heiraten.[8] Es gab Speisegesetze, welche die Wirkung hatten, soziale Kontakte zwischen Juden und Nichtjuden einzuschränken, obwohl Weber mit typischer Förmlichkeit einräumt, dass es nie ein Gesetz gab, das die Tischgemeinschaft zwischen Juden und Nichtjuden verbot, wenn die Mahlzeit aus erlaubten Gerichten bestand. Im Fall des Christentums jedoch wurden viele Gesetze von Konzilen erlassen, die ausdrücklich die Tischgemeinschaft mit Nichtchristen verboten, obwohl es keine christlichen Speisegesetze gab.[9]

Eine monotheistische Religion muss Gesetze haben, die „Mischehen" mit unbekehrten Polytheisten verbieten. Eine polytheistische Religion braucht solche Gesetze nicht, da sie gastfreundlich gegenüber allen Göttern ist. Zwei Eheleute mit unterschiedlichem polytheistischem Hintergrund können verschiedene Götter anbeten oder ohne große Schwierigkeit zum Gott des anderen Ehepartners wechseln oder ihre Götterverehrung verschmelzen. Ein Monotheist betrachtet polytheistische Gottesverehrung als falsch und kann nicht hinnehmen, dass seine Kinder möglicherweise keine Monotheisten sein werden. Andererseits werden zwei rivalisierende monotheistische Religionen wahrscheinlich „Mischehen" untereinander verbieten, weil es das Wesen solcher rivalisierenden Religionsgemeinschaften ist, darüber zu streiten, welche von ihnen über die wahre Nachfolge oder apostolische Folge verfügt. Selbst zwei konkurrierende Zweige der gleichen monotheistischen Religion verbieten wahrscheinlich oder beschränken zumindest „Mischehen"; ein Beispiel dafür sind römischer Katholizismus und Protestantismus.

Diese für den Monotheismus so charakteristischen Verbote der „Mischehe" haben nichts mit Rassismus oder mit Pariatum zu tun. Sie entstehen aus dem Anspruch auf die einzige Wahrheit, welche die Bewahrung der Gemeinschaft verlangt, die ihrer Überlieferung verpflichtet ist. Die Anwesenheit von Personen in der Gemeinschaft, die durch Zeugung und die Erziehung der Jugend zu ihrer Zukunft beitragen, sich aber dem Wahrheitsanspruch der Gemeinschaft nicht anschließen, wäre für den dauernden Fortbestand der Gemeinschaft verhängnisvoll.

Das Judentum ist in dieser Hinsicht tatsächlich weniger separatistisch als das Christentum, denn es enthält nicht den für das klassische Christentum charakteristischen Glauben, dass alle Personen außerhalb der Religionsgemeinschaft verdammt sind. So grenzte sich die frühe christliche Gemeinde von der heidnischen Welt ringsum in einer weitaus radikaleren Weise ab als das Judentum, das immer anerkannte, dass Erlösung auch außerhalb der jüdischen Gemeinschaft durch gottesfürchtige Nichtjuden wie Naaman, Hiob, Kyros und die bußfertigen Bürger von Ninive im Buch Jona erlangt werden konnte. Außerdem träumte die christliche Gemeinschaft von einem radikaleren Sieg über Nichtchristen, denn sie fasste die spätere Beherrschung der ganzen Welt durch das Christentum ins Auge, während die jüdische Eschatologie nur einer weltweiten Bekehrung zum Monotheismus, nicht zum Judentum, entgegensah. Solche Erwägungen scheinen Weber nicht in den Sinn gekommen zu sein, dem nie auffiel, dass seine Kriterien für eine „Paria"-Gemeinschaft viel stärker auf das Christentum zutreffen.

Tatsächlich scheint gerade der Pluralismus des Judentums dieses für Weber als separatistisch und partikular abzustempeln. Da das Christentum die ganze Welt zu bekehren wünschte und dies in hohem Grad erreichte, sieht Weber es vom Vorwurf des Pariatums freigesprochen und als universalistische Religion charakterisiert. Die Frühgeschichte des Christentums als radikal separatistischer Gemeinschaft ist unter Berücksichtigung seiner späteren Eroberung Europas vergessen, wo die Juden eine kleine und ausgeprägte Minderheit blieben.[10] Aber Pariatum ist keine Sache eines Minderheitenstatus oder des Versäumnisses, andere in großem Maßstab zu bekehren. Ein solches Versäumnis mag allerdings das Kennzeichen für mangelnden Fanatismus im Sinne einer Selbstabgrenzung von der Welt im Allgemeinen sein. Die jüdische Art der Selbstabgrenzung gleicht hingebungsvollen Gruppen wie den Mönchsorden im Christentum, die Nichtmitglieder nicht mit Verdammnis belegen. Das jüdische Heiligkeitsgesetz ist nur für Juden gedacht (natürlich unter Einbeziehung jener Nichtjuden, die sich dafür entscheiden, Juden zu werden), und Nichtjuden werden nicht als sündig betrachtet, weil sie es nicht befolgen. Diese Art der Selbstabgrenzung ist keineswegs unvereinbar mit Universalismus. Vielmehr betrifft die Eschatologie des Judentums alle Völker der Welt, aber ohne den Versuch, ihre Unabhängigkeit zu zerstören oder ihnen Formen des Kults vorzuschreiben, solange sie monotheistisch werden und einen minimalen Moralkodex einhalten, die *lex gentium*, bekannt als die Noachidischen Gebote.[11]

Der Begriff des Pariatums, wie Weber es definiert, passt somit nicht zu der jüdischen Form der Selbstabgrenzung, hat allerdings eine gewisse Gültigkeit, wenn er auf das frühe Christentum angewandt wird, bevor dessen radikale Selbstabgrenzung und Weigerung, irgendeine Gültigkeit außerhalb sich selbst anzuerkennen, zu einem erfolgreichen Prozess der Zerstörung und Einverleibung der meisten Religionsgemeinschaften in seinem Machtbereich führte.

Die bisherige Diskussion ermöglicht es uns, tiefer in die Frage einzudringen, ob das Judentum, wie Weber argumentiert, hauptsächlich durch „Ressentiment" und Rachegefühle charakterisiert ist. Diese Ansicht entspricht an sich ganz der Tradition, da christliche Autoren immer die angebliche Moral der Rache im Judentum („Auge um Auge") der angeblichen Moral der Vergebung und Liebe im Christentum gegenübergestellt haben. Diese Behauptung (obwohl sie immer noch eine große Rolle in christlichen Lehrbüchern spielt) kann unschwer als das gesehen werden, was sie ist: eine polemische Waffe im dauernden Kampf des Christentums, das Judentum zu ersetzen. Aber wenn dieselbe Behauptung in der Sprache der objektiven Soziologie geäußert wird, ist sie viel gefährlicher, da sie sich leicht in die pseudowissenschaftlichen Formulierungen des Antisemitismus einschleicht. Wir bekommen oft zu hören, es sei naiv von Juden, es Weber übelzunehmen, wenn er ihnen sagt, ihre Religion sei grundsätzlich ein Ausdruck von Pariaressentiment und Wunsch nach Rache. Die Begriffe „Paria“ und „Ressentiment“, erfahren wir, seien bei Weber nur soziologische Termini mit begrenzten Definitionen und ohne jede abwertende Absicht. Dies jedoch hieße, das Ausmaß zu unterschätzen, in dem religiöse Feindseligkeiten unbewusst in nachaufklärerischen pseudowissenschaftlichen Verwandlungen überleben und sogar noch heftiger werden können, weil sie von theologischen Hemmungen befreit sind. In Webers Fall ist das Erbe der christlichen Polemik gegen das Judentum besonders auffällig, da er von seiner nietzscheanischen Quelle abweicht, indem er den Begriff des „Ressentiments“ nur auf das Judentum und nicht auf das Christentum anwendet, das er ausdrücklich vom „Ressentiment“ freispricht.

Weber hat viele jüdische literarische Quellen gelesen; aber er hat, was typisch für seine Zeit war, sich nicht die Mühe gemacht, Feldstudien in zeitgenössischen jüdischen Gemeinden durchzuführen oder auch nur die Geschichte der Juden als lebendige Gemeinden in Europa und dem Orient in nachtalmudischen Zeiten zu studieren. Weniger verzeihlich ist, dass er nicht jüdische Gelehrte über die Bedeutung der jüdischen Texte befragte, über denen er grübelte. Das Ergebnis ist ein Urteil über die Juden und das Judentum, das überhaupt nicht mit dem jüdischen Gemeindeleben in Einklang steht. Juden haben sich nie von der nichtjüdischen Gesellschaft isoliert, um dunkle Racheträume zu hegen. Die Geschichte der Juden durch das ganze Mittelalter und die Neuzeit zeigt, dass sie immer dann, wenn die unbarmherzige äußere Unterdrückung nachließ, zur umfassenden und begeisterten Teilnahme an den kulturellen Leistungen ihrer Gastgesellschaften aufblühten. Die Atmosphäre in der jüdischen Gemeinschaft ist nicht das Bewusstsein einer Niederlage, sondern, ganz im Gegenteil, Erwartung des Erfolgs, sodass Rückschläge und gesellschaftliche Erniedrigungen immer als vorübergehende Missstände betrachtet wurden. Keine jüdische Familie schickt sich jemals in eine bescheidene Stellung in der Gesellschaft, und selbst wenn die Eltern sich damit abgefunden haben, etwa Pfandleiher oder kleine Ladenbesitzer zu sein, sollen ihre Kinder (vorausgesetzt, die christliche Gesellschaft gewährt ihnen berufliche Aufstiegschancen) eine höhere Bildung erwerben und geachtete Berufe ergreifen. Schon bevor die Emanzipation den Juden lange verweigerte Rechte brachte, nahmen sie hohe Stellungen in Gastgesellschaften ein, wann immer ihnen Gelegenheit gegeben wurde, ihre Talente auszuüben; zum Beispiel besetzten Juden im mittelalterlichen Spanien, im mittelalterlichen England und im spätmittelalterlichen Polen einen hohen Anteil an Führungsposten. Auf Perioden der Tolerierung durch Nichtjuden folgten unweigerlich Ausbrüche heftiger Intoleranz, wenn der Zuwachs einer nichtjüdischen Führungsschicht die Dienste der Juden überflüssig machte und unterschwellige feindselige Gefühle gegenüber Juden als verfluchter Gemeinschaft nicht mehr unterdrückt werden mussten.

Dies ist nicht die Geschichte einer Pariaklasse, die Hoffnungen auf Rache nährt. Vielmehr ist es die Geschichte einer Gemeinschaft mit sehr hoher Moral, zukunftsbezogen und optimistisch und wenig befasst mit Grübeleien über die Vergangenheit. Auf ihren tiefsten Punkt sank die jüdische Moral im 18. Jahrhundert, als die Emanzipation zu jedem kam außer zu den Juden, die – bezüglich des Status und der weltlichen Bildung – im Mittelalter verblieben, obwohl es Einzelne wie Moses Mendelssohn und Salomon Maimon schafften, literarisches und wissenschaftliches Wissen zu erwerben und sogar in die erste Reihe der Kulturträger aufzurücken. Nicht lange vor Webers Zeit hatten die Juden begonnen, in eine Epoche der Emanzipation einzutreten. Selbst ihre nichtjüdischen Sympathisanten hatten damit gerechnet, dass sie Jahrhunderte brauchen würden, um das Niveau der europäischen Kultur zu erreichen. Am Ende dauerte es nur eine Generation, bis die Juden eine so hohe Teilhabe an den akademischen Berufen erreicht hatten, dass sie antisemitischen Neid erregten. Die damals erhobenen Klagen waren nicht, dass Juden eine auf sich selbst bezogene, rückständige, auf Rache sinnende Gemeinschaft waren, sondern dass sie die nichtjüdische Gesellschaft durch übermäßige Teilhabe dominierten. Weber lieferte keine Erklärung für diese schnelle Integration der Juden in die westliche emanzipierte Kultur. Seine Analyse ist trotz ihres angeblich breiten historischen Exkurses sehr stark an eine Wahrnehmung der Juden gebunden, die in der nicht lange zurückliegenden voremanzipatorischen Vergangenheit wurzelte.

Webers vielgelobte Studien der jüdischen Literatur, auf die er seine Behauptung stütze, das Judentum sei eine Religion des „Ressentiments", beschränkten sich weitgehend auf die Hebräische Bibel und die zwischentestamentliche Literatur; er wusste wenig von der rabbinischen Literatur, trotz seiner sporadischen Versuche, sie zu studieren (obwohl ihn das, was er dort vorfand, durchaus dazu veranlasste, bestehende Ansichten zu modifizieren). Er fand sein wichtigstes Material in den Psalmen, von denen er erklärte: „Die Psalmenreligiosität ist erfüllt von Rachebedürfnis [...] Die Mehrheit aller Psalmen enthält [...] die moralistische Befriedigung und Legitimierung offenen oder mühsam verhaltenen Rachebedürfnisses eines Pariavolkes ganz handgreiflich."[12] Es ist interessant nachzufragen, wie er zu diesem Ergebnis kam. Etwa ein Drittel der Psalmen sind persönliche Bitten um Hilfe, Bekundungen von Dankbarkeit und Freude; diese Gedichte beziehen sich ganz und gar nicht auf die Stellung des jüdischen Volkes als Ganzes, und durch die Jahrhunderte haben Juden wie Christen sie als anrührende Äußerungen persönlicher Hingabe benutzt. Es war eine Theorie des 19. Jahrhunderts, wonach alle Psalmen in Hinblick auf die kultische Verwendung geschrieben worden seien und kein einziger als Ausdruck persönlicher, individueller Gefühle zu betrachten sei. Diese Ansicht wird noch immer von einigen Wissenschaftlern der Gegenwart im Zusammenhang der Theorie der Formkritik vertreten;[13] aber zahlreiche Wissenschaftler erkennen heute an, dass viele der Psalmen, die persönliche Pein oder Hingabe ausdrücken, genau das sind, was sie zu sein scheinen, und dass ihre Verwendung im öffentlichen Kult in der Zeit des zweiten Tempels eine spätere Entwicklung war.[14] Webers Übernahme einer fragwürdigen gängigen Theorie erlaubte ihm, diese Psalmen als Aufrufe zur nationalen Rache heranzuziehen. Er gebrauchte auch eine veraltete Datierung der Psalmen,[15] durch die sie weitgehend das Produkt der jüdischen Situation nach dem Exil sind.

Ferner beschäftigen sich viele Psalmen mit der Frage der Theodizee. Warum leiden die Gerechten und triumphieren die Bösen? Die Antwort lautet, dass letzten Endes die Bösen ihre wohlverdienten Strafen bekommen und die Gerechten belohnt werden. Weber interpretiert diese Lösung in allen Fällen als einen Ausdruck von Rache, eine Interpretation, die, gelinde gesagt, exzentrisch scheint. Die Sorge des Psalmisten lässt sich viel überzeugender als echte Ratlosigkeit darüber interpretieren, wie die Übel des Lebens mit der Güte Gottes in Einklang zu bringen sind. Weber merkt an, dass das Buch Hiob im Unterschied zu den Psalmen das Problem des Bösen als unlösbar betrachtet; er kommt daher zu dem Schluss, dass der Autor des Hiob von der „Oberschicht" hervorgebracht wurde und nicht „die Theodizee der Benachteiligten" vertritt. Doch Weber schreibt die Doktrin des „Ressentiments" Esra und Nehemia zu, die beide zur Oberschicht gehörten, und unterscheidet generell an anderer Stelle nicht zwischen verschiedenen Schichten unter den Juden, sondern betrachtet offenbar die ganze Gemeinschaft als vereint im Bewusstsein der nationalen Katastrophe. Auch spricht Weber die Frage nicht an, wie Hiob in den Kanon gelangen konnte, wenn er eine Theodizee präsentiert, die jener diametral entgegengesetzt ist, die angeblich das Judentum so entscheidend formte.

Die Psalmen enthalten zweifellos manche Rufe nach Rache, aber das gilt für jedes literarische Werk, sei es antik oder neuzeitlich, das versucht, die Bandbreite menschlicher Gefühle abzudecken. Aber wir betrachten Milton nicht als einen Poeten der Rache, nur weil er ein Gedicht mit der Zeile „Räche, oh Herr deine abgeschlachteten Heiligen" begann oder weil er ein langes Gedicht der „Rechtfertigung der Wege Gottes zum Menschen" widmete und zu dem Schluss kam, das alles am Ende in Ordnung wäre. Charakteristischer für das jüdische Ethos ist die Geschichte im Sinne des Midrasch, dass Gott den Engeln die Erlaubnis verweigerte, in den Jubelgesang der Israeliten einzustimmen, als sie beim Exodus über die Ägypter triumphierten, indem er sagte: „Meine Kinder, die Ägypter, ertrinken im Roten Meer." Diese Geschichte ist nachsichtig gegenüber den menschlichen Leidenschaften der Rache und des Triumphs, den ein unterdrücktes Volk empfand, das die langersehnte Befreiung erfuhr, relativierte aber diese Leidenschaften von einem universellen Standpunkt aus.

Alles in allem scheint es, dass Webers Porträt der Juden bloß die jahrhundertealte christliche antijüdische Polemik wiedergibt, maskiert als Soziologie. Insbesondere findet sich hier das geläufige Merkmal einer drastischen und übertriebenen Periodisierung jüdischer Geschichte, wodurch die Juden an einem gewissen dramatischen Punkt in eine Katastrophe stürzen, die ihnen für immer den Stempel der Niederlage und Unterwerfung aufdrückt. Im christlichen Schema ist dieser Punkt die Zerstörung des zweiten Tempels durch die Römer im Jahr 70, was die christliche Literatur, von den Evangelien an, als Bestrafung für das jüdische Verbrechen des Gottesmordes interpretierte. Es gibt einen weitverbreiteten Mythos, wonach die gesamte jüdische Bevölkerung Palästinas an diesem Punkt ins Exil deportiert wurde und die Juden von da an keine normale Nation mehr waren. Ein solches Ausmaß der Katastrophe und Enterbung passt in die christliche Vorstellung von den Juden als Verfluchten, weil sie die Göttlichkeit Christi ablehnten. Die historische Wahrheit sieht ganz anders aus. Die Juden machten weiterhin die Mehrheit der Bevölkerung Palästinas bis zur muslimischen Eroberung im 7. Jahrhundert aus. Somit sind mehr als fünf Jahrhunderte jüdischer Geschichte in Palästina aus dem christlichen Mythos verschwunden. Diese umfassen den Bar-Kochba-Aufstand, als die Juden die römische Macht besiegten und für einen Zeitraum von zwei Jahren Unabhängigkeit erreichten (135–137). Sie schließen auch das goldene Zeitalter des Patriarchats von

Rabbi Jehuda ha-Nasi ein, dem Kompilator der Mischna, als die Juden, ausgesöhnt mit der römischen Herrschaft, einen friedlichen und wohlhabenden Status als römische Provinz erreichten (200–230). Das Patriarchat hatte bis 425 Bestand und endete erst, als das Römische Reich christlich und intolerant geworden war. Während der kurzen Herrschaft des Kaisers Julian Apostata begannen die Juden sogar den Wiederaufbau des Tempels, der aber mit dem Tod des Kaisers und der Wiederaufnahme der Unterdrückung durch die Christen ins Stocken geriet. Die Periode des Exils und der Unterwerfung der Juden Palästinas begann nicht im 1., sondern im 7. Jahrhundert durch eine Kombination aus internen muslimischen Kämpfen, die Palästina für Nichtmuslime unbewohnbar machten, und christlicher theologischer Intoleranz, die es Juden nur als unterprivilegierter Klasse erlaubte, in der christlichen Welt zu leben. Die Juden von Babylonien dagegen, wo ein gefestigtes und tolerantes muslimisches Regime der großen jüdischen Bevölkerung ein beachtliches Maß an Selbstregierung unter ihrem Exilarchen zugestand, genossen unterdessen eine lange Periode friedlicher Entwicklung und kulturellen Erfolgs (die talmudische und die gaonäische Epoche) bis ins 11. Jahrhundert.

Weber jedoch übernimmt nicht nur den christlichen Mythos, sondern übertreibt ihn stark, indem er die Erniedrigung und Entpolitisierung der Juden nicht seit der Zerstörung des zweiten Tempels datiert, sondern des ersten, mehr als sechshundert Jahre früher.

Ein anderes Merkmal von Webers Theorie von den Juden muss erwähnt werden, denn obgleich es vordergründig in den ökonomischen Bereich fällt, enthält es ebenfalls theologische Untertöne und eine kräftige Portion Antijudaismus. Dies ist Webers Beitrag zu der Frage, wieweit die Juden für die Entwicklung des Kapitalismus verantwortlich waren. Werner Sombart argumentierte in seinem Buch *Die Juden und das Wirtschaftsleben*, dass vor allem die Juden wegen ihrer Herausbildung einer rationalen, wertfreien Herangehensweise an wirtschaftliche Angelegenheiten dafür verantwortlich waren. Weber dagegen hatte in seinem berühmten Werk *Die protestantische Ethik und der Geist des Kapitalismus* eine andere Ansicht vorgestellt, die er in späteren Jahren gegen Sombart verteidigte.

Weber vertrat die Ansicht, dass die Juden, obwohl sie in der Tat durch die Einführung rationaler Finanzierungsmethoden einen wichtigen Beitrag zur Entwicklung des Kapitalismus leisteten, es nicht geschafft hatten, die Haupterfordernis für echten Kapitalismus zu entdecken, nämlich die Organisation der Massenproduktion. Diese Entdeckung blieb den protestantischen Unternehmern vorbehalten, die die ersten Fabriken einrichteten. Somit stellte sich Weber selbst die sehr interessante Aufgabe zu erklären, warum die Theologie des Protestantismus für diese hochwichtige wirtschaftliche Entwicklung förderlich war, während jene des Judentums dies nicht war. Auch hier brachte Weber wieder seine Theorie von den Juden als Pariavolk zur Geltung, das angetrieben wurde von einer Religion des Pariatums.

Weber nennt zwei Hauptgründe dafür, warum es den Juden nicht gelang, auf die für den Kapitalismus notwendigen Ideen zu kommen. Der erste ist, dass das Judentum nicht die theologische Idee der Prädestination enthielt; der zweite ist, dass das Judentum, aufgrund seiner Pariastruktur, ein zweigeteiltes System der Moral in geschäftlichen Dingen hat, wodurch Nichtjuden nicht mit der gleichen moralischen Gewissenhaftigkeit behandelt wurden, die im Umgang mit Juden angewendet wurde.

Inwieweit die Lehre von der Prädestination als förderlich für die Entwicklung des Kapitalismus betrachtet wurde, braucht uns hier nicht lange aufzuhalten. Der Hinweis möge genügen, dass Weber glaubte, diese Lehre habe maßgeblich zum Gefühl des protestantischen Kaufmanns beigetragen, seine Geschäftstätigkeit genieße religiöse Billigung und Heiligkeit. Es ist wahr, dass die Prädestination im Judentum keine Rolle spielt, aber man möchte meinen, dass eine solche Lehre ebenso leicht zu Trägheit wie zu zielgerichteter Aktivität führen könnte. Die jüdische Lehre vom freien Willen gibt sicherlich niemandem Erfolgsgarantien, aber sie hält die Menschen jedenfalls davon ab, Misserfolg als vorbestimmt zu entschuldigen, und kann somit als ein Ansporn zu Anstrengung wirken.

Wichtiger in unserem vorliegenden Zusammenhang ist Webers Betonung einer angeblichen Doppelmoral in jüdischen Geschäftspraktiken. Dies wiederum, argumentierte er, hinderte die Juden daran, irgendein Gefühl von Berufung in ihren geschäftlichen Tätigkeiten zu verspüren, die für sie nicht im Rahmen ihres religiösen Lebens lagen. Somit legten die Juden durchaus rationale Maßstäbe an wirtschaftliche Aktivitäten an, taten dies aber nur stückweise und verquickten niemals ihren wirtschaftlichen Rationalismus mit ihrem religiösen Eifer, wie es Protestanten taten. Die Überzeugung, wonach erfolgreiches Unternehmertum Ausdruck eines zentralen religiösen Empfindens und Bewusstseins der Erlösung sei, war die Triebfeder der Entwicklung des Kapitalismus, und dieses Empfinden, so Weber, existierte nur im Protestantismus.

Wenn manche Juden in ihren Geschäftsbeziehungen mit Nichtjuden weniger gewissenhaft waren als mit Juden, lässt sich dies viel leichter als Beispiel der universellen Neigung erklären, die Eigengruppe zu begünstigen. Andererseits ließen sich leicht zahlreiche Beispiele für jüdische religiöse Ermahnung anführen, mehr Gewissenhaftigkeit im Umgang mit

Nichtjuden als mit Juden zu zeigen.[16] Man könnte auch viele Beispiele von Nichtjuden anführen, die vorzugsweise Geschäfte mit Juden tätigten, weil sie jüdische Geschäftsleute als ehrlich und verlässlich erlebten. Alles in allem drückte sich jüdischer Rationalismus im Geschäft in der Erkenntnis aus, dass sich Betrügen auf lange Sicht nicht auszahlt, da man Kunden verliert. Der Erfolg von Mark & Spencer's zum Beispiel durch Innovationen wie Kundenvertrauen, Bereitschaft, Waren bei Nichtgefallen auszutauschen usw., findet durchweg Parallelen in der Geschichte des jüdischen Handels. Natürlich hat es viele Äußerungen über Juden als unehrlich und habgierig gegeben, aber diese sind fast immer von konkurrierenden Geschäftsleuten gekommen, die sich am jüdischen Wettbewerb störten und die in ihren Augen dreisten jüdischen Methoden ablehnten, Preise zu senken, billigere Ersatzartikel anzubieten und Waren zu bewerben. Hingegen hatten Kunden nichts gegen die jüdische Gepflogenheit, Preise durch innovative Produktionsmethoden zu senken, und haben in der Tat ihre Wertschätzung dieser Methoden gezeigt, indem sie in die jüdischen Warenhäuser strömten.

Der Gedanke, die jüdische Religion an sich heiße den Betrug von Nichtjuden gut, ist vor allem aus der Fehldeutung bestimmter religiöser Texte in der Bibel und im Talmud entstanden. Es trifft sicherlich zu, dass es in diesen Texten eine gewisse Unterscheidung zwischen Juden und Nichtjuden insofern gibt, als ein Jude geheißen ist, einen anderen Juden mehr wie ein Mitglied der eigenen Familie denn wie einen Geschäftsrivalen oder sogar bloß einen Mitbürger zu behandeln. Aber ein hohes Maß an innerfamiliärer Liebe bedeutet nicht zwangsläufig eine feindselige Haltung oder Ausbeutung gegenüber solchen, die nicht zur Familie gehören.

Ein Beispiel ist die jüdische Einstellung gegenüber der Erhebung von Zinsen auf Darlehen. Die Bibel sagt rundheraus, dass Zinsen auf Darlehen an Nichtjuden berechnet werden dürfen, aber nicht auf Darlehen an andere Juden. Dies ist sehr oft dahingehend interpretiert worden, dass es Juden erlaubt ist, Nichtjuden auszubeuten und zu betrügen. Aber diese Interpretation beruht auf dem sehr dummen Gedanken, Zinsen auf ein Darlehen zu erheben sei an sich unmoralisch. Es ist offensichtlich, dass die gesamte moderne Welt akzeptiert hat, dass ein Geschäftsmann durchaus berechtigt ist, auf ein Darlehen Zinsen zu verlangen, wenn man sowohl den Verlust, den er erleidet, indem er auf den Gebrauch des geliehenen Betrags verzichtet, als auch den Dienst berücksichtigt, den er dem Schuldner erweist, dem er den Einstieg in ein einträgliches Unternehmen ermöglicht. Dennoch bleibt eine Kategorie von Darlehen, bei denen es grob und gefühllos wäre, Zinsen zu verlangen, und zwar Darlehen an enge Freunde und nahe

Verwandte, die das Geld nicht benötigen, um ein Unternehmen zu finanzieren, sondern um sich aus finanziellen Schwierigkeiten zu befreien. Die Bibel ermahnt Juden, alle Darlehen an andere Juden als zu letzterer Kategorie gehörig zu betrachten. Aber die Bibel betrachtet Zinsen auf Darlehen nicht an sich als böse und erlaubt sie daher in einem außerfamiliären geschäftlichen Zusammenhang. Die christliche Kirche jedoch, die sich teils auf einige oberflächliche Bemerkungen von Aristoteles und teils auf Fehlinterpretationen der jüdischen Bibel wie auch des Neuen Testaments stützt, ächtete Zinsen überhaupt und machte somit jedes großangelegte Geschäftsunternehmen unmöglich. Die Lösung, die gefunden wurde, war, die Bankgeschäfte an die Juden abzutreten, die in der christlichen Theorie ohnehin verdammt waren (siehe Seiten 59 bis 63).

Für Weber ist die Tatsache, dass das Judentum eindringlich zu einem bestimmten Maß an liebevollem, fürsorglichem Verhalten gegenüber anderen Juden mahnt, ein eindeutiger Beweis, dass die Juden sich selbst zu einem Pariavolk gemacht haben. Es ist in Webers Sicht die angebliche Doppelmoral, die die Juden daran hinderte, die Gründer des Kapitalismus zu werden, der die universalistischere Herangehensweise verlangte, die man im Protestantismus findet. Sombart dagegen sprach den Juden zwar ebenfalls zweierlei moralisches Maß zu, hielt dies aber genau für das Richtige, das die Juden befähigte, die Gründer des Kapitalismus zu werden, da es sie von den mittelalterlichen moralistischen Marktbeschränkungen befreite und die kalt rationalistische, ausbeuterische Geschäftsmethode möglich machte, die charakteristisch für den Kapitalismus ist.

Ob nun Judentum oder Protestantismus oder keines von beiden den Kapitalismus hervorbrachte, ist eine Frage, die wir glücklicherweise in der vorliegenden Untersuchung zu den Akten legen können. Wir müssen uns allerdings die Frage stellen: „Was ist zweierlei Maß?“ Jede engagierte Gruppe hat die Bindung zwischen Angehörigen der Gruppe zu stärken gesucht, indem sie sich bestimmte Regeln des liebevollen Verhaltens gegenüber dem anderen gab. Erst wenn Menschen außerhalb der Gruppe als legitime Ziele egoistischen, ausbeuterischen oder unehrlichen Verhaltens betrachtet werden, können wir von „zweierlei Maß“ sprechen, mit der stillschweigenden Folgerung, dass Menschen außerhalb der Gruppe nicht in den Geltungsbereich gleicher Ethik einbezogen werden. Wenn Menschen außerhalb der eigenen Gruppe als vollkommen ethische Subjekte betrachtet werden, während jene innerhalb es auf sich genommen haben, einen über das normale Maß hinausgehenden Kodex zu beachten, dann haben wir kein „zweierlei Maß“, sondern eine Gruppe von Brüdern und Schwestern, die sich einer gemeinsamen Sache verschrieben haben.

Solche Gruppen dürften zum Beispiel die katholischen Mönchsorden, die von Robert Owen und Coleridge begründeten utopischen Gruppen und die in Platons Politeia beschriebene Gemeinschaft einschließen.

Die jüdische Lehre der *lex gentium* oder der Sieben Gebote der Kinder Noahs garantiert, dass die besonderen Regelungen des Heiligkeitsgesetzes und die utopischen Bestimmungen des Heiligen Landes (wie etwa die Streichung der Schulden alle sieben Jahre) kein „zweierlei Maß“ entstehen lassen. Vielmehr sind diese besonderen Bestimmungen Teil des jüdischen Selbstverständnisses als geweihtes Volk oder „Königtum der Priester“, dessen besondere gegenseitige Verpflichtungen hinfällig wären, würden sie nicht von einer ethischen Einstellung gegenüber der gesamten Menschheit begleitet.

Einer solchen Gruppe zu unterstellen, sie entwickle sich durch die Anwendung ihres besonderen Kodex in eine „Paria“-Gemeinschaft, ist somit eine Umkehr ihrer Absicht. Die Paria-Kaste im Hinduismus akzeptiert ihren niedrigen Status, schickt sich in die Erfüllung demütigender Aufgaben und hofft, dass durch Befolgung der ihr auferlegten Regeln die Einzelnen, die ihr angehören, in eine höhere Kaste wiedergeboren werden. Die Juden dagegen halten sich für Brahmanen, nicht für Paria. Wenn sie Unterdrückung und Erniedrigung erleiden, betrachten sie diese als ihrem Status unangemessen. Doch ertragen sie geduldig diese Kümmernisse, halten sie nur für vorübergehende Rückschläge und fühlen sich, wann immer die Unterdrückung zeitweilig aufgehoben wird, sofort und natürlich von hohen kulturellen Stellungen angezogen. Vor allem betrachten sie ihre letztendliche Rettung nicht als Ausbruch Einzelner aus ihrer Kaste, sondern eher als die Ehrenrettung und Wiedereinsetzung der Kaste als Ganzer in ihre angestammte Stellung in der Gesellschaft. Nach Webers Definition von „Paria“ ist es unmöglich, zwischen einer Pariakaste und einer Brahmanenkaste zu unterscheiden.

Doch trifft es zweifellos zu, dass die Juden in der christlichen Gesellschaft als Pariakaste gedient haben. Insoweit können wir Webers Terminologie gelten lassen. Aber dieser Pariastatus ist den Juden aufgezwungen und nicht von ihnen als Teil ihres Selbstverständnisses hingenommen worden. Die Ursache liegt nicht im Judentum, sondern im Christentum.

Anmerkungen

1 [Weber spricht in diesem Zusammenhang von „parasitären Einnisten" und „Wirtsvolk", Anm. des Hg.]
2 Zur Diskussion der Herkunft des Wortes „Paria" und seines Gebrauchs bzw. falschen Gebrauchs in europäischen Sprachen siehe S. 198, Anm. 1.
3 Webers Ansicht vom Pariastatus erscheint heute zu starr. Siehe z.B. Charsley (1996), inwieweit „Unberührbarkeit" eine europäische Idee war. Außerdem übertreibt Weber die Akzeptanz ihres eigenen Status durch Parias. Bewegungen der Flucht (zum Beispiel in andere Religionen) existierten auch vor der Neuzeit (siehe Juergensmeyer, 1982). Dennoch behalten Webers allgemeine Gedanken ihren Wert, und seine Anwendung dieser Gedanken auf die Diskussion des jüdischen Status bleibt ein seltener Versuch, das jüdische Problem unter anthropologischen Gesichtspunkten zu sehen.
4 Siehe Nietzsche, *Der Wille zur Macht*, Aphorismen 955–57. Nietzsches Sicht war der Ursprung von Lanternaris *The Religions of the Oppressed*, das zu der Deprivationstheorie führte, die Mary Douglas in Natural Symbols (1973, dt. *Ritual. Tabu und Körpersymbolik*, 1974) angriff.
5 Momigliano (1987) verweist darauf, dass das jüdische Gesetz an sich, die Thora, immer vom Wesen her unvereinbar mit einem selbst auferlegten Pariastatus war, da es einen voll funktionsfähigen jüdischen Staat voraussetzte. „Gläubige Juden gaben nie ihre souveränen Rechte auf und räumten nie ein, keine eigenen politischen Institutionen zu haben. Dies schließt jene subjektive Akzeptanz eines untergeordneten, unpolitischen Status aus, der für Webers Definition der Juden als Parias wesentlich zu sein scheint" (S. 235). Andererseits fasst Momigliano nicht die Möglichkeit ins Auge, dass Juden von einem christlichen Standpunkt aus korrekt als „Parias" bezeichnet werden könnten.
6 Auch Webers wohlwollender Umgang mit der rabbinischen Literatur, der überraschend im Gegensatz zur deutschen Forschung steht (z.B. Schürer, Ferdinand Weber, Billerbeck), ist kaum vereinbar mit seinem Schema eines selbstbezogenen jüdischen Legalismus von Esra an.
7 Dieser Ausdruck wird nur einmal verwendet und nicht von Esra selbst, sondern von den „Obersten". Zu einer Erklärung hierzu und zum angeblichen Separatismus des Buches Esra siehe Maccoby (1996), wo eine Erklärung der Verschwiegenheit Esras hinsichtlich der religiösen Art seines Einwands gegen die „fremden Frauen" aufgrund von Götzenverehrung (Synkretismus) vorgeschlagen wird. Das dem Buch zugrunde liegende Dokument ist (wie andere bemerkt haben) ein Bericht an Beamte des persischen Hofes, die nicht erfreut gewesen wären, Synkretismus als bloßen Götzendienst beschrieben zu finden, da Synkretismus die offizielle Politik des Persischen Reiches war.
8 Das Verbot der Ehe mit Nichtchristen wurde durchgesetzt von Cyprian, Tertullian, dem Konzil von Elvira, den Konzilen von Laodicea, Hippo, Orléans, Rom, den Gratianischen Dekreten. Paulus' Erklärung „…weder Juden noch Griechen, weder Sklaven noch Freie, nicht Mann noch Frau" wird oft als Befürwortung der Exogamie angeführt, allerdings fälschlich, denn es bezieht keine Nichtchristen ein. Tatsächlich untersagte Paulus Mischehen: „Beugt euch nicht mit Ungläubigen unter das gleiche Joch" (2 Kor 6,14), allerdings lehnte er es ab, bestehende Ehen aufzulösen (1 Kor 7,12), in der Hoffnung, sie würden zur Konversion führen; falls jedoch eine solche Ehe auseinanderbrach, erklärte er sie für nichtig.

9 Zum Beispiel verbot das Konzil von Elvira (306) Christen, mit Juden zu essen (Kanon L). Dieses Verbot wurde von späteren Konzilen stetig bekräftigt.

10 Momigliano (1987) trifft diese Aussage auf etwas andere Weise: „In *Das antike Judentum* behauptet er [Weber] sogar, dass Feindseligkeit den Juden weniger bedeutete als den frühen Christen: Die Rabbis kämpften gegen die religiöse Internationalisierung der Rache, während ‚die weniger intellektuellen frühen Christen' ihr offener nachgaben. Da Paulus, laut Weber selbst, die Christen von dem Pariastatus der Juden befreite, ist die unausweichliche Schlussfolgerung, dass es keine zwangsläufige Verbindung zwischen Pariastatus und Moral der Feindseligkeit gibt" (S. 233).

11 Siehe Reif (1993), S. 34–37.

12 Siehe Weber (1922), S. 283.

13 Formkritik ist die Textanalyse hinsichtlich der literarischen und religiösen Formen oder Gattungen, die sie darstellen, z.B. Hymnen, Flüche, Klagelieder, Sprichwörter, Gesetze, Erzählungen, Mythen, Legenden; eine solche Analyse hilft bei der Erkennung des sozialen Umfelds, in dem jeder Text wirkt, z.B. Gottesdienst, Erziehung, Unterhaltung, Politik, Gerichte. Der Pionier der Methode zum Studium der Psalmen war H. Gunkel, doch wurde die Methode auch im Studium des Neuen Testamentes verbreitet angewandt.

14 Siehe Reif (1993), S. 34–37.

15 Die Entdeckung der ugaritischen Literatur in Ras Schamra, Syrien, 1929 führte zu einer grundlegenden Neudatierung vieler Psalmen, da die ugaritischen Texte, die auf ca. 1200 v.u.Z. datiert werden, starke stilistische Ähnlichkeiten mit den Psalmen aufwiesen. Einige Psalmen, von denen man annahm, dass sie in die Epoche der Hasmonäer gehörten, wurden auf tausend Jahre früher umdatiert. Die Beziehung der Psalmen zur ugaritischen Literatur wurde besonders von M. J. Dahood (1966–70) untersucht.

16 Zum Beispiel: „Es ist schlimmer, einen Nichtjuden auszurauben als einen Juden, weil dadurch der Name des Himmels entweiht wird" (d.h. Schande auf den Gott des Judentums gehäuft wird), Tosefta, Bava Qamma, 10:15. Zu weiteren Beispielen siehe Jewish Encyclopedia, Stw. „Gentile".

Kapitel 3

Antisemitismus außerhalb des Christentums

Webers Theorie von den Juden als einer Pariagemeinschaft ist, wenngleich in komplexer soziologischer Terminologie ausgedrückt, einfach ein Beispiel der abgedroschenen landläufigen Theorie, am Antisemitismus seien die Juden selbst schuld. Obwohl Weber diese Schlussfolgerung selbst nicht ausdrücklich zog, erinnert seine Terminologie an bekannte Vorwürfe gegen die Juden, wonach sie Feindseligkeit durch ihre Neigung zu Absonderung provozierten, stur auf der Einhaltung ihrer besonderen religiösen Regeln beharrten und sich weigerten, entspannte freundschaftliche Beziehungen zu ihren Nachbarn aufzunehmen.

Es bietet sich ein naheliegender Test für diese Theorie an, nämlich nachzufragen, ob die Juden überall angefeindet wurden oder nur in gewissen klar definierten Gebieten. Wenn wir uns der Region zuwenden, deren „Paria"-Terminologie Weber übernommen hat, nämlich Indien, begegnen wir dem überraschenden Umstand, dass gerade in dieser Region, der Heimat der Paria, die Juden nie als Paria behandelt worden sind.

Die Juden von Cochin an der Malabarküste von Südwestindien bildeten eine große, strenggläubige Gemeinschaft, die alle Merkmale erkennen ließ, die sie nach Weber zu einer Pariagruppe hätte machen müssen. Doch diese Gemeinschaft lebte über Jahrhunderte in der Mitte der indischen Gesellschaft, ohne jemals auf Antisemitismus zu treffen. Es war hingegen eine hoch geachtete Gemeinde, die in wirklicher Freundschaft mit ihren Hindu-Nachbarn lebte und sich der Gunst des Rajas und anderer hoher Hindu-Amtsträger erfreute. Bei allen wichtigen öffentlichen Anlässen wurden ganz selbstverständlich jüdische Vertreter zur Teilnahme eingeladen und bekamen Ehrenplätze zugewiesen, wobei Rücksicht auf ihre religiösen Speisevorschriften genommen wurde. Die Juden reagierten darauf mit ihrer Loyalität und leisteten dem Raja Militärdienst gegen seine Feinde, obgleich akzeptiert wurde, dass die Juden am Sabbat nicht kämpften.

Zum ersten Mal erlebte die jüdische Gemeinde von Cochin Antisemitismus, als im 16. Jahrhundert die Portugiesen ankamen. Die gegen die Juden gerichteten Kränkungen und Gewalttätigkeiten durch diese christlichen Kolonisten vom Augenblick der Ankunft an, die sich unter anderem im Niederbrennen von Synagogen und dem Verbrennen heiliger Bücher äußerten, wurden von der Hindu-Gemeinde mit Erstaunen und Bestürzung aufgenommen und veranlassten die Behörden zu Protesten. Während der gesamten portugiesischen Herrschaft (1502–1663) waren die Juden Ziel christlicher Unterdrückung, wurden aber durch das wiederholte Eingreifen und den Schutz des Raja vor der totalen Katastrophe bewahrt. Die Leiden der Juden endeten, als die portugiesische Herrschaft den Holländern Platz machte (1663–1795). Die Niederlande, ein Führer der Aufklärung in Europa, hatten jüdischen Flüchtlingen vor der spanischen Inquisition Zuflucht gewährt und begünstigten eine blühende niederländisch-jüdische Gemeinde, und der gleiche Geist der Aufklärung dehnte sich auf die Juden des Überseeimperiums der Niederlande aus.[1] Die bessere Behandlung, die den Juden von Cochin unter den Niederländern zuteilwurde, kann weitgehend der weltlichen Bewegung der Tolerierung zugeschrieben werden, die auf die Emanzipation der Juden in Europa hinarbeitete.[2]

Eine ähnliche Geschichte könnte über die Juden in China erzählt werden. Der gängige Spruch, beliebt an Stammtischen und selbst bei angesehenen Autoren wie etwa H. G. Wells, wonach Juden überall, wohin auch immer sie gegangen sind, Antisemitismus erfuhren und dass sie deshalb irgendwie selbst dafür verantwortlich sein müssen, wird nicht durch die historischen Fakten gestützt und ist die Frucht eines Ethnozentrismus, der die Welt außerhalb des Christentums als nichtexistent betrachtet. Es ist wohl wahr, dass die Juden, wohin auch immer sie im Christentum gegangen sind, Antisemitismus angetroffen haben. Es ist auch wahr, dass sogar Gegenden des Christentums, die Juden nie betreten haben und in denen die christlichen Bewohner nie einen Juden gesehen haben, von Antisemitismus durchdrungen sind. Da liegt die logische Folgerung auf der Hand, dass das Christentum an sich der Ort des Antisemitismus ist, dessen Ursprung in der christlichen Religion und Mythologie gesucht werden sollte.

Dagegen mag man vorbringen, dass Antisemitismus, wenn auch nicht weltweit, gleichwohl außerhalb von Regionen und Zeiten, in denen christliche Überzeugungen vorherrschten, zu finden war.

Für das früheste Beispiel eines nichtchristlichen Antisemitismus könnte man den völkermörderischen Plan des Haman halten, wie er im biblischen Buch Ester geschildert wird. Dies gibt vor, ein Ereignis in der Geschichte des Persischen Reiches zu sein, wo der Gegner der Juden, Haman, seinem König die Juden antisemitisch beschreibt: „Es gibt ein Volk, das über alle Provinzen deines Reiches verstreut lebt, aber sich von den anderen Völkern absondert. Seine Gesetze sind von denen aller anderen Völker verschieden; auch die Gesetze des Königs befolgen sie nicht. Es ist nicht richtig, dass der König ihnen das durchgehen lässt. Wenn der König einverstanden ist, soll ein schriftlicher Erlass herausgegeben werden, sie auszurotten." (Ester 3:8). Diese Episode ist unklar datiert, könnte sich aber auf das 6. Jahrhundert v.u.Z. beziehen, d.h. etwa sechs Jahrhunderte vor dem Aufkommen des christlichen Antisemitismus. Doch die für die vorgeschlagene Vernichtung der Juden angegebenen Gründe sind Webers Charakterisierung der Juden als Paria-Volk sogar zu dieser Zeit verblüffend ähnlich und mögen zu Webers Zurückführung des Ursprungs des jüdischen Paria-Status bis in die Zeit das Babylonischen Exils beigetragen haben.

Doch können wir den angeblichen Antisemitismus, wie er im Buch Ester geschildert wird, außer Acht lassen, denn dieses Buch wurde tatsächlich in hellenistischer Zeit geschrieben, und der Autor projiziert den Antisemitismus seiner Epoche in das frühere Persische Reich zurück, das wir aus authentischen historischen Quellen sogar als sehr tolerant und freundlich gegenüber den Juden kennen. Tatsächlich ist der mythische Haman, der seinem Kaiser rät, die Juden zu vernichten, sehr wahrscheinlich eine versteckte Version eines hellenistischen Antisemiten des 2. Jahrhunderts v.u.Z.

Der eigentliche Beginn des Antisemitismus findet sich allerdings in der hellenistischen Kultur Alexandrias, Antiochias, Roms und anderer Zentren der griechischen und griechisch-römischen Reiche seit dem 3. Jahrhundert vor dem Entstehen des Christentums. Der Haman zugeschriebene völkermörderische Rat wurde in Wirklichkeit dem Seleukidenkaiser Antiochos Sidetes 133 v.u.Z. gegeben, während er in der Zeit des jüdischen Königs Johannes Hyrkanos Jerusalem belagerte. Einige Offiziere drängten den Kaiser, nicht nur Jerusalem, sondern das ganze jüdische Volk zu vernichten, da die Juden das einzige Volk auf der Welt seien, das sich weigere, Umgang mit anderen Völkern zu pflegen; sie erinnerten ihn auch an den früheren Versuch von Antiochos Epiphanes (175-164 v.u.Z), das Judentum als schädlich für die Menschheit auszurotten (Diodor, *Bibliotheca*, 34:1, 1ff.). Auch hier wird der gleiche Ton angeschlagen: Es ist die jüdische Neigung zu Absonderung, die die Feindschaft der Nichtjuden weckt. Der hellenistische Antisemitismus führte zu periodischen Massakern an den Juden in den wichtigen hellenistischen Städten. Antisemitische Schriften wurden in Alexandria von Autoren wie Manetho, Apion und Chaeremon verfasst.

Der gefährlichste und folgenschwerste hellenistische Ausdruck des Antisemitismus findet sich in gewissen Schriften der Gnostiker, deren Bewegung aus der vorchristlichen Zeit stammt. In diesen Schriften werden die Juden nicht nur als antisozial und menschenverachtend angegriffen, sondern erhalten auch eine kosmische Rolle als Diener und Anhänger einer bösen Gottheit. Nach der allgemeinen Theorie der Gnosis wurde unsere böse Welt von einem bösen oder zumindest unvollkommenen und verblendeten Gott geschaffen, bekannt als Demiurg (oder Schöpfergott). Die besondere antisemitische Theorie, die von einigen Gnostikern vertreten wurde, besagte, dass dieser böse Gott kein anderer als der Gott der Juden sei und dass er derjenige war, der den Juden die Thora gegeben habe, in deren Namen sie das Wissen (*gnosis*) um den wahren Hochgott erschweren. Dies ist der erste geschichtliche Auftritt der antisemitischen Vorstellung von den Juden als Volk des Teufels. Es ist auch das erste Auftreten der antisemitischen Vorstellung von den Juden als ungeistig, materialistisch und an die begrenzten Werte des Lebens auf dieser Erde gebunden.

Der hellenistische vorchristliche Antisemitismus war durchaus sehr wichtig in der Geschichte des Antisemitismus. Er gründete auf der kulturellen Rivalität zwischen Hellenismus und Judentum. Die Hellenisten waren auf ihre Weise oft ebenso engagiert, die Werte und Praktiken des Hellenismus als universelle Kultur zu verbreiten wie später die Christen in der Verbreitung der Bibel. Antiochos Epiphanes zum Beispiel, der durch die Entweihung des jüdischen Tempels den Hasmonäeraufstand auslöste, war ein echter Anhänger der hellenistischen Kultur und empörte sich über die jüdische Weigerung, sie rückhaltlos zu übernehmen. Ein späterer Verfolger des Judentums war der römische Kaiser Hadrian, der wiederum jüdische Praktiken wie Beschneidung, den Sabbat und Speisevorschriften als Beleidigung des hellenistischen Ideals kultureller Uniformität ansah. Nicht dass Hadrian sich gegen die Idee der Toleranz gestellt hätte: Ganz im Gegenteil rühmte er sich seiner Offenheit gegenüber allen Religionen und errichtete ein Pantheon, zu dem alle Völker unter römischer Herrschaft aufgefordert waren, Statuen ihrer Götter beizusteuern. Auch die Juden wurden aufgefordert, eine Statue ihres Gottes Abraham zu schicken, und als sie sich mit der Begründung weigerten, Abraham sei kein

Gott und der von den Juden verehrte Gott könne nicht in einer Statue dargestellt werden, empfand Hadrian dies als eine Beleidigung seines großen ökumenischen Projektes. Als Führer eines Volkes, das sich trotz seiner imperialen Eroberungen (einschließlich jener von Griechenland) zur Gänze der griechischen Kultur ergeben hatte, verübelte Hadrian die Unnachgiebigkeit eines Volkes, das darauf beharrte, nicht nur seine eigene Kultur zu behalten, sondern auch deren Überlegenheit zu behaupten. Obgleich vordergründig tolerant, duldete der Hellenismus in Wirklichkeit keine echte Abweichung von seiner Norm oder Infragestellung seiner Überlegenheit. Hier unterschieden sich die Hellenisten mit ihrer Ideologie einer imperialistischen Mission von den authentischen griechischen Intellektuellen früherer Zeiten, die die jüdische Kultur, soweit sie Kenntnis von ihr hatten, mit Bewunderung betrachteten.

Folglich gab es einen tiefen und schmerzlichen Konflikt zwischen Hellenismus und Judentum, der sich aus dem jüdischen Anspruch, Gottes auserwähltes Volk zu sein, und der daraus resultierenden Ablehnung der hellenistischen kulturellen Vorrangstellung ergab. Der hellenistische Groll über den jüdischen Anspruch konnte zwei Formen annehmen. Die eine war schlichte Ablehnung, wie zum Beispiel in den höhnischen Schmähreden gegen die Juden als bloße Barbaren, die nicht fähig waren, ihren Nutzen aus dem Licht des Hellenismus zu ziehen. Eine andere jedoch, bedeutsam für das Thema dieses Buches, war die Methode der Usurpation. Diese Reaktion auf das Judentum bestand darin, einen konkurrierenden Anspruch zu jenem der Juden zu behaupten, jedoch auf eine Art, die dem Diskurs des Judentums selbst deutlich entlehnt war. Die Gnostiker waren die Erfinder dieser Art von Verdrängungsreaktion. Sie konstruierten eine konkurrierende auserwählte Rasse, „den Samen Sets", und verwiesen die Juden auf die Position falscher Anwärter. Anhand der jüdischen heiligen Schriften als Textgrundlage, besonders dem 1. Buch Mose, entwickelten sie eine Doktrin der Auserwähltheit, die die jüdische Erbfolge von Abraham an umging. Nichtjüdische biblische Gestalten wie Set, Melchisedek oder sogar Kain wurden die Helden der Geschichte, Angehörige einer Reihe von Aufgeklärten, Besitzer der von dem Hochgott abgeleiteten gnosis, der den ungeistigen Lehren des schwächelnden Schöpfergottes der Juden widersprach.

Die spätere Reaktion zeigt, dass viele Hellenisten außerstande waren, einen Standpunkt einfacher Verachtung gegenüber den Juden einzunehmen. Sie waren widerwillig von der Standhaftigkeit der jüdischen Haltung beeindruckt und reagierten darauf, indem sie sie übernahmen und dabei die Juden ausklammerten.

Diese Reaktion war der Vorläufer der christlichen Verdrängung der Juden, in der die Hebräische Bibel für die Zwecke der christlichen Kirche angepasst wurde, wenngleich in einer gründlicheren Art und Weise, als es die Gnostiker vermochten. Die Juden wurden dadurch von der Position als Volk Gottes verstoßen und ihr Platz wurde von dem neuen Israel, dem Christentum, eingenommen. Statt gewisse Aspekte der hebräischen Bibel auszuwählen, wie es die Gnostiker taten, übernahmen die Christen sie in ihrer Gänze und deuteten sie so radikal um, dass sie eine christliche Bibel wurde. Weil die Juden diese Umdeutung nicht hinnahmen, wurden sie selbst verunglimpft und im Weltplan auf einen niedrigen Rang zurückgestuft.

Also sollte man nicht meinen, das Christentum habe eine neue Form des Antisemitismus ohne Verbindung zu jenem des Hellenismus eingeführt. Ganz im Gegenteil zeigt der christliche Antisemitismus starke Anknüpfungspunkte an den Hellenismus. Man sollte ihn als Spielart des hellenistischen Antisemitismus betrachten, der bis in die mittelalterliche und neuzeitliche Welt hinein bestehen blieb. Dass der hellenistische Antisemitismus vorausging, ist kein Gegenbeweis für die zentrale Bedeutung des christlichen Antisemitismus in jeder Untersuchung des Themas, da sie als Vorläufer und Nachfolger in Zusammenhang stehen. Wir werden jedoch sehen, dass das Christentum, obgleich es der Gnosis viel schuldet, dem Vorgefundenen gewissen Merkmale hinzufügte und somit eine einzigartige Ausprägung des Antisemitismus erzeugte.

Allerdings gibt es eine Form von Antisemitismus, die sowohl mit dem Hellenismus als auch mit dem Christentum wenig zu tun hat und als unabhängige Variante betrachtet werden muss. Dies ist der Antisemitismus, der sich in der Religion des Islam findet, der im 7. Jahrhundert mit dem Auftreten des Propheten Mohammed in Arabien seinen Ausgang nahm. Der Koran brandmarkt die Juden als die Feinde Mohammeds, der sie in Arabien militärisch besiegte. Das Judentum wurde im Islam eine zugelassene Religion, Juden wurden aber mit besonderen Steuern belegt und in vielerlei Hinsicht benachteiligt. Sporadische Verfolgung von Juden hat es durch die ganze muslimische Geschichte hindurch gegeben, allerdings in einem viel schwächeren Grad als im Christentum. In jüngerer Zeit jedoch hat der politische Streit zwischen Juden und Muslimen über die Errichtung des Staates Israel zu der starken Ausbreitung antisemitischer Literatur im Nahen Osten und zur Übernahme antisemitischer Standpunkte und Materialien, die früher mit der christlichen Tradition verknüpft waren, geführt (z.B. *Die Protokolle der Weisen von Zion*).

Das gemeinsame Merkmal des muslimischen und christlichen Antisemitismus ist, dass beide von einer Theologie der Verdrängung herrühren.

Wie das Christentum macht der Islam einen Gegenanspruch zu dem des Judentums geltend und sucht die Juden aus der Position des erwählten Volkes Gottes zu drängen. Auch hier übernimmt der Islam einen jüdischen Diskurs, sucht aber die Position der Juden in diesem Diskurs einzunehmen. Die Juden werden das Ziel der Feindseligkeit, weil sie ihre eigene Verdrängung nicht hinnehmen und die neue Religion nicht übernehmen, die für sich beansprucht, die „Erfüllung" ihrer eigenen zu sein. Wie das Christentum die jüdischen heiligen Schriften übernahm, als Prophezeiungen des Kommens Christi deutete und durch neue christliche heilige Schriften ergänzte, so schreibt der Islam den jüdischen heiligen Schriften einen prophetischen Wert zu und fügt ihr Material in einer interpretierten Form in seinen eigenen Koran ein, allerdings mit dem Vorbehalt, dass die jüdischen Schriften von den Juden verdorben worden seien und deshalb nicht vollständig anerkannt werden könnten. (Hier befindet sich die islamische Strategie auf halber Strecke zwischen jener der Gnosis und jener des Christentums: Die Gnostiker verwendeten die jüdischen heiligen Schriften für ihre eigenen Zwecke, betrachteten sie aber von Anfang an als fehlerhaft; das Christentum betrachtet die jüdischen heiligen Schriften als vollständig von Gott eingegeben, aber durch jüdische Deutung verfälscht; der Islam betrachtet die jüdischen heiligen Schriften als vollständig eingegeben in ihrer frühesten Form, aber fehlerhaft geworden durch die Bearbeitung jüdischer Schriftgelehrter, die unechtes Material einfügten und das Material wegließen, das Mohammed voraussagte.)

Wir können also offen anerkennen, dass Antisemitismus nicht auf die Christenheit begrenzt ist, sondern auch, in anderer Form, im Islam existiert. Aber dies führt uns zur Formulierung einer ersten Aussage über den Ursprung und Umfang von Antisemitismus, die zwar weiterer Verfeinerung und Nuancierung bedarf, aber dennoch ein wichtiger Anhaltspunkt ist: *Antisemitismus entsteht in Regionen, in denen eine vom Judentum abgeleitete Religion vorherrscht.* Dieses Prinzip lässt viel Raum für nähere Ausarbeitung, denn die Art des Antisemitismus, der entsteht, hängt vom Charakter der Beziehung zwischen der verdrängenden Religion und der ursprünglichen Religion ab. Sie hängt auch, wie wir erklären werden, von der Art des *Usurpationsmythos* ab, der in der verdrängenden Religion entsteht, um das Bedürfnis nach einer neuen Form der Religion, nach einem neuen Personal für das auserwählte Volk Gottes und nach der Verurteilung und Vertreibung des früheren Personals zu erklären.

Ein Einwand könnte allerdings gegen das oben ausgesprochene Prinzip erhoben werden, dass es die früheste Form des Antisemitismus, nämlich den hellenistischen, nicht berücksichtigt, der aus kultureller Konkurrenz und schlichter Ablehnung jüdischer religiöser Behauptungen entstand, nicht aus dem Versuch, die Juden aus ihrem eigenen Diskursrahmen heraus zu verdrängen.

An dieser Stelle ist es notwendig, tiefer in die Definition des Antisemitismus einzudringen, um verschiedene Ebenen zu erkennen.

Im Allgemeinen bedeutet Antisemitismus einfach Hass auf die Juden. Es ist zu diesem Zeitpunkt kaum nötig, darauf hinzuweisen, dass dies nicht „Hass auf Semiten" bedeutet. Hitlers enge Freundschaft und Allianz mit dem Mufti von Jerusalem beweist, dass er kein Feind der Semiten war, sondern nur der Juden, und das gilt für alle Antisemiten. Der Name „Anti-Semit" wurde von Wilhelm Marr[3] geprägt, um dem Judenhass einen pseudowissenschaftlichen genetischen oder rassistischen Anstrich zu geben. Einige wohlmeinende, aber törichte Autoren (z.B. Arthur Koestler und Hugh Montefiori) haben die rassistische Theorie so ernst genommen, dass sie eine einfache Lösung für Antisemitismus vorgeschlagen haben: beweisen, dass die Juden eigentlich keine Semiten seien (da sie chasarischer oder gemischter Abstammung seien), und der Antisemitismus werde verschwinden. Leider hat diese Lösung, da die Gleichsetzung von Juden und Semiten nie mehr als ein Trick war, keine Chance zu funktionieren. James Parkes schlug vor, das Wort immer „antisemitisch" statt „anti-semitisch" („antisemitic" statt „anti-Semitic") zu schreiben, um die Sinnlosigkeit des Gedankens hervorzuheben, es gebe Menschen, die ernsthaft gegen Semiten als solche (z.B. nicht nur Juden, sondern auch Araber, Phönizier, Akkader, Babylonier usw.) sein könnten. Es ist bedauerlich, dass das Wort inzwischen so eingeführt ist, dass es heute unmöglich ist, es gegen einen passenderen Ausdruck wie etwa „Judenhasser" auszutauschen. Angesichts der Tatsache, dass das Wort nicht mehr verschwinden wird, müssen wir uns mit so offenkundigen Absurditäten wie „arabischer Antisemit" oder dem offensichtlichen Anachronismus eines „hellenistischen Antisemitismus" in einer Zeit, als es keine rassistische Theorie gab, abfinden. Das Äußerste, was wir tun können, um die Absurdität oder den Anachronismus zu vermeiden, ist der Gebrauch der Schreibung „Antisemitismus", wie Parkes vorschlug, um darauf hinzuweisen, dass das Wort nicht buchstäblich als „Hass auf Semiten" verstanden werden soll, sondern als Codewort für Judenhass. Unterdessen muss man hoffen, dass das Wort nicht mehr buchstäblich als Entschuldigung für die opportunistische semantische Taschenspielerei gebraucht wird, z.B. „Wie können Araber Antisemiten sein? Sie sind doch selbst Semiten."

Wenn Antisemitismus Hass auf Juden bedeutet, wie unterscheidet er sich von bloßer Fremdenfeindlichkeit? Die Antwort ist, dass Antisemitismus auf der untersten Ebene tatsächlich bloß eine Form von Xenophobie ist, vergleichbar etwa mit Ausdrücken wie Anglophobie. Auf dieser Ebene mag man die Juden nur deshalb nicht, weil sie anders sind, genauso wie die Engländer vielleicht die Franzosen oder sogar die Waliser nicht mögen. Vieles im hellenistischen Antisemitismus lag auf dieser Ebene. Vieles ging aber auch über diese Ebene hinaus und wurde stattdessen ein Gegensatz ideologischer Art, da die Hellenisten glaubten, die Juden stellten eine Gefahr für den hellenistischen kulturellen Anspruch auf die höchste Form der Zivilisation dar. Zu einer weiteren Ebene stieg dieser ideologische Antisemitismus in der Gnosis auf, wo die Juden als die irdischen Vertreter einer bösen kosmischen Macht angesehen wurden, und zu einer noch höheren Ebene im Christentum, wo man glaubte, die Juden hätten eine Tat von außergewöhnlicher Bosheit vollbracht, die Ermordung des menschgewordenen Gottes. Gavin Langmuir hat argumentiert, dass der Antisemitismus erst auf dieser irrationalen und paranoiden Ebene seinen besonderen und einmaligen Platz verdiente, da er unter den verschiedenen Arten von Xenophobie eine besondere Bezeichnung verlangte. Ich würde zustimmen, dass diese äußerste Form des Antisemitismus die interessanteste und wichtigste für den Historiker, Soziologen und Anthropologen ist. Ein besonderer paranoider Abscheu macht sich auf dieser letzten Ebene an den Juden fest, der mit keinem anderen xenophoben Hass verglichen werden kann, und dieser war es, der nach vielen Jahrhunderten der Indoktrination den Holocaust herbeigeführt hat. Doch gibt es terminologische Schwierigkeiten, den Begriff Antisemitismus nur auf diese Ebene zu beschränken, und ich würde vorschlagen, dass der Begriff auf jede Ebene angewendet werden sollte, aber mit dem Vorbehalt, dass Antisemitismus nur auf der *dämonisierenden ideologischen Ebene* ein einzigartiges Problem darstellt.

Vor der Neuzeit gab es nur drei Formen des dämonisierenden ideologischen Antisemitismus, die gnostische, christliche und islamische, von denen die christliche Form die mit Abstand aggressivste war, da sie von einem einzigartig erschreckenden Usurpationsmythos verstärkt wurde. Ein detaillierter Vergleich dieser drei vormodernen Formen sprengt den Rahmen dieses Buches. Hier möge es genügen anzumerken, dass alle drei vom Judentum abhängige Formen von Religion sind, und wir können unsere Formel wie folgt ergänzen. *Dämonisierender ideologischer Antisemitismus ist auf Bevölkerungen begrenzt, die vom Judentum abgeleiteten Religionen angehören.*

Die Existenz aggressiver Formen des modernen Antisemitismus, die offenbar nicht mit dem Christentum verknüpft sind, wird oft als Beweis dafür angeführt, dass dämonisierender Antisemitismus nicht zwangsläufig religiösen Ursprungs ist. Der Nazismus stellte sich als nichtchristliche, heidnische oder sogar christenfeindliche Doktrin im Geiste Nietzsches dar. Ähnlich ist die andere Erscheinungsform des modernen ideologischen Antisemitismus, jene des Marxismus, mit ihrem jüngeren Sprössling, dem Antisemitismus der Neuen Linken, deutlich nach Ziel und Selbstverständnis nichtchristlich. Doch jede historische Untersuchung der Ursprünge und Denkmuster des Antisemitismus der Nazis und der Neuen Linken zeigt, wie unauflösbar diese Erscheinungsformen den christlichen Antisemitismus fortsetzen. Die nazistische antisemitische Propaganda bestand aus der Wiederholung antisemitischer Verunglimpfungen, die im Mittelalter und sogar noch früher gegen die Juden ersonnen worden waren, z.B. die Ritualmordlegende, die behauptete, dass Juden christliches Blut für rituelle Zwecke verwendeten. Hitler stützte seinen Standpunkt bewusst auf die antisemitischen Ergüsse Luthers. Zwar war der Nazismus keine christliche Bewegung, doch war sein Antisemitismus die Frucht von Jahrhunderten christlicher antisemitischer Propaganda, die besonders heftig in Deutschland war, der eigentlichen Heimat der Passionsspiele. Die Nazis wussten, dass das Ausspielen der antisemitischen Karte eine politische Masche war, die in der christlichen Bevölkerung nicht nur in Deutschland, sondern in Europa überhaupt eine prompte Reaktion hervorrufen würde. Ohne die stillschweigende und oft offene Unterstützung dieser Bevölkerung hätte der Holocaust niemals umgesetzt werden können.

Der marxistische Antisemitismus war nicht so bewusst darauf angelegt, tief verwurzelte christliche Vorurteile anzusprechen, doch seine Ursprünge lassen sich mühelos aufspüren. Marx war selbst Jude, wurde aber getauft und als Christ großgezogen. Seine ganze Erziehung war christlich, und seine Kenntnis des Judentums beschränkte sich auf das in christlichen Quellen Enthaltene. Obwohl er als Erwachsener seinen christlichen Glauben ablegte, behielt er ein negatives Bild von den Juden als „Krämer“ bei, deren ganze Religion sich auf Geld richtete. Deshalb fiel es ihm leicht, das Judentum als Herz und Seele des Kapitalismus auszumachen, eine Kennzeichnung, die er mit anderen sozialistischen Antisemiten einschließlich Proudhon und Charles Fourier teilte. Diese Identifizierung lässt sich letztlich auf das christliche Bild von Judas Ischariot zurückführen, den archetypischen Juden, der seinen Herrn für Geld verkaufte, mit dem Geld der zwölf Apostel betrog und in der christlichen Kunst immer mit einem Geldsack in der Hand dargestellt ist. Im Antisemitismus der Neuen Linken wird das Bild auf eine weitere Stufe gehoben: Die Juden sind nicht bloß die Organisatoren internationalen kapitalistischen Geldwesens, sondern auch die Speerspitze der kapitalistischen und imperialistischen Verschwörung gegen die unschuldigen und benachteiligten Nationen der „Dritten Welt".

Die paranoide Art dieser Bilder wird durch die Tatsache verdeutlicht, dass rechte Anhänger des Kapitalismus es genauso leicht gefunden haben, die Juden als Speerspitze der Mächte des internationalen Kommunismus darzustellen. Einige haben die Juden sogar so dargestellt, als kombinierten sie beide Handlungsweisen, als brächten sie Kapitalismus und Kommunismus gleichzeitig in abgestimmten Manövern voran, um auf den Zusammenbruch der nichtjüdischen Welt hinzuarbeiten. Das Gesamtbild des modernen Antisemitismus zeigt eine starke Tendenz, die Juden mit der wie auch immer gearteten diabolischen Kraft zu identifizieren, wie sie von einer dualistischen Ideologie gefordert wird: Wo die Theorie eine niederträchtige politische Gruppe erfordert, die gegen Gerechtigkeit und Fortschritt arbeitet, wird aufgedeckt, dass Juden diese Gruppe ausmachen. Es kann kein Zufall sein, dass dieses dualistische Schema jenes des traditionellen Christentums wiederholt. Dieses Phänomen entsteht aus der Tatsache, dass ein Glaubenssystem nicht verschwindet, wenn es zusammenbricht, sondern in der Form unbewusster Fantasien und Vorurteile fortbesteht, die umso stärker sein mögen, als sie sich rationaler Analyse entziehen. Die Judenphobie moderner politischer Ideologien sollte deshalb als *nachchristlicher Antisemitismus* betrachtet werden. Er sollte nicht mit dem vorchristlichen Antisemitismus der hellenistischen Welt gleichgesetzt werden. Denn er trägt alle besonderen Merkmale des christlichen Antisemitismus, dessen nicht anerkanntes Kind er ist. Der nazistische Antisemitismus zum Beispiel sollte nicht aufgrund von Wagners und Hitlers ausdrücklicher Bewunderung für die nordische Mythologie als Rückfall ins Heidentum abgetan werden. Dies ist eine unverdiente Beleidigung altnordischer Heiden, die nie antisemitisch waren, bis sie christianisiert wurden.

Eine endgültige Version unserer Formel wird also lauten: *Dämonisierender ideologischer Antisemitismus ist auf Bevölkerungen begrenzt, die vom Judentum abgeleiteten Religionen angehören oder solche als historischen Hintergrund haben.*

Eine zusätzliche Komplikation ist, dass die westliche Zivilisation durch ihren erfolgreichen Einsatz der Technologie einen bedeutenden Einfluss auf nichtwestliche Gesellschaften hatte, besonders im 20. Jahrhundert. Dieser Einfluss hat sich auch auf westliche Ideologien ausgedehnt, vornehmlich auf den Marxismus, der das herrschende Bekenntnis Chinas und anderer östlicher Länder wurde. Zusammen mit Technologie und kommunistischem Bekenntnis brachte der Marxismus zum ersten Mal die

Grundsätze des Antisemitismus in diese Länder, nun als „zionistischer Imperialismus" maskiert. Da allerdings der Antisemitismus keine wirklichen Wurzeln in östlichen Ländern hat, wurde er dort eine Leerformel und wird weitere politische Entwicklungen wahrscheinlich nicht überleben.

Ein etwas ernsteres Phänomen war die antisemitische Wirkung des nazistischen Bündnisses mit Japan. Der Antisemitismus schien eine Saite in der japanischen Psyche zu berühren, obgleich er unbekannt war, ehe das Bündnis antisemitische Literatur nach Japan brachte. Selbst nach der japanischen Niederlage und der Errichtung der Demokratie bestand der Antisemitismus in der Form erfolgreicher Unterhaltungsliteratur fort, die die Machenschaften einer weltweiten jüdischen Verschwörung verbreitet. Der Reiz dieser Literatur könnte durchaus eng mit der japanischen Niederlage und dem Bedürfnis, irgendeinen externen diabolischen Grund dafür zu finden, zusammenhängen. Auf merkwürdige Weise diente die Fantasie von der jüdischen Weltherrschaft auch als Ersatz für den früheren japanischen Traum, genau diese zu erreichen, und auch als Vorbild für heutige realistische japanische Anstrengungen, Weltherrschaft im wirtschaftlichen Bereich zu erlangen. Dies erklärt den Anflug von Bewunderung im japanischen Antisemitismus, trotz des scheinbaren Tons moralischer Entrüstung.

Insgesamt also ist das Auftreten von Antisemitismus außerhalb des christlich-islamischen Blocks peripher und unbedeutend. Er ist ein unnatürlicher Auswuchs, der Gesellschaften ohne Tradition von Antisemitismus aufgepfropft wurde. Geschehen ist dies wegen des westlichen kulturellen, technologischen und politischen Einflusses, und es ist unwahrscheinlich, dass er dauerhaft Fuß fasst.

Gleichwohl kann man immer noch fragen, warum die Juden im hinduistischen Indien nicht auf Antisemitismus trafen. Warum gab es keine kulturelle Konkurrenz zwischen Judentum und Hinduismus, vergleichbar jener zwischen Judentum und Hellenismus in der Antike? Angenommen, dass die besondere Schärfe von Verdrängung und Usurpation fehlte, weil es keine Beziehung zwischen Judentum und Hinduismus gab, könnte man dennoch etwas von der Rivalität erwarten, die zwischen dem Hinduismus und den anderen auf dem Judentum beruhenden Religionen – Islam und Christentum – tatsächlich vorkam. Die Antwort scheint zu sein, dass das Judentum nicht als missionierende Religion auftrat, wie es die anderen taten. Überdies trat das Judentum anders als der Islam und das Christentum nicht in Gestalt militärischer Eroberung auf. Der Hinduismus ist von seinem Wesen her nicht auf Konfrontation mit anderen Religionen aus. Er neigt dazu, ihnen einen Platz in seinem eigenen religiösen System zu geben, indem er Gemeinden fremden Ursprungs sogar einen Kastenstatus zuweist. Das Gefühl der Überlegenheit ist vorhanden, wie in der hellenistischen Kultur, aber das Kastensystem erlaubt so viele Varianten der Lebensart und Philosophie, dass fremde Kulturen auf irgendeiner Ebene aufgenommen werden können. Die Gefühle der Überlegenheit sind weitgehend auf die oberste Kaste konzentriert, die Brahmanen, die es gewohnt sind, gegenüber „niedrigeren Stufen der Gesellschaft" Nachsicht zu üben. Die hellenistische Kultur dagegen hatte einen Drang zur Einheitlichkeit und eine Intoleranz gegenüber Vielfalt, gepaart mit einer grundlegenden Demokratie, die das gleiche kulturelle und geistige Niveau für alle verlangte. Sie verübelte die Existenz von Nischen kulturellen Widerstands, während der Hinduismus sie als Ausdruck der unendlichen Vielfalt des Menschenmöglichen sogar begrüßt.

Der ausgezeichnete Leumund des Hinduismus in Bezug auf das Judentum ist in den letzten Jahren durch eine unfreundliche Haltung der indischen Regierung gegenüber Israel ein wenig getrübt worden. Dies ist nicht durch irgendeine grundlegende Feindschaft verursacht worden, sondern durch die Erfordernisse einer Politik der „Dritten Welt", die von Indien Solidarität mit arabischen Ländern verlangte, mit denen Indien tatsächlich kulturell wenig gemein hat und, historisch betrachtet, vieles, das gegen diese steht. Mir ist von indischen Freunden versichert worden, dass die Politik der Regierung in dieser Hinsicht von wenigen Vertretern hinduistischer Anschauung unterstützt wird.

Im Allgemeinen bietet die Geschichte der hindu-jüdischen Beziehungen den starken Beweis, dass Antisemitismus nicht endemisch in der menschlichen Natur ist und nicht aus ärgerlichen oder elitären Merkmalen der Juden oder des Judentums entsteht.

Anmerkungen

1 Obwohl die Niederländische Republik vom 17. Jahrhundert an ungewöhnliche Toleranz gegenüber Juden erkennen ließ, wurde Juden erst 1796 das Bürgerrecht gewährt, womit sie dem Beispiel des revolutionären Frankreich folgten.

2 Siehe Fischel (1972).

3 In seinem Pamphlet „Der Judenspiegel", 1862. 1879 brachte er das Wort „Antisemit" durch Gründung der Antisemiten-Liga in den politischen Gebrauch.

Kapitel 4

Die Juden im mittelalterlichen England

Die erstaunliche Geschichte der Juden im mittelalterlichen England ist nicht nur eine Geschichte grausamer und herzloser Ausbeutung einer hilflosen „Gastgemeinschaft" (*guest community*) durch eine habgierige und heuchlerische „Wirtsgemeinschaft" (*host power*). Es ist ein Beispiel dafür, wie durch religiöse Billigung eine ganze Klasse von Menschen auf einen unmenschlichen und jeder Moral widersprechenden Rang herabgesetzt worden ist, doch derselben Klasse wertvolle Talente zugesprochen werden, die eine Quelle großen Gewinns für den Herrscher sein kann, der dank seiner Religion zu grenzenloser Ausbeutung und anschließender endgültiger Ablehnung berechtigt ist. Und dieselbe Klasse ist besonders nützlich, wenn es darum geht, von der Unbeliebtheit des Herrschers bei der Ausübung der wenig beliebten Tätigkeiten wie zum Beispiel der Steuereintreibung oder der Erhebung von Zinsen auf Anleihen abzulenken.

Die ganze Thematik wird ein wenig verschleiert durch die Tatsache, dass Juden stellvertretend für die weltliche Macht sich Besitztum aneigneten. Der König ließ durch sie Steuern erheben, presste hohe Zinsen auf Anleihen ab und kontrollierte die Geldströme. Dies hat einige Beobachter zu der Ansicht verleitet, die Stellung der Juden in England sei tatsächlich glücklich gewesen, da sie Reichtümer anhäuften. Das spätere Schicksal der Juden – ermordet oder ihres Wohlstands beraubt und dann vertrieben – wird als Unglück verstanden, nicht als unausweichliches Verhängnis, das von Anfang an für sie vorgesehen war.

Es gib keinen Nachweis von Juden in England vor der normannischen Eroberung, und auch noch für einige Zeit danach kam den Juden die unvollendete Christianisierung der Gesellschaft zugute. Der frühe normannische König Wilhelm Rufus (Wilhelm II.) wurde von christlichen Autoren der Gottlosigkeit und „Anmaßung gegenüber Gott“ beschuldigt. Ein Beispiel dafür ist, dass er einmal ein Streitgespräch zwischen Christen und Juden in Gang brachte und sagte (vielleicht im Scherz), er werde zum Judentum übertreten, sollten die Juden gewinnen. Die Beziehungen zwischen Christen und Juden blieben weiterhin eine Weile freundlich, wie der Bericht der höflichen Disputation zwischen Bruder Gilbertus Crispinus und einem Juden zeigt (Anselm von Canterbury, *Opera*, hg. 1744, II, S. 255). Aber im 12. Jahrhundert kristallisiert sich die besondere Rolle der Juden in einer auf christliche Normen gegründeten Gesellschaft heraus.

Wie es sich trifft, haben wir bessere historische Unterlagen für das frühe Mittelalter in England als für jedes andere Land, wegen der frühen Zentralisierung der Regierung und des Ausbleibens von inneren kriegerischen Wirren, sobald Heinrich II. 1134 auf den Thron gelangte und die angevinische Dynastie (von Anjou) begründete, genannt Plantagenet (von Heinrich II. bis Johann). Frankreich, Deutschland, Italien und Spanien können zu dieser Zeit nicht als in vollem Umfang bestehende Einheiten bezeichnet werden und haben wenige Zeugnisse hinterlassen. Folglich sind es die englischen Zeugnisse, die es uns ermöglichen, die eigenartige Stellung der Juden in der mittelalterlichen christlichen Gesellschaft deutlich zu erkennen.

Bestimmt wurde die Stellung der Juden von der Haltung der Kirche ihnen gegenüber, die alle Strukturen in der Gesellschaft beherrschte. Die Juden wurden als außerhalb der Gemeinschaft stehend betrachtet, da sie Ketzer seien und Feinde der Christenheit, obgleich sie einen besonderen Dispens hatten zu existieren, anstatt ausgerottet zu werden. Dieser Dispens jedoch gab den Juden keine amtlich bestätigte sichere Stellung oder Rolle in der Wirtschaft: Sie blieben ausgeschlossen von Ackerbau, Handel und jeder Art von Staatsdienst. Man ließ die Juden leben, aber nicht ihren Lebensunterhalt verdienen. Die Organisation des Geschäftslebens durch die Zünfte schloss die Juden automatisch aus, da die Zünfte nur bekennenden Christen offenstanden. Selbst der Erwerb eines Bauernhofes war mit einer „Huldigung“ verbunden, die die Treue zum christlichen Glauben einschloss.

Durch das 12. und 13. Jahrhundert verschlechterte sich die Stellung der Juden, da die Gesellschaft mehr und mehr unter die Kontrolle der Kirche geriet. Es war das Pontifikat Innozenz’ III. (1198–1216), das neue erniedrigende Bestimmungen einführte, die den Status der Juden weiter herabsetzten, darunter den Zwang zum Tragen des Gelben Ringes (Judenring, gelber Stoffring auf der Kleidung), während die Einhaltung bereits bestehender Verbote jüdischer Teilnahme an normalen wirtschaftlichen Tätigkeiten bestärkt wurde. Im 12. Jahrhundert erlebte England die ersten Ritualmordanklagen, zuerst die Beschuldigungen der Ermordung christlicher Kinder an Ostern (als Wiederholung der Kreuzigung Jesu) und dann die noch schrecklichere und brutalere Beschuldigung, dass Juden das Blut der geopferten Kinder für ihre eigenen Passahrituale verwendeten. So traf der Ausschluss der Juden von normalen oder ehrenhaften Tätigkeiten mit ihrer zunehmenden Dämonisierung als Untermenschen und Feinde der Christenheit zusammen.

Die einzige Beschäftigung, die den Juden offen blieb, war die des „Wucherers“. Manche Juden hatten Geld, das sie in Zeiten angehäuft hatten, als sie noch Kaufleute sein durften, in den weniger fanatischen Zeiten, die man als „finsteres Mittelalter“ kennt. Vom jüdischen Standpunkt aus war dies eine einigermaßen ironische Bezeichnung, denn es war ein Zeitraum, in dem die Juden alles in allem menschlich behandelt wurden, da die intolerante Lehre der Kirche wenig Einfluss auf eine noch weitgehend heidnisch gesinnte Bevölkerung hatte. Mit dem Kapital, das von ihren früheren kaufmännischen Betätigungen in ihren Händen geblieben war, gelang es den Juden, für eine begrenzte Zeit zu überleben, indem sie die christliche Welt finanzierten oder vielmehr indem sie die Geldwirtschaft in einer Zeit in Gang hielten, als Geld sich als Tauschmittel noch nicht vollständig durchgesetzt hatte, da die unteren Gesellschaftsschichten ihre Geschäfte immer noch als Tauschhandel betrieben.

Das System, durch das die Juden den Umgang mit Geld im mittelalterlichen England fast monopolisierten, gerade weil sie als verfluchte Personen betrachtet wurden, ist eine der merkwürdigsten Erfindungen in der Geschichte des Pariatums. „Wucher“ war von der Kirche verboten, und Wucher wurde so definiert, dass jegliches gewerbliche Unternehmen über das kleinste hinaus unmöglich war. Es war nicht nur verboten, Geld gegen Zinsen zu auszuleihen, sondern sogar das Erzielen von Gewinn auf einen Verkauf galt als sündhafter Wucher, wenngleich diese letzte Vorschrift kaum ernst genommen wurde. Das Verbot von Zinsen auf Anleihen wurde allerdings ernst genommen, und dieses Verbot bedeutete, dass Bankgeschäfte auf Juden oder auf sündige Christen (von denen es nicht wenige gab) beschränkt waren. Theoretisch war es sogar Juden verboten, Geld gegen Zinsen zu verleihen, aber es gab kaum aktive Versuche, sie davon abzuhalten, da es sich für die Gesellschaft als so nützlich erwies, eine Klasse von Menschen zu haben, die ohne religiöse Hemmungen mit Geld umgehen konnten und die ohnehin wegen ihrer Ablehnung und angeblichen Hinrichtung Jesu als verfluchte Seelen galten.

Besonders interessant aber ist für jeden, der die Tücken menschlicher Selbsttäuschung untersucht, die Art und Weise, wie das Verbot von Wucher und seine Übertragung an die Juden auf eine gewaltige christliche Praxis von Wucher durch einen bevollmächtigten Vertreter hinauslief, zumindest seitens christlicher Herrscher. Denn christliche Herrscher, für die Heinrich II. von England als typisches und gut dokumentiertes Beispiel gelten kann, bewiesen ihre christliche Missbilligung des Wuchers, indem sie verfügten, dass die unrechtmäßig erworbenen Gewinne von Wucherern bei deren Tod vom Staat beschlagnahmt werden sollten und nicht an ihre Erben fallen durften. Diese unrechtmäßig erworbenen Gewinne umfassten auch die zum Zeitpunkt seines Todes noch gegenüber dem Wucherer bestehenden Schulden, die nun dem König geschuldet waren. Seltsamerweise war der Einzug von Schulden gegenüber dem Wucherer durch den König keine Sünde, da der Wucher ursprünglich von Juden und anderen Sündern gefordert wurde (dasselbe Gesetz traf auf christliche Wucherer zu, die jedoch offene Übertreter des christlichen Gesetzes sein mussten und nicht unaufgeklärte Juden und deren Zahl viel geringer war).

Hier ging es um gewaltige Summen, da alle großen Unternehmen im Königreich, auch der Bau von Kathedralen und Feldzüge, durch verzinste Anleihen von den Juden finanziert wurden, die in der Tat die hauptsächlichen Geldbesitzer waren. Die sich anhäufenden Verbindlichkeiten der Mittel- und Oberschicht wurden deshalb zunehmend dem König geschuldet, der sie als seine persönliche Kasse eintrieb, allerdings oft einen Nachlass bei der Zahlung gewährte. Die Juden und der König bildeten in diesem System ein Bündnis, beruhend auf der verbotenen Praxis des Wuchers, der auf ähnliche Weise funktionierte wie ein Banken- und Besteuerungssystem in einer modernen Volkswirtschaft. Gleichzeitig betrachtete der König alles Geld in jüdischen Händen als sein eigenes, auf das er zinsfrei zurückgreifen konnte, wann immer er es brauchte. Er verfügte dann besondere Steuern („tallage“, eine Art Grundsteuer), die von der jüdischen Gemeinde insgesamt erhoben wurde, und er hatte auch eine lange Liste von Anlässen, bei denen Juden dem König eine Gebühr entrichten mussten, darunter Hochzeiten, Sterbefälle, Geschäftszusammenschlüsse und andere Ereignisse von Bedeutung. Der ganze „Reichtum“ der Juden, gewonnen durch „Wucher“, war ein Geldtopf, in Reserve gehalten für den König, der somit behaupten konnte, dass er selbst nicht dem Wucher frönte und diesen sogar löblicherweise durch Beschlagnahmung bestrafte.

In den „Gesetzen Eduards des Bekenners“ (um 1180) heißt es: „[…] die Juden selbst und ihre Habe gehören dem König. Und wenn jemand sie festnimmt oder ihr Geld, lasst den König, wenn er will und kann, es zurückverlangen, als wäre es sein eigenes“ (Howden, hg. Stubbs, II, 237). Der Status aller Juden war in anderen Worten der von Sklaven, die im Besitz des Königs waren. Dies war ihr Schutz vor willkürlicher Gewalt von jedermann, bedeutete aber auch, dass der Anschein von Reichtum und Erfolg, der mit den Juden verbunden war (und der zum Hass des Volks, eingeflößt durch die ständige Propaganda des niederen Klerus, beitrug), ein Schwindel war. Die Juden besaßen ihren Reichtum genauso wenig, wie eine Bank die Einlagen ihrer Kunden besitzt. Sie hatten jedoch die gefährliche Möglichkeit der Zurschaustellung des Reichtums, den sie zu genießen suchten, solange es ging. Auf dieser Grundlage bauten sie Häuser (die ersten privaten Steinhäuser in England), zogen Familien auf, schufen ein System der Gerechtigkeit, Wohlfahrt und Bildung und erreichten sogar ein hohes kulturelles Niveau mit einer bedeutenden Liste von Gelehrten und Schriftstellern.

Aber kein Jude hatte irgendeine Sicherheit, auch nur am nächsten Tag sein Auskommen zu haben. Veranschaulicht wird dies in einem Kommentar in den Tosafot aus dem 12. Jahrhundert zu der Frage der Gesetzlichkeit von Kinderehen. Diese waren nach dem Talmud verboten, wurden jedoch von den Juden im Mittelalter praktiziert. „Was unsere heutigen Sitten betrifft, unsere Töchter noch minderjährig zu verloben, so kommt das daher, dass die Verfolgungen jeden Tag häufiger werden, und wenn ein Mann es sich heute leisten kann, seiner Tochter eine Mitgift zu geben, fürchtet er, dass er es morgen vielleicht nicht mehr kann, und dann würde seine Tochter für immer unverheiratet bleiben.“[1]

Tatsächlich war ebendie Praxis des Wuchers, von der Juden im Mittelalter lebten, den Juden nur nutzbar durch die Flexibilität des talmudischen Gesetzes, die manche normalerweise durch die eigenen Gebote verbotenen Dinge erlaubte, wenn die Alternative Verhungern oder extreme Not war. Durch das Gesetz der Thora war das Verleihen von Geld gegen Zinsen zwar zwischen Juden und Nichtjuden erlaubt, allerdings verboten zwischen Juden und Juden (Dtn 23:19–20). Aber der Talmud hatte dieses Gesetz erweitert und auch das Verleihen gegen Zinsen zwischen Juden und Nichtjuden verboten, allerdings mit dem Vorbehalt, dass diese talmudische Härte in Notzeiten gelockert werden konnte, d.h. wenn es keine andere Möglichkeit gab, die Lebensgrundlage zu sichern. Merkwürdigerweise lockerte der Talmud das Verbot auch im Fall eines Gelehrten, der keine andere Beschäftigung hatte, die ihm ähnliche Muße zum Studium ermöglichte.

Doch in der Realität unterschied sich die jüdische Einstellung zum Wucher stark von der christlichen. Die Auffassung des Judentums ist die moderne, wonach es ganz und gar gerecht ist, auf ein Geschäftsdarlehen Zinsen zu fordern, da das so verliehene Geld anderenfalls für den Geber für die Laufzeit des Darlehens unnütz wäre; Zinsen sind bloß eine Entschädigung für den Verlust, den der Geber sonst hinnehmen müsste. Bei dem Verbot der Forderung von Zinsen von Mitjuden ging es nicht um gewöhnliche Moral, sondern um übergebührliche Liebe. Jeder Mitjude sollte wie ein Familienangehöriger betrachtet werden, dem man gern zinsfrei Geld lieh, um ihm über gewisse finanzielle Schwierigkeiten hinwegzuhelfen. Diese Barmherzigkeit begann und endete zu Hause: Zwischen Juden und Nichtjuden herrschten normale Geschäftsbeziehungen, wie sie eher von den Gesetzen der Fairness und Gerechtigkeit geboten waren als von besonderer Liebe.

Selbst das Verbot des Talmud, zwischen Juden und Nichtjuden Geld gegen Zinsen zu verleihen, hatte keinerlei theoretische Grundlage die Wucher als unmoralisch betrachtet hätte. Es war einfach von Bedenken motiviert, Juden könnten sich zu tief auf die nichtjüdische Geschäftswelt einlassen und dadurch zu Assimilation und Götzendienst verleitet werden. Schwerer als diese Ebene von Bedenken wogen wichtigere Erwägungen, etwa das Bedürfnis, Not oder Hunger zu vermeiden und sogar das Bedürfnis, Muße für religiöse Studien zu finden.

Das christliche Verbot des Wuchers wurde dagegen als eine Sache der Moral betrachtet. Es stützte sich hauptsächlich auf Lukas 6:35, „...leihen, auch wo ihr nichts dafür erhoffen könnt", wurde aber durch Aristoteles' Verurteilung des Wuchers bekräftigt. Es wurde auch durch Levitikus 23:19 unterstützt, aber ohne die Abschwächung des folgenden Verses. Tatsächlich hat Lukas' Gebot nichts mit der Erhebung von Zinsen zu tun, sondern eher mit etwas noch Idealistischerem und Unnützerem: Es war eine Aufforderung, nicht damit zu rechnen, etwas von dem ausgeliehenen Geld zurückgezahlt zu bekommen. Auch dieser Ratschlag der Vollkommenheit kann in irgendeiner Form in den jüdischen Quellen gefunden werden, nämlich in der vorgesehenen Streichung der Schulden im siebten Jahr (shemittah) (Dtn 15:1), wiederum ein Gebot nur zwischen Jude und Jude. Aber die christliche Kirche, die Lukas fälschlich so versteht, als spräche er von Zinsen, schaffte sämtliche kommerziellen Darlehen mit einem Schlag ab, ohne zwischen Familienbindungen und öffentlichen Netzwerken zu unterscheiden, und brachte damit die Christenheit in eine so unmögliche wirtschaftliche Situation, die nur durch die Heuchelei gerettet werden konnte, dass sie die Juden als Bankiers benutzte, sie aber gleichzeitig wegen ihres schändlichen Wuchers mit Schmähungen überhäufte. Die von Paulus vertretene Abschaffung jüdischen Rechts führte nicht zu einem spontanen

Recht der Liebe, da das Recht, als Teil des Menschseins, nicht abgeschafft werden konnte. Das von Paulus verursachte rechtliche Vakuum füllte sich schnell mit sehr vielen Gesetzen, die sich aus verschiedenen Quellen speisten, auch aus dem römischen und germanischen Recht, sich aber manchmal auch auf Ad-hoc-Deutungen des Alten wie des Neuen Testaments stützten. Das rabbinische Recht wurde selten berücksichtigt. Inbegriffen in die auf der Bibel beruhenden Gesetze war das unterschiedslose Verbot von Zinsen auf Darlehen. Andere auf der Bibel beruhende Gesetze waren die christlichen Gesetze gegen Verwandtenehen, die viel strenger waren als die entsprechenden jüdischen Gesetze, die auf einer gemäßigten rabbinischen Auslegung der Bibel beruhten.

Es drängt sich jedoch die Frage auf, warum die Juden nicht versuchten, der hasserfüllten Rolle, die ihnen die christliche Gesellschaft aufzwang, auszuweichen, besonders da auch nur ein Funke Weitblick sie in die Lage versetzt hätte, die möglichen Folgen wie Ermordung und Vertreibung vorauszusagen. Joseph Jacobs stellte die Frage folgendermaßen: „Es sei einem, der sowohl Engländer als auch Jude ist, gestattet, sein Bedauern auszudrücken, dass das angevinische England keine anderen Mittel sah, seinen Juden Erwerbsmöglichkeiten außer als Daumenschrauben der Staatskasse zu geben, und dass die englischen Juden im Mittelalter nicht Manns genug waren, sich zu weigern, einen Lebensunterhalt zu akzeptieren, der zwar einträglich war, jedoch nur möglich durch die Unterdrückung ihrer Mitbürger."[2] Jacobs scheint hier die Tatsache zu übersehen, dass die Tätigkeit der Juden als Geldgeber nur in christlichen Augen bedrückend und sündhaft war. Die Juden selbst betrachteten diese Tätigkeiten als höchst nützlich für die Gesellschaft, in der sie lebten, da sie es möglich machten, dass Geschäftsprojekte ausgeführt und großartige Bauwerke errichtet werden konnten, die normalerweise (in Gesellschaften, die nicht von Bedenken wegen Wuchers behindert wurden) von rechtmäßigen Firmen oder durch staatliche Investition realisiert wurden. Allerdings könnte Jacobs Frage umformuliert werden: „Warum ließen die Juden, die doch wussten, wie Wucher von Christen gesehen wurde, sich in diese verhasste Rolle manövrieren?"

Die Antwort ist einfach, dass Juden in der mittelalterlichen Christenheit ein so unsicheres Leben führten, dass sie gern jede Gelegenheit ergriffen, die ihnen für die unmittelbare Zukunft einen Lebensunterhalt sicherte. Die einzige echte Alternative war, aus christlichen Ländern in islamische zu emigrieren, wo die Bedingungen für Juden zwar alles andere als ideal, aber weniger angespannt waren und der theologisch begründete Hass auf Juden längst nicht so heftig war. Tatsächlich entschieden sich viele Juden für diesen Weg, und die Zahl der Juden in der christlichen Welt nahm durch das ganze Mittelalter hindurch aus diesen und anderen Gründen ab (beispielsweise wegen Massakern und direkten gesetzlichen Beschränkungen der jüdischen Geburtenrate). Die Juden, die in der christlichen Welt blieben, taten dies aus natürlicher Trägheit und auch wegen ihres Wunsches, für sich ein herzliches und stabiles lokales Umfeld zu schaffen (durch kommunale und gemeinnützige Organisation und lebendige kulturelle Aktivität), das zu verlassen ihnen schwerfiel. Sie waren wie Menschen, die sich an ihre gemütlichen Häuser klammern, obwohl diese an der Flanke eines Vulkans gebaut sind.

Die Unsicherheit der Lage der Juden in England trat deutlich in den tragischen Vorkommnissen zutage, die aus der Krönung Richards I. 1189 entstanden. Als die tonangebenden Juden dem neuen König in der Kathedrale zu Westminster huldigen wollten, wurde ihnen dies als Anmaßung von der Menge verübelt, und ein Aufruhr brach los, bei dem dreißig Juden starben. Dieser Vorfall entfachte noch schlimmere Unruhen in verschiedenen Orten, darunter Stamford und Lincoln. Die antijüdischen Unruhen fanden ihren traurigen Höhepunkt 1190 in York, als die gesamte jüdische Gemeinde den Tod fand. Begleitet wurden diese Verfolgungen von umfassendem Verbrennen von Dokumenten über den Juden geschuldete Summen, und es wurde klar, dass das Massaker, jedenfalls in York, genau zu diesem Zweck von einer Gruppe des niederen Adels unter Führung von Sir Richard Malebisse angezettelt worden war. König Richard, der sich zunächst kaum um das Schicksal der Juden geschert hatte, realisierte, dass er vor einem erheblichen Verlust stand, da ein großer Teil des Geldes, das den Juden geschuldet war, über die regulären Steuern und Einziehungen von Erbschaften letzten Endes an ihn gefallen wäre.

In diesen zwei Jahren ständiger Verfolgung hetzte der tief verschuldete niedere Adel den Mob der unteren Schichten auf, die eigentlich nicht selbst verschuldet waren, da sie außerhalb der Geldwirtschaft standen und Tauschhandel betrieben. Aber sie konnten, besonders in dieser Epoche der Kreuzzüge, durch den Hinweis auf das uralte Stereotyp von den Juden als Christusmördern leicht angestachelt werden. Der niedere Adel hatte daher einen bequemen Weg gefunden, die Rückzahlung seiner Schulden zu vermeiden – zum Schaden der königlichen Schatulle.

Die Lösung, die der König und seine Ratgeber fanden, war die Einrichtung einer neuen Behörde, das „Schatzamt der Juden" (Exchequer of the Jews), in dem eine Abschrift von jeder jüdischen Transaktion hinterlegt werden musste. Der König hatte jetzt seine eigene Kopie von jeder Schuld bei einem Juden, sodass Leute wie Sir Richard Malebisse (der wegen des Massakers an den Yorker Juden vom König eine geringfügige Strafe erhielt, später aber zu einem hohen Amt im Dienst des Königs aufstieg) nicht mehr auf so eine raffinierte Möglichkeit, Schulden zu entgehen, zurückgreifen konnten. Die Juden waren jetzt offiziell ein Organ des Staates, und das Schatzamt der Juden wirkte als wichtigstes finanzielles Instrument königlicher Macht. Das erlesene Paradoxon jüdischer Existenz in der christlichen Welt des Mittelalters könnte kaum besser ausgedrückt werden. Gerade weil sie Sklaven und Parias waren, aller Menschenrechte und ihrer Würde beraubt, waren die Juden für den Betrieb der christlichen Wirtschaft und für das gesamte äußere Erscheinungsbild an deren Verwaltungszentren unverzichtbar. Es ist kein Wunder, dass die Situation als gerissener Plan der Juden missverstanden werden konnte, sich den ganzen christlichen Machtapparat anzueignen.

Der Einfluss der Juden im mittelalterlichen England ist bis heute in englischen Institutionen zu beobachten. Das berühmte Star Chamber in Westminster leitete seinen Namen von dem hebräischen Wort shtar ab, das Urkunde bedeutet. Es war der Raum, in dem die Urkunden, die belegten, dass eine Schuld bei einem Juden beglichen worden war, aufbewahrt wurden. Diese Urkunden, hebräisch und lateinisch geschrieben, sind noch erhalten und von dem jüdischen Gläubiger auf Hebräisch unterschrieben. Bestimmte Formeln, die in der englischen Rechtspraxis noch in Gebrauch sind – zum Beispiel „from now until the end of the world" (vom heutigen Tag bis ans Ende der Welt) – stammen aus dem talmudischen Urkundenformat, das die Juden in England in jener Zeit benutzten.

Der Herrscher vor Richard I. war Heinrich II., ein kluger König, der sehr wohl wusste, dass man die Gans, die goldene Eier legt, nicht tötet. Er gestattete den Juden, Reichtum anzuhäufen, und dann nahm er ihnen viel davon weg, aber nicht so halsabschneiderisch, dass sie nicht mehr in der Lage gewesen wären, noch mehr Reichtum für ihn zu erzeugen. Nach seiner ersten Erfahrung, als er das Massaker an den Juden zugelassen hatte, lernte Richard I. („Löwenherz") aus den sich damit eingehandelten Verlusten und ging zu einer klügeren und beschützenden Strategie über. Doch sein Nachfolger Johann war bald zu habgierig, um das empfindliche Gleichgewicht zu wahren. Er erpresste so viel Geld von den Juden, dass ihr Überleben gefährdet war. Während der unruhigen Zeit der nächsten Regierung, jener Heinrichs III., verschlechterte sich die Lage der Juden stetig, während der bankrotte König immer größere Summen eintrieb. Der nächste König, Eduard I. war persönlich zwar weniger niederträchtig als seine Vorgänger, stand aber vor enormen Ausgaben, die ihn zur Fortsetzung ihrer Politik zwangen, die Juden auszupressen, bis sie letztendlich jede Fähigkeit verloren, als Geldmaschinen zu dienen. An diesem Punkt vertrieb Eduard sie aus England (1290), nachdem er den sinnlosen Versuch durchexerziert hatte, die mittellosen Juden in andere Berufe zu bringen, etwa Handel oder Landwirtschaft – sinnlos deshalb, weil die Beschränkungen, die Juden daran hinderten, sich in solchem Umfeld zu betätigen, immer noch in Kraft waren.

Die umfassende Vertreibung der Juden, die dann stattfand, war nur eine kollektive Wiederholung dessen, was sich auf individueller Ebene während des gesamten Aufenthalts der Juden in England abgespielt hatte. Wann immer ein einzelner Jude, überfordert von den ständigen Steuern und Abgaben, in Armut gesunken war, war er mit seiner Familie als „nicht mehr von Nutzen für den König" aus dem Land vertrieben worden. Die Juden durften in diesem christlichen Land nur als Vieh des Königs existieren, durften fett werden, um den König mit Fleisch zu beliefern, wurden aber brutal ausrangiert, nachdem man sie durch Misswirtschaft zu unrentabler Magerkeit hatte schrumpfen lassen.

Wir müssen also überlegen, wie wir von einem soziologischen und anthropologischen Standpunkt die Rolle der Juden in der englischen mittelalterlichen Gesellschaft einordnen. Sie standen sicherlich nicht außerhalb jener Gesellschaft in einem funktionalen Sinn, denn sie spielten eine wesentliche und sogar zentrale Rolle. Doch in jedem kulturellen und religiösen Sinn waren sie absolute Außenseiter, die mit Verachtung und Hass bedacht wurden, gezügelt nur durch Furcht vor dem König, der seine Macht gebrauchte, um sein Vieh zu schützen. Gleichzeitig entwickelten die Juden ihre eigene anspruchsvolle Kultur, die sich aus hohem Respekt vor Bildung nährte. Die christliche Gesellschaft war überwiegend des Lesens und Schreibens unkundig, wohingegen es unter den Juden keine Analphabeten gab; auch jüdische Frauen waren hochgebildet, und viele von ihnen wurden geschickte eigenständige Bankiers, unter ihnen Belaset aus Oxford, Miriam aus Norwich und viele andere.

Doch das Bild des Juden in den Augen der christlichen Massen (die nicht mit den Juden als Wucherern in Kontakt kamen) sank auf eine dämonische Ebene, vor allem unter dem Einfluss der Predigten des niederen Klerus. In dieser Zeit und Region entstand die Ritualmordlegende und breitete sich aus, was religiösen Zentren wie der Kathedrale von Lincoln, die Tausende von zahlenden Pilgern zu den Gräbern angeblicher Kindermärtyrer anzog, großen Gewinn eintrug. Die letzten Spuren heidnischer Toleranz gegenüber den Juden wurden ausgelöscht, während den christlichen Massen ein fanatischer christlicher Glaube eingeimpft wurde. Gleichzeitig wurden blutrünstige heidnische Fantasien von Vampiren und

Werwölfen dienstbar gemacht, um die christliche Verteufelung der Juden zu stützen.[3]

Die jüdische Rolle im Mittelalter, die so klar in den englischen Zeugnissen belegt ist, bietet somit viele Vergleichspunkte mit der Rolle der Pariaklasse im hinduistischen Indien. Wie die Parias, übten die Juden eine Funktion in der weiteren Gesellschaft aus, ohne zu ihr gehören zu dürfen. Denn die Kasten der Unberührbaren waren von der weiteren Gesellschaft ausgeschlossen, da ihnen Tischgemeinschaft, Mischehen und Teilnahme an religiösen Opferriten verboten war. Doch im Hinduismus ist es den höheren Kasten nicht untersagt, Nutzen aus den Tätigkeiten der Unberührbaren zu ziehen; ganz im Gegenteil sind die Dienste, die sie verrichten, wie zum Beispiel Reinigen von Toiletten, das Schlachten von Tieren und Gerben ihrer Häute, sehr wichtig, jedoch tabu für die höheren Kasten.

In ähnlicher Weise übten die Juden tabuisierte Tätigkeiten aus, die mit unterschiedlich starken Tabus belegt und in irgendwie zweifelhafter Art und Weise von Nutzen waren. Folglich wurde der ganze Aspekt des Wuchers, obgleich von größtem Nutzen für die christliche Gesellschaft, nie ganz als solcher eingestanden. Der König konfiszierte die Produkte des jüdischen Wuchers und verwendete sie für seine eigenen Zwecke, rettete aber sein Gewissen, indem er Schuldnern ein wenig Nachlass gewährte und durch den Vorwand, dass er Erben die unrechtmäßig erworbenen Gewinne der Eltern wegnahm. In gewissen anderen Zusammenhängen war die Verwendung von Juden zum Verrichten der schmutzigen Arbeit der Gesellschaft offenkundiger. So wurden Juden in vielen Städten gebraucht, um aus ihren Reihen die Scharfrichter zu stellen, wann immer die Todesstrafe zu vollstrecken war. Doch wurde die Durchführung der Folter, die im christlichen Rechtssystem ordnungsgemäß ausgeführt wurde, nie in die Hände von Juden gegeben. Anscheinend betrachtete man solche Folter als heiliges Werk, das keine Delegierung an einen Kastenlosen verlangte, während die Schuld der Tötung selbst in einem rechtlichen Kontext nie ganz schwand und deshalb auf einen sündigen Stellvertreter geschoben werden musste.[4]

Wir können also schlussfolgern, dass die Juden wirklich Parias in der christlichen Gesellschaft waren, aber dergestalt, dass sie nie die Sicherheit erlangten, in deren Genuss die Parias im Hinduismus kamen, die einen sicheren Platz in der Gesellschaft hatten, wenngleich ganz unten. Überdies gehörten die indischen Parias, auch wenn sie von den höheren Kasten ausgeschlossen waren, zur gesamten Gemeinschaft, mit der sie religiöse Überzeugungen teilte, darunter den tröstlichen Glauben an die Seelenwanderung, der ihnen die Hoffnung bot, letztendlich in einem künftigen

Leben in das reguläre Kastensystem eingegliedert zu werden. Die Juden dagegen waren für immer (sofern sie dem Übertritt zum Christentum widerstanden) von der Gemeinschaft ausgeschlossen und im Leben nach dem Tod zur Höllenstrafe verdammt. Andererseits konnten die Juden im Unterschied zu den hinduistischen Parias, zumindest zeitweise, tabuisierte Aktivitäten ausüben, die Reichtum brachten. In der indischen Gesellschaft waren die tabuisierten Aktivitäten der Parias in finanzieller Hinsicht belanglos, und die wichtigen einträglichen Tätigkeiten waren fest in den Händen der oberen Kasten: Geldverleih zum Beispiel, alles andere als ein Tabu, hatten die Vaishyas, die dritte Varna,[5] in der Hand. In der christlichen Gesellschaft wurde die Situation schließlich korrigiert, und der Geldverleih wurde Christen durch verschiedene Rechtskonstruktionen und Zugeständnisse erlaubt. Der Geldverleih in großem Maßstab wurde von den Juden durch die lombardischen Bankiers übernommen, die enge Beziehungen zum Vatikan hatten. Danach sanken die Juden, noch immer von allen ehrenhaften Berufen ausgeschlossen, zum unbedeutenden Geldverleih und zur Pfandleihe hinab, wovon sie erst durch den Anbruch der Aufklärung gerettet wurden, die ihnen, zunächst in Frankreich und später in anderen Ländern, den Zugang zu anderen Berufen gestattete.

Als Pariavolk litten die Juden somit unter ständiger Unsicherheit, da sie gezwungen waren, irgendeinen gesellschaftlichen Bedarf zu entdecken und zu befriedigen, den christliche Tabus verboten oder missbilligten. Unter solchen prekären Umständen ist es bemerkenswert, dass die Juden in der Lage waren, zu überleben und sogar zeitweise erfolgreich zu sein.

Ihre Kultur, die Wert auf Bildung legte und ihre Selbstachtung, die Verzweiflung ausschloss, waren der Grund hierfür. Sie hörten nie auf, sich selbst als Fürsten zu sehen, die vorübergehend die Lage von Armen erleiden mussten. Wie in England, so brachten die Juden auch in anderen Ländern in halb zivilisierte Gesellschaften einen sehr notwendigen Fundus an Erfahrung für die Verwaltung der Wirtschaft ein. Schließlich führte ihr Pariastatus in jedem einzelnen Land immer zu ihrem Niedergang, aber dann wanderten sie in ein anderes christliches Land aus, das ihre Dienste brauchte. Zum Beispiel weist die Rolle der Juden in Polen im 15. und 16. Jahrhundert viele interessante Parallelen zu ihrer Rolle im mittelalterlichen England auf. Als Parias erlebten die Juden Katastrophen, die den hinduistischen Parias erspart blieben, aber sie verfügten auch über eine Offenheit für günstige Gelegenheiten und über eine Mobilität, die es ihnen ermöglichte, zeitweilige Höhen der Selbstentfaltung und gesellschaftlichen Nützlichkeit zu erreichen. Und anders als die indischen Parias verinnerlichten sie nicht die Normen, die sie auf den Status von Sündern und Tabubrechern zurückstuften. Denn christliche Tabus, durch deren Missachtung sie ihren Lebensunterhalt verdienten, erschienen ihnen unvernünftig, und sie hatten ihr eigenes System ethischer Normen, das ihr Leben mit Sinn erfüllte.

Anmerkungen

1 Tosafot zum Babylonischen Talmud, Kiddushin 412. Die Tosafot („Ergänzungen") bestehen aus umfangreichen Ergänzungen zum klassischen Kommentar des Rashi (Akronym für Rabbi Shelomo ben Yitzchak, 1040–1105) zum Babylonischen Talmud. Die Schule des Rashi war meist deutsch und französisch, aber auch einige englische Gelehrte wirkten mit. Die Tosafot bieten oft historische Einblicke in Lebensbedingungen des Mittelalters.

2 Jacobs, 1893, S. XXIII.

3 Siehe Strack, 1909, Trachtenberg, 1966.

4 Die Anforderung an die Juden, als Scharfrichter zu wirken, findet ihre Parallele im hinduistischen System in der Pflicht der Chandalas, einer Kaste der Unberührbaren, den gleichen Dienst auszuüben (Dutt, 1931, S. 143, 275). Erwähnenswert ist, dass im jüdischen Recht öffentliche Hinrichtungen in jedem Fall, der zu einem Schuldspruch in einem Kapitalverbrechen führt, von den Hauptzeugen der Anklagebehörde ausgeführt werden müssen (Dtn 13:9), ein Gesetz, das der Übertragung der Verantwortung und Schuld an die Verachteten genau entgegengesetzt ist.

5 Zur Erklärung des Begriffs Varna und seiner Beziehung zu den Kasten oder *jati* siehe S. 77/78 und 94/95 sowie Kapitel 15.

Kapitel 5

Usurpation und Pariatum

Häufig entsteht eine Pariagruppe durch Eroberung und Usurpation. Wenn eine Nation oder Kultur von Invasoren überwältigt wird, die ihr Territorium in Besitz nehmen, können die besiegten Einwohner zu einer verachteten Klasse absinken, die den Eroberern zu Diensten ist, von der Teilhabe an den Privilegien der Eroberer aber ausgeschlossen ist. Wenn dies geschieht, ist es nur natürlich, dass die Eroberer eine Erzählung entwickeln, die den eigenen Erfolg und das Versagen der besiegten Gemeinschaft erklärt und gleichzeitig das Recht der Eroberer begründet, den Status der Besiegten herabzusenken. Diese Erzählung könnte als Usurpationsmythos bezeichnet werden.

Ein Beispiel dafür ließe sich in der Bibel finden. Die Kanaaniter wurden von den Israeliten besiegt, die ihr Land übernahmen. Die im Land bleibenden Kanaaniter bekamen einen untergeordneten Status als „Holzhauer und Wasserschöpfer" oder unverblümt als Sklaven. Dafür fanden sich zwei verschiedene Rechtfertigung. Erstens entstand eine Geschichte über den Ahnherrn des kanaanitischen Volkes, Ham, der durch Respektlosigkeit gegenüber seinem Vaters Noah gesündigt hatte. Ham wurde darauf von Noah verflucht, der voraussagte, die Nachkommen von Hams Sohn Kanaan würden Sklaven der Nachkommen von Shem, seinem anderen Sohn (Ahnherr der Israeliten), der ihn mit Respekt behandelt hatte. Zweitens wurde den Kanaanitern pauschal der Anspruch auf ihr eigenes Land abgesprochen, und zwar wegen ihrer moralischen Verkommenheit, da sie Sünden wie Inzest und Sodomie auf sich geladen hätten.

Diese zwei Rechtfertigungen sind nicht ganz miteinander vereinbar. Ein Midrasch bietet eine weitere nicht vereinbare Rechtfertigung an, gestützt auf den Vers „Die Kanaaniter waren damals im Land“ (Gen 12,6), was so zu verstehen ist, dass das Land ursprünglich von Nachkommen Shems besetzt war, die von den Kanaanitern vertrieben worden waren: Diese Auslegung macht also die Kanaaniter zu den Usurpatoren! Diese Art, die Geschichte umzuschreiben, gleicht jener der heutigen palästinensischen Araber, wenn sie behaupten, die ursprünglichen prähistorischen Bewohner eines Landes zu sein, das sie in Wirklichkeit im Zuge der arabischen Eroberungen des 7. Jahrhunderts gewonnen hatten. In den verworrenen Annalen der Usurpationsmythen spielt die Behauptung des Usurpators, der Usurpierte zu sein, eine herausragende Rolle.

Die Shudras in Indien sind die Zielpersonen eines einfacheren Usurpationsmythos. Wie die Indigenen in Amerika und die Aborigines in Australien sollen sie einfach wegen ihrer als unwürdig betrachteten Lebensweise ihres Landes verlustig gegangen sein. Sie waren nicht in der Lage sich zu beschweren, als eine andere Kultur ihr Land annektierte und sie auf den Rang von Sklaven herabsetzte, in dem sie nützliche, wenngleich niedrige Aufgaben verrichten durften. Dem Usurpationsmythos zufolge würden sie außerdem durch die Einverleibung vor dem „geistigen Nichts“ gerettet werden, denn sie hätten die Chance erhalten, in das „Rad der Seelenwanderung“ einzutreten, was ihnen die Hoffnung gegeben hätte, in zukünftigen Inkarnationen die Leiter des Kastensystems zu erklimmen. Es wurde nicht geleugnet, dass das Land ursprünglich den Menschen gehört hatte, die jetzt in niedrigen Kasten lebten; aber die arische Invasion war sozusagen ein Mittel gewesen, das heilige Land Indien zu läutern und von Sünden zu reinigen.

Die Erwähnung der Heiligkeit des Landes erinnert uns an die oben zitierte zweite Rechtfertigung für die israelitische Invasion. Auch hier gehört die Heiligkeit des Landes zur Beweisführung. Die Kanaaniter mussten verdrängt werden, weil sie die Heiligkeit des Landes besudelt hatten. Die logische Folgerung, ausdrücklich in der israelitischen Theologie gezogen, allerdings nicht in der indischen, war, dass auch die Eroberer damit rechnen mussten, verdrängt zu werden, wenn sie ihrerseits das Land entweihten. Hier wird die Usurpation der Kanaaniter durch die Israeliten durch die Ansicht gerechtfertigt, dass das Land, da es heilig war, weder den Israeliten noch den Kanaanitern gehörte, sondern Gott. Jedes Volk, das dieses Land bewohnte, tat dies nur geduldet und unter der Bedingung, dass ein gewisses moralisches Verhalten gewahrt wurde. Folglich konnten sich die Kanaaniter nicht beklagen, ausgestoßen zu werden; Gott hatte Geduld mit ihnen geübt und es unterlassen, sie auszustoßen, bis ihre „Schuld ihr volles Maß erreicht hatte“ (Gen 15,16).

Usurpation ist jedoch nicht immer eine Sache der Besetzung eines Landes. Wie der Fall von Christentum und Judentum zeigt, kann gerade das Selbstbild einer Gemeinschaft das Ziel eines Übernahmeangebots sein. Die Geschichte der abendländischen Religion ist durchsetzt von massiven Versuchen, den Anspruch der Juden, das Volk Gottes zu sein, zu usurpieren und die Position, das wahre Israel zu sein, zu annektieren. Der Antrieb zur Usurpation brachte Usurpationsmythen aller Art mit sich, wobei das Christentum einzigartig in der Komplexität seines Usurpationsmythos war, der aus Elementen bestand, die aus einer überraschenden Vielzahl mythologischer Motive ausgewählt waren.

Die israelitische Kultur hatte sich als ein Ergebnis des Exodus aus Ägypten herausgebildet, wo die Israeliten über viele Jahre als eine Pariaklasse von Sklaven gedient hatten. Es ist bemerkenswert, dass der Schwung der Befreiung den Israeliten zwar ihr Selbstbild als ein von Gott zu immerwährender Freiheit auserwähltes Volk gab, es aber gerade dieses Hochgefühl war, das solchen Neid und solche Feindschaft bei anderen Völkern weckte, dass sie schließlich wieder in eine schlimmere Sklaverei als die ägyptische zurückgeworfen wurden. Das Aufzwingen des Pariastatus war folglich eine Art Bestrafung der Juden für ihre Frechheit und ihren Jubel über das Entkommen aus der Sklaverei.

Denn die Wirkung ihrer Flucht, die nie aus dem jüdischen Bewusstsein verschwunden ist (da sie durch ständige rituelle Rückbesinnung bekräftigt wird), sollte die Israeliten (später die Juden) zu einem Volk machen, das sich der Freiheit verschrieben hatte. Die Folge war, dass Bestrebungen fremder Reiche, die Juden zu unterjochen, den jüdischen Geist nie zu unterwerfen vermochten. Ein besonderes Ärgernis war dies für die intellektuellen Anführer des griechisch-römischen Reichs, die stolz waren auf ihre hellenistische Kultur und die Existenz der jüdischen Insel des Widerstands übelnahmen.

Um die jüdische Unnachgiebigkeit zu bekämpfen, brauchte man nur die Gültigkeit des Judentums und die jüdischen Anmaßungen, das Volk Gottes zu sein, zu bestreiten. Eine andere und hinterhältigere Methode war es aber, das Judentum zu unterwandern, seine Zitadellen einzunehmen und zu besetzen und die Juden selbst zu vertreiben, nachdem man sie für unwürdig erklärt hatte, darin zu verbleiben. Dies ist vergleichbar mit den Eindringlingen in ein Land, die die Attraktivität des Landes keineswegs herabmindern, sich aber selbst irgendwie für befugter halten als die ursprünglichen Bewohner, ihren Nutzen daraus zu ziehen. Wo Verachtung überwog, wurden jüdische Ansprüche geleugnet; wo Neid überwog, wurden Pläne entwickelt, um die jüdische Rolle zu annektieren.

Der früheste Versuch dieser Art war, wie bereits kurz erwähnt, jener der Gnostiker. Dieser war allerdings eine Mischung aus Verachtung und Neid und stellte deshalb ein unvollkommenes Übernahmeangebot dar. Die Gnostiker, die sich auf eine Auseinandersetzung mit dem Judentum einließen, entwickelten eine Art von hellenistischem Antisemitismus, der halb bewundernd und halb verächtlich war. Die Bewunderung zeigte sich in dem Gebrauch, den diese Gnostiker von der hebräischen Bibel machten, besonders von den frühen Kapiteln der Genesis. Die Heilige Schrift behandelt sie verbindlich in dem Sinn, als dass sie einmalige Auskünfte über die Erschaffung der Welt gibt. Auf der anderen Seite ist sie unverbindlich und offen für Kritik, weil sie nicht von dem Hochgott kommt, den die Gnostiker verehren, sondern von einem geringeren Gott, dem Demiurgen, der der Schöpfer dieser bösen Welt ist, der Autor der Thora und die böse Eingebung der verständnislosen Juden, die seine Einschränkungen nicht verstehen.[1]

Die Gnostiker beabsichtigen somit sicherlich, die Juden von der Position des Volks Gottes zu verdrängen, aber die Invasion geschieht nur zum Teil, weil die Gnostiker das Territorium, das die Juden besetzen, nicht vollständig würdigen. Das wahre Volk Gottes ist tatsächlich in der hebräischen Bibel zu finden, aber nicht da, wo die Juden es finden. Das Buch Genesis lässt sich tatsächlich als gnostische Schrift lesen, aber nur, wenn es neu interpretiert und umgewertet wird. Die Hebräische Bibel enthält einen spirituellen Stammbaum, in der die Legitimation der Juden als Volk Gottes aufgezeichnet ist. In der Zeit vor der Sintflut erhält Seths Linie den Vorzug vor der von Kain, sodass Seths Nachkomme Noah gerettet wird, während alle Kainiten in der Sintflut umkommen. Von allen Familien der Menschen, die von Noah abstammen, wird Abraham auserwählt, dann Isaak (anstelle von Ismael) und Jakob (anstelle von Esau). Unter der Nachkommenschaft Jakobs finden sich die priesterliche Linie Aarons, die königliche Linie Davids und auch die uneinheitliche Linie von Propheten, ausgezeichnet durch persönliches Charisma, nicht durch Genealogie, aber immer noch innerhalb des israelitischen Bundes und Stammesbündnisses. Außerhalb dieser genealogischen Linien gibt es einige verehrte Gestalten: Melchisedek ist ein Priester des höchsten Gottes, allerdings kein Aaronit; Bileam ist ein Prophet, allerdings kein Israelit; Kyros ist ein Messias, allerdings Perser; aber das sind Ausnahmeerscheinungen, die die Hauptlinie der Autorität und Inspiration, die durch Israel verläuft, nicht beeinträchtigen.

Die Gnostiker lehnen diese Hauptlinie ab und richten den Blick auf die Peripherie. Also wird Seth, Adams Sohn, der in der hebräischen Bibel bloß ein Vorläufer Noahs und somit Abrahams ist, von bestimmten gnostischen Sekten als wahrer Anhänger des Hochgottes, angesehen, der Begründer einer Linie von Aufgeklärten, die die israelitische Tradition umgehen und nachrangig und ungeistig machen. Demgegenüber gingen manche Gnostiker noch weiter in der Umwertung, indem sie Kain als den Erleuchteten auserwählten und somit den bevorzugten Rang von Seth, Vorfahr von Noah und Abraham als Nebenprodukt des unaufgeklärten Vorurteils der jüdischen Kompilatoren der hebräischen Bibel ablehnten.

Die Gnostiker sind also nur in einem begrenzten Sinne Usurpatoren Israels. Sie übernehmen in der Tat jüdische Tradition für ihre eigenen Zwecke, indem sie sich Bestandteile jüdischer Schriften zu eigen machen. Ein großer Teil der gnostischen Mythologie ist von der Bibel übernommen. Aber die Usurpation könnte eher mit einer Invasion von Plünderern als von Siedlern verglichen werden. Die Gnostiker dringen in die jüdische Tradition ein, schauen sich nach Elementen um, die sie ansprechen, und machen sich mit diesen aus dem Staub, während sie den Rest verächtlich zurücklassen. Dieses Vorgehen setzt durchaus den Status der Juden herab, aber nicht auf den Stand von Parias, sondern eher auf den einer verächtlich belächelten Bourgeoisie, untauglich für aristokratische Weltfremdheit, die Hüter von Perlen, die sie nicht schätzen und die in anderen Händen strahlender glänzen würden.

Der Ton der gnostischen Usurpation lässt sich aus dem folgenden Auszug aus gnostischen Schriften ablesen:

> Zum Lachen war auch Abraham samt Isaak und Jakob, insofern als sie in Fälschung [sic] „die Väter" genannt wurden durch den Siebenten, als ob er (dadurch) mich und meine Brüder überwältigt hätte, die wir doch schuldlos bei ihm sind und nicht gesündigt haben. Zum Lachen war David, insofern als sein Sohn „der Menschensohn" genannt wurde durch den Siebenten, als ob er (dadurch) mich und meine Artgenossen überwältigt hätte, die wir doch schuldlos bei ihm sind und nicht gesündigt haben. Zum Lachen war Salomo, insofern als er, in der Meinung, er sei Christus, hochmütig wurde auf Veranlassung des Siebenten, als ob er (dadurch) mich und meine Brüder überwältigt hätte, die wir doch schuldlos bei ihm sind und nicht gesündigt haben. Zum Lachen waren auch die zwölf Propheten, insofern als sie in Fälschung auftraten als Abklatsch der wahren Propheten auf Veranlassung des Siebenten, als ob er (dadurch) mich und meine Brüder überwältigt hätte, die wir doch schuldlos bei ihm sind und nicht gesündigt haben. Zum Lachen war Mose, nach gottlosem Zeugnis ein treuer Knecht, der „der Freund (Gottes)" genannt wurde – der mich nie erkannt hat, weder er noch die, die vor ihm waren; von Adam

bis Mose und Johannes dem Täufer hat niemand von ihnen mich erkannt noch meine Brüder.
Denn (alles), was sie hatten, war eine von Engeln gegebene Lehre, die (nur) auf die Beachtung von Speis(evorschrift)en abzielte, und eine bittere Knechtschaft, ohne dass sie jemals Wahrheit erkannten noch erkennen werden. Denn eine große Täuschung liegt auf ihrer Seele, sodass sie niemals in der Lage sind, den Gedanken der Freiheit zu finden und zu erkennen, bis sie den (wahren) Menschensohn erkennen. Wegen meines (unbekannten) Vaters aber bin ich jener, den die Welt nicht erkannte – und mit diesem erhob er sich gegen mich und meine Brüder, die wir doch schuldlos bei ihm sind und nicht gesündigt haben.
Ja, zum Lachen war dieser Archont (selber), weil er sagte: „Ich bin Gott, und es gibt keinen, der größer ist als ich. Ich allein bin der Vater, der Herr; und es gibt keinen anderen außer mir. Ich bin ein eifersüchtiger Gott, der ich bringe die Sünden der Väter über die Kinder bis zu drei und vier Generationen“, als ob er (dadurch) mich und meine Brüder überwältigt hätte, die wir doch schuldlos bei ihm sind und nicht gesündigt haben; und so überwanden wir seine Lehre, weil er befangen ist in eitlem Ruhm und nicht übereinstimmt mit unserem Vater, und so – durch unsere Freundschaft – hielten wir nieder seine Lehre, weil er aufgeblasen ist in eitlem Ruhm und nicht übereinstimmt mit unserem Vater. Ja, zum Lachen war es, ein (Selbst-) Gericht und falsche Prophetie.
Oh, ihr Nicht-Sehenden, ihr seht nicht eure Blindheit! Denn (ich) bin jener, der nicht erkannt wurde noch jemals erkannt oder begriffen worden ist, über den man nicht hören wollte zuverlässige Botschaft, dessentwegen man emsig war in betrügerischem Gericht und gegen den man die schmutzigen und mörderischen Hände erhob – (freilich) als ob man in die Luft schlüge. Doch die Unverständigen und Blinden sind unverständig allezeit, (befangen) im Gesetz und irdischer Furcht.[2]

Dies ist ein wichtiger Text, wenn man die Überleitung zwischen dem gnostischen Überfall auf das Judentum und der christlichen Enteignung des Status des „wahren Israel“ untersuchen will.

Die Gnostiker sind nicht daran interessiert, „das wahre Israel“ zu sein. Folglich haben sie nicht das Problem, die Juden als degradierte und untergeordnete Klasse in ihren gnostischen Gemeinschaftsplan einzugliedern. Allerdings haben die Gnostiker eigentlich gar keinen Gemeinschaftsplan, denn sie haben zwar einige kosmologische Ideen vom Judentum übernommen, doch lassen sie das jüdische Interesse an Geschichte völlig vermissen. Insofern als sie einen historischen Plan in ihrer Abfolge von Erleuchteten sehen (die sie nicht einmal namentlich nennen, sieht man von einigen der hebräischen Bibel entnommenen Gestalten ab), wird dieser nur durch den anhaltenden Widerspruch und die falschen Behauptungen der jüdischen Aufeinanderfolge von Königen und Propheten angeboten.

Der obenstehende gnostische Text hat also das Anliegen, die jüdische Anmaßung zu bekämpfen, einen durch die Geschichte fortbestehenden Autoritätszusammenhang anzubieten. Der Text selbst ist, wie die Dinge stehen, ein christlicher gnostischer Text, kein Ausdruck einer reinen vorchristlichen Gnosis. Aber das Christentum ist auf typisch gnostische Art und Weise absorbiert worden. Jesus (der Sprecher) ist nicht etwa der einzigartige Erlöser, sondern einfach der Anführer einer Schar von „Brüdern", die Erleuchtung erlangt haben und sich dadurch von den Ketten dieser bösen Welt und von der Herrschaft ihres Schöpfers und Lenkers, des Demiurgen, befreit haben, der hier der Siebente (weil seine Wohnstätte der Siebte Himmel ist) und auch der Archont (das heißt „Lenker") genannt wird.

Die jüdische Autoritätsfolge wird geleugnet, aber nicht mit Hass, sondern mit Lachen. Alle Autoritätspersonen des Patriarchats und der Prophezeiungen (Abraham, Isaak, Jakob, Moses, die zwölf Propheten) und der jüdischen Monarchie (David, Salomon) werden der Lächerlichkeit preisgegeben, am Ende auch der Demiurg selbst wegen seiner Selbsttäuschung, von sich zu glauben, er sei der wahre Hochgott.

Andererseits werden die jüdische Autoritätsfolge und auch der Demiurg, der sie inspiriert, nicht gänzlich als böse abgetan. Ihnen wird eine begrenzte Gültigkeit zugestanden. Das zeigt sich in dem Eingeständnis, dass die Gnostiker etwas von ihnen gelernt haben („...und so überwanden wir seine Lehre"). Auch die Beteuerung „die wir doch schuldlos bei ihm sind", wiederholt in Verbindung mit jeder Autoritätsperson, zeigt ein Bedürfnis, die Gnostiker gegen den Vorwurf der Respektlosigkeit zu verteidigen. Die Argumentation zielt nicht darauf ab, dass die jüdische Tradition und ihr Gott böse sei, sondern dass sie begrenzt seien. Die Gnostiker haben sie überschritten, indem sie ein Reich der Spiritualität erreicht haben, das jenseits des Verstehens jener liegt, die den Demiurg anbeten und seine Offenbarung, die hebräische Bibel, verehren.

Selbst die angebliche Ermordung Jesu durch die Juden weckt keine Hassgefühle bei den Gnostikern, allenfalls belustigte Verachtung – „... gegen den man die schmutzigen und mörderischen Hände erhob – (freilich) als ob man in die Luft schlüge." Da die Gnostiker nicht an die Wirklichkeit des Körpers oder dieser physischen Welt glaubten, barg der Tod keine Schrecken für sie. Es war einfach ein Übergang auf eine höhere spirituelle Ebene. Diejenigen, die meinten, sie nähmen Jesus das Leben, waren seltsam verblendet, denn alles, was sie antasten konnten, war sein unwichtiger

Leib. Somit enthielt die Gnosis, die früheste Form des kosmischen Antisemitismus, die erste Lehre, die den Juden eine Rolle als Anhänger einer gegen Gott gerichteten Macht zuteilte, nicht die Möglichkeit für Hass, wie er im orthodoxen Christentum zu finden ist, in dem der angebliche Angriff auf den Leib Jesu ein von Satan inspirierter Versuch war, den menschgewordenen Gott zu vernichten.

Obwohl die Gnosis, die ja antipolitisch war, nicht die Möglichkeit eines jüdischen Pariatums im soziologischen oder politischen Sinn enthielt, ist in ihr tatsächlich eine Form der Kategorisierung der Menschen angelegt, die für eine Art von Kastensystem gehalten werden könnte. Dies ist die Aufteilung der Menschheit in drei Klassen, von denen die höchste jene der erleuchteten Gnostiker selbst ist, die „Pneumatiker" (von griechisch *pneuma*, „Geist"). Die zwei anderen Klassen waren die „Psychiker" (von *psyche*, hier „kreatürliches Leben") und die „Hyliker" (von *hyle*, „Materie"). In den toleranteren Formen der Gnosis war jeder Klasse eine Funktion im Plan der Dinge zugeteilt. Die mittlere Klasse, die Psychiker, der die Juden und ihre Tradition zugeordnet waren, hatte die Aufgabe, diese irdische Welt in Gang zu halten, indem sie ein Gesetzbuch entwickelten und anwandten. Und es wurde sogar anerkannt, wenigstens zeitweilig, dass die geordnete Welt, für die diese nützlichen und ungeistigen Menschen sorgten, eine gewisse Hilfe für die Pneumatiker darstellte, insofern als sie während der Stadien des Übergangs in eine bessere Welt ihr körperliches Sein aufrechterhielten.

Einige gnostische Systeme, darunter die Valentinianer in der Antike und die Katharer im Mittelalter, konnten eine Staats- oder Gesellschaftsform verwirklichen, in denen die theoretische Klassifizierung der Menschentypen in einer Gesellschaftsstruktur verkörpert wurde. Bei den Katharern gab es eine dualistische Struktur, die aus den „Vollkommenen" (Pneumatiker) und den Gläubigen (Psychiker) bestand. Die Hyliker jedoch waren in der katharischen Gemeinschaft nicht vertreten, sondern nur in der uneinsichtigen nichtkatharischen Welt. Die Vollkommenen führten ein völlig weltabgewandtes Leben, enthaltsam in Sexualität und Fleischverzehr (Dieser war verboten, da er sexuell hervorgebracht war, nicht aus Gründen des Mitgefühls), und wirkten als Priesterschaft für die Gläubigen.

Die Kategorisierung der Menschheit in Typen ergibt sich somit aus dem gnostischen Dualismus von Materie und Geist, der eine Art von Kompromiss verlangt, in dem der Geist von der Materie bedient wird. Das führt zu einer Unterteilung der Menschheit, um die edleren Geister in die Lage zu versetzen, den Erfordernissen des irdischen Lebens durch die Unterordnung und Versklavung von geringeren Gattungen zu entkommen. Im

Hinduismus wurde die grobe Unterteilung der Menschheit in Priester, Krieger, Händler und Sklaven (die Varnas) durch einen Mythos bestätigt, nach dem diese vier Gattungen von der Zerstückelung eines uranfänglichen Gottes herstammen, sodass jeder Mensch durch Schicksal oder Prädestination seinem irdischen Los zugewiesen wurde. Diese Idee der Prädestination war immer mit dem Ziel einer weltabgewandten Spiritualität verbunden, denn es ist klar, dass ein solches Ziel nur von einer Elite erreicht werden kann. Dementsprechend sehen wir, dass im Denken Nietzsches die Vorstellung von einer geistigen Elite zu Ideen der Prädestination führt.

In der Untersuchung der Kaste, sei sie noch so verfeinert zu einem religiösen Entwurf von Spiritualität, entsteht somit die grundlegende Ablehnung von Gleichheit aus einer einfachen und groben menschlichen Situation, jener der Bezwinger und der Bezwungenen. Der Eroberer verfügt über eine Masse von Menschen, die er verwenden kann, um sich von den lästigen Pflichten des Alltags zu befreien. Zu diesem Zweck entwickelt er einen Mythos von seiner angeborenen Überlegenheit, die ihn zu göttlicher Muße und der Verfolgung höherer kultureller Interessen berechtigt. Er kann auch einen Mythos von der Unterlegenheit des besiegten Volkes entwickeln, entweder angeboren oder erworben durch die Schuld historischer Sünden, die durch Dienst für die Unschuldigen gesühnt werden müssen.

Die Herabstufung der Juden durch die Gnostiker zu einer Kaste von tierhaften Psychikern, verurteilt, ungeistige Aufgaben in der Form von „guten Werken" zu verrichten, ist somit ein Schritt in der Abwärtsbewegung der Juden im Kastensystem, aber es ist sicherlich weniger drastisch als die spätere christliche Degradierung der Juden auf den Status sündiger Parias, die, zur Ausführung von Tabuhandlungen verurteilt, der christlichen Gemeinschaft nützen sollen. In beiden Fällen beginnt die Herabstufung als ein Ausdruck von Neid, eine Entfernung der Juden von ihrer selbst festgelegten Stellung als das Volk Gottes. Im Fall der Gnostiker bleibt diese Entfernung theoretisch. Im Fall des Christentums, das die Macht erlangte, seine Fantasien in gesellschaftliche Realität zu übertragen, wurden die Juden tatsächlich eine Pariaklasse in der Christenheit mit allem Leid, das dieser Status mit sich brachte.

Wie schon früher erwähnt, gibt es eine interessante Parallele zwischen der gnostischen Haltung gegenüber den Juden und der romantischen Haltung des 19. Jahrhunderts gegenüber dem Bürgertum. Der Aufstieg einer Mittelschicht mit einem konventionellen Sittenkodex, einem Arbeitsethos, das Spiritualität zugunsten einer einträglichen Anwendung wissenschaftlicher Kenntnisse abtat, und einem Selbstbewusstsein, das aristokratische Privilegien bedrohte, erzeugte die romantische Reaktion. Darin wurde die schrittweise berechnende Lebensplanung des Karrierismus über Bord geworfen, und an seine Stelle trat ein Jugendkult, der unbekümmert den frühen Tod herausforderte. Dichter wie Byron und Shelley kultivierten aristokratische Werte, und auch Keats, obwohl selbst nicht aristokratischer Herkunft. Er apostrophierte die Nachtigall als Symbol einer höheren Welt der Poesie, erhaben über „die Menschennot, die Mühen unermessen, das Sorgenfieber". Der Dichter und der Künstler, zuvor die Lakaien der Aristokratie, wurden selbst zu einer Aristokratie des Geistes wie die Pneumatiker von einst, die auf jene herabsahen, die die Einschränkungen dieser Welt akzeptierten und manipulierten. Die romantische Bewegung brachte sogar eigene politische Bewegungen hervor, besonders den Marxismus, der die banalen „Krämer"-Werte des Bürgertums mit dem Judentum gleichsetzte, und den Nazismus mit seiner eigenen Jude-Bourgeoisie-Gleichung. Doch gleichzeitig würdigte der Marxismus unbewusst den Idealismus, der in der jüdischen Bejahung der Möglichkeiten dieser Welt angelegt war, durch seine messianischen Sehnsüchte nach einer klassenlosen Gesellschaft voller Wohlstand und Frieden, ein Widerhall der Erwartungen der jüdischen Propheten des Reichs Gottes auf Erden.

Das Judentum ist in der Tat durch seine Gewichtung dieser Welt und Menschlichkeit der Projektor von Gleichheitsentwürfen, im Gegensatz zu weltfernen Doktrinen, die unweigerlich die Idealisierung von Ungleichheit entstehen lassen (da nur eine privilegierte Minderheit einen gottähnlichen Status erstreben kann). In dem Ägypten, aus dem die Israeliten entkamen, wurde Pharao als Gott verehrt und blühte ein Unsterblichkeitskult, durch den eine strenge Hierarchisierung der Gesellschaft aufrechterhalten wurde, zunächst indem man die Gewissheit der Unsterblichkeit auf die oberen Klassen begrenzte und später indem man sie allen versprach, allerdings unter der Bedingung, dass man den irdischen Status quo hinnahm. In Israel ist Unsterblichkeit kein Ziel mehr und deshalb kann diesseitige Gleichheit den Menschen nicht verweigert werden. Selbst als gegen die Wünsche des Propheten Samuel ein König berufen wird, ist er keine göttliche Gestalt, die ihre Untertanen auf den Status einer niederen Kaste herabsetzt, sondern ein primus inter pares, der darauf achten muss, „sein Herz nicht über seine Brüder zu erheben" (Dtn 17,20).

Anmerkungen

1 Siehe Maccoby (1991), Kapitel 1, „Gnostischer Antisemitismus".

2 „Zweiter Logos des großen Seth". Die zweite Schrift aus Nag-Hammadi-Codex VII. Eingel. und übers. vom Berliner Arbeitskreis für koptisch-gnostische Schriften, federführend für diese Schrift: Hans-Gebhard Bethge. In: Theologische Literaturzeitung, 100 (1975), 2, S. 97–110.

Kapitel 6

Kasten im Judentum

Man könnte freilich fragen, inwiefern das Judentum selbst ein Kastensystem enthält. Es ist bereits erwähnt worden, dass die Invasion der Israeliten zur Versklavung der Kanaaniter führte, die danach eine untergeordnete Gruppe bildeten, ganz ähnlich (so könnte man meinen) wie die in Indien eindringenden Arier (nach einer anfänglichen Periode des versuchten Völkermordes) die unterworfenen Dravida in ein Kastensystem als die Shudras oder die vierte Varna eingliederten, die den drei arischen Kasten, den Brahmanen, den Kshatriya und den Vaishya, als Sklaven oder Knechte dienten. Außerdem könnte man argumentieren, dass der Anspruch der Israeliten, das Volk Gottes zu sein, an sich eine Kastenidee ist, da alle Nichtisraeliten, auch diejenigen, die außerhalb des eroberten Bereiches wohnen, auf einen unterlegenen Status zurückgestuft werden.

Um den zweiten Punkt zuerst aufzugreifen, könnte man ohne lange zu zögern sagen, dass die israelitische Lehre vom Auserwähltsein kein Kastenbegriff ist. Die Bibel gründet ihre Erwählung keineswegs auf ihre überlegene Art und Leistung, sondern hebt ständig die Unwürdigkeit der Israeliten hervor, ihre Entgleisungen und Fehler und die Geduld, die Gott üben muss, um sie nicht zurückzuweisen. Wahr ist, dass eine Art von Aristokratie in ihrer Abstammung von Abraham, Isaak und Jakob geltend gemacht wird, aber diese Abstammung wird meist als Knüppel gebraucht, um sie damit zu prügeln, weil nachdrücklich darauf hingewiesen wird, dass sie aufgrund ihrer eigenen Verdienste nicht ausgewählt worden wären. Wenn wir dies mit der hinduistischen Glorifizierung der Brahmanen als rassisch überlegen und geistig sogar höherstehend als die Götter vergleichen, sehen wir einen himmelweiten Unterschied.

Außerdem sind die Schranken der Kaste in der israelitischen Religion nicht vorhanden, denn das „Reich von Priestern" ist offen für die Rekrutierung von den Völkern der Welt durch Übertritt zum Judentum, wie man in der Bibel durch den Zuwachs einer „gemischten Menge" von Ägyptern zur Zeit des Exodus sieht sowie durch die individuellen Übertritte von Jitro, Naaman, Rut und vieler anderer nebenbei Erwähnter (etwa Urija der Hethiter und Doeg der Edomiter). Der Stolz auf die Abstammung von Abraham, Isaak und Jakob stellt kein Hindernis für solche „Rekrutierung durch Übertritt" dar, da Konvertiten durch Mischehen mit Einheimischen Kinder hervorbringen, die sofort ihre Abstammung von Abraham geltend machen können. In einer späteren Epoche wurden ganze Völker durch Übertritte zum jüdischen Stamm hinzugefügt (Idumäa, Adiabene, Chasarien), ebenso wie zahllose Einzelpersonen, viele von ihnen schwarz (da ein Vorurteil aufgrund der Hautfarbe im Judentum keine Rolle spielt, ganz im Gegensatz zum Hinduismus), was nie als Verstoß gegen die Kaste empfunden wurde. Es ist wahr, dass anders als im Christentum die Bekehrung der ganzen Welt zum Judentum nicht vorgesehen ist, da Bekehrung den Priestern vorbehalten war und eben nicht der Erlösung diente. Aber eine Priesterschaft ist an sich keine Kaste, außer wenn sie sich durch Verbote von Mischehen oder Anwerbung für ihren Stand isoliert. Deshalb ist zum Beispiel das römisch-katholische Priestertum keine Kaste; es ist nicht erblich wegen des Zölibats, und es steht allen Begabten offen, obgleich es seinen elitären Charakter als eine Berufung wahrt.

Während das Verhältnis zwischen Israel und der Außenwelt nichts mit dem Kastensystem zu tun hat, ist es möglich, innerhalb Israels selbst so etwas wie ein Kastensystem auszumachen. Das erbliche aaronitische Priestertum bildet zweifellos eine Kaste, da jegliche Rekrutierung von außerhalb seiner Reihen ausgeschlossen ist. Wie das Priestertum der Brahmanen wird es nicht an Mischehen mit den nicht priesterlichen Rängen gehindert, wobei die Kinder den Status des männlichen Elternteils folgen, d.h. nur die Söhne aaronitischer Väter sind Aaroniten oder Kohanim. Die Privilegien und die Autorität der Kohanim sind bei weitem nicht so groß wie jene der Brahmanen, denn die Kohanim sind keine geistigen Führer, sondern auf tempeldienstliche Aufgaben beschränkt. Die lehrende Funktion kommt nicht ihnen zu, sondern dem Propheten und später den Nachfolgern der Propheten, den Rabbis, die keine Priester sind (obwohl ein Priester, falls durch Inspiration oder Ausbildung befähigt, ein Prophet oder Rabbi sein konnte). Also ist die Existenz einer priesterlichen Kaste in der israelitischen Religion weit weniger wichtig als in der hinduistischen, da im Hinduismus der Brahmane die kombinierte Funktion von Priester, Prophet und Rabbi und sogar manchmal von Gott wahrnimmt.

Am anderen Ende der gesellschaftlichen Skala enthielt die israelitische Gemeinschaft weitere Kastenelemente. Diese waren diejenigen, die ausgeschlossen waren, „in die Versammlung des Herrn aufgenommen zu werden“ (Dtn 23,1-3). Im Gegensatz zu der verbreiteten Annahme hieß dies nicht, dass solche Menschen keine Israeliten sein durften, aber es bedeutete doch, dass für sie Heiratsbeschränkungen innerhalb der israelitischen (später jüdischen) Gemeinschaft galten. Hier wurden drei Kategorien unterschieden: die *Mamserim*, d.h. jene, die aus inzestuösen oder ehebrecherischen Beziehungen hervorgegangen sind; solche, die von bestimmten Völkern abstammten (Ammoniter, Moabiter, Edomiter, Ägypter), die in der Thora wegen ihrer Feindschaft gegenüber dem frühen Israel stigmatisiert sind, und die Sklaven. Diese niedrigen Kasten dürfen untereinander heiraten, aber nicht gewöhnliche Israeliten oder Priester.

Es ist allerdings wichtig anzumerken, dass diese niedrigen Kasten von keinem religiösen oder gesellschaftlichen Privileg außer der Ehe ausgeschlossen sind. Sie konnten alle Opfer im Tempel darbringen, und alle Kasten konnten ohne Schwierigkeit gemeinsam speisen. Sehr bedeutsam war (wie Mary Douglas gezeigt hat[1]), dass die Kasten nicht hinsichtlich der Reinheitsgebote unterschieden wurden. Die unteren Kasten mussten nicht von den oberen Kasten (wie im Hinduismus) als unrein gemieden werden, da rituelle Reinheitsgebote für alle Kasten gleichermaßen galten, und ein Priester, der an Unreinheit litt (etwa, weil er einen Leichnam berührt hatte), wäre ebenso sehr eine Quelle der Unreinheit wie sein israelitischer Landsmann, ein *Mamser*, der einen Leichnam berührt hatte – und ebenso leicht gereinigt durch die vorgeschriebenen Waschungen. Weder ein *Mamser* noch eine andere Person aus einer niedrigen Kaste war an sich unrein, sondern nur dadurch, dass er sich eine der objektiv aufgelisteten Formen der Unreinheit eingehandelt hatte, von denen jede ihr Heilmittel hatte.

Das israelitische Kastensystem entsprang nicht dem Kern der israelitischen Religion und daher zeigt es einen anhaltenden Prozess der Abnutzung, durch den es schließlich so gut wie aufgehoben wurde. Es entsprang keiner Philosophie der menschlichen Kategorisierung oder eines Vorurteils gegenüber einem Kollektiv, sondern bestimmten Versen der Bibel, die bestimmten Gruppen von Gemeindemitgliedern ein unbegrenztes Konnubium verboten. Folglich wurde die Aufforderung, die Ammonitern, Moabitern, Edomitern und Ägyptern das Konnubium (die Ehegemeinschaft) verbot, (ob „für immer“ oder für eine begrenzte Zahl von Generationen), durch die Formulierung aufgehoben, dass Sennacherib, der assyrische König des 8. Jahrhunderts v.u.Z., der eine Politik der Umverteilung der Bevölkerung eingeschlagen hatte, alle Völker durcheinandergewürfelt habe, sodass es nicht mehr möglich war zu bestimmen, wer ein Ammoniter, ein Moabiter, ein Edomiter oder ein Ägypter war.[2] Für das Verbot des Konnubiums mit einem Sklaven gab es die einfache Abhilfe, den Sklaven zu befreien, was ihn zu einem Freigelassenen machte, für den es keine Heiratsbeschränkungen gab.

Das Verbot des Konnubiums mit einem *Mamser* stellte ein größeres Problem dar. Versuche es aufzuheben, fanden keine mehrheitliche Zustimmung, sodass es stattdessen aufgeweicht wurde. Es wurde eine Rechtskonstruktion angenommen, dass unerkannte *Mamserim* jung starben, sodass jemand mit Heiratsabsichten sich nicht auf die Suche machen musste, um seinen Berechtigungsnachweis zu erbringen.[3] Es wurden Möglichkeiten entdeckt, durch die Kinder eines Mamser, wenn auch nicht der Mamser selbst, dem Status des Mamsers entkommen konnten. Trotz einiger Erfolge, diese Form des Status der niedrigen Kaste unwirksam zu machen, bleibt die Situation bis auf den heutigen Tag unbefriedigend. Hier sollte deutlich gemacht werden, dass der Status eines unehelichen Kindes im Judentum nie eine rechtliche Niedrigstellung zur Folge hatte. Allein die Kinder aus inzestuösen oder ehebrecherischen Verbindungen waren als illegitim stigmatisiert, und dies war ein moralischer Fortschritt gegenüber den Bräuchen anderer antiker Völker, solche Nachkommen auszusetzen oder zu töten.

Im Fall des für die niedrige Kaste gültigen Ehestatus von *Mamserim* – oder Ammonitern, Moabitern, Edomitern und Ägyptern in der jüdischen Gemeinschaft – kann nicht die zuvor diskutierte Motivation geltend gemacht werden, nämlich die Usurpation einer besiegten Gemeinschaft. Ammoniter, Moabiter und Ägypter wurden nie von den Israeliten unterworfen, sondern blieben als eigenständige Völker bestehen. Ihr untergeordneter Status beim Eintritt in die jüdische Gemeinschaft als Konvertiten war einer historischen Erinnerung an die frühere Feindschaft geschuldet und hatte durch die Heilige Schrift Autorität erhalten. Der niedrige Status der *Mamserim* entsprang einer Abscheu vor den aus tabuisierten Formen sexuellen Verhaltens hervorgegangenen Nachkommen, ein Abscheu, der wiederum durch die Bibel seine Legitimation und rechtliche Form erhalten hat. Es war natürlich, dass diese Motivationen im Lauf der Zeit in dem Maß schwächer wurden, wie alte Feindschaften schwanden und primitives Grauen nachließ.

Der Fall der Sklaven liegt allerdings anders und bedarf weiterer Diskussion. Nachdem sie die Kanaaniter zunächst niedergemacht hatten, nahmen die Israeliten die besiegten Menschen allmählich in ihre Reihen auf, jedoch in der Funktion von Sklaven und Knechten. Ein Beispiel ist der Stamm der

Gibeoniter, der in einem frühen Stadium verschont blieb, aber nur, um „Holzfäller und Wasserträger" für den Tempel zu werden (Jos 9,23). Diese Gruppe behielt über Jahrhunderte ihre gesonderte Kastenidentität, bezeichnet als die Nethinim oder Tempeldiener, obwohl ihre Bindung an den Tempel ihnen einen gewissen kultischen Status verlieh. Es war ihnen nicht erlaubt, gewöhnliche Israeliten zu heiraten, doch durften sie in jede andere der unteren Kasten einheiraten. Einen ähnlich niedrigen, aber kultischen Status hatte die als „die Sklaven Salomons" bekannte Gruppe, die Nachkommen der von König Salomon für die schweren Arbeiten am Tempelbau eingesetzten kanaanitischen Sklaven waren. Aber es gab auch einzelne Sklaven, die nicht zu einer anerkannten Gruppe gehörten, sondern als Sklaven in Haushalten dienten. Diese waren ursprünglich nur Kanaaniter, aber später wurden von anderen nichtisraelitischen Völkern gekaufte Sklaven einbezogen, die allerdings im jüdischen Recht ebenfalls als „kanaanitische Sklaven" bezeichnet wurden. Alle Personen mit Sklavenstatus bildeten jedoch eine Kaste, insofern sie keine gewöhnlichen Israeliten heiraten durften, solange sie Sklaven blieben.

Die „kanaanitischen Sklaven" wurden unterschieden von den „hebräischen Sklaven", die von Geburt Israeliten waren und, weil sie bankrott waren, sich selbst in die Sklaverei verkauft hatten, um ihre Schulden zu bezahlen. Der „hebräische Sklave" war in Wirklichkeit ein Leibeigener, der nach einer begrenzten Anzahl von Dienstjahren von seinem Herrn freigelassen werden musste, es sei denn, er habe sich entschieden, freiwillig zu bleiben (Ex 21,2). Er war deshalb keinerlei kastenbedingten Ehebeschränkungen unterworfen.

Es sollte jedoch hervorgehoben werden, das auch die kanaanitischen Sklaven zur Gemeinschaft gehörten und trotz ihrer fremden Herkunft als Israeliten oder Juden betrachtet wurden, mit vielen gleichlautenden Rechten und Privilegien wie freie Israeliten. Tatsächlich wurde ein kanaanitischer Sklave als ein besonderer Konvertit angesehen. Er hatte dieselben religiösen Pflichten wie israelitische Frauen und dieselben Rechte, am Sabbat und an Feiertagen zu ruhen. Sein Herr durfte ihn nicht misshandeln, und tat er es doch, zum Beispiel indem er ihm einen Zahn ausschlug, hatte er das Recht auf Freiheit und vollen israelitischen Status. Deshalb ist es fraglich, ob der kanaanitische Sklave wirklich ein Sklave in dem Sinne war, wie er in der antiken Welt allgemein verstanden wurde. In Rom zum Beispiel konnte ein Herr seinen Sklaven ungestraft töten, während im israelitischen Recht das Töten eines Sklaven wie Mord behandelt wurde. Das Recht eines Sklaven, seine Freiheit zu kaufen oder durch Erlaubnis seines Herrn freizukommen, war überall ein Merkmal der

Sklaverei, auch wenn der Freigelassene anderswo nicht automatisch ein Vollbürger wurde wie in der israelitischen Gemeinschaft.

Gleichwohl ist klar, dass die kanaanitischen Sklaven eine Kaste im Judentum bildeten, die von der Tatsache der Unterwerfung herrührte. Nur diese Kaste war mit einem „Usurpationsmythos" verbunden, der darauf abgestimmt war, die Unterwerfung ihrer Mitglieder unter die Bezwinger ihrer Vorfahren, der ursprünglichen Bewohner des Landes, zu erklären und zu entschuldigen. In dieser Hinsicht ist die Position der kanaanitischen Sklaven vergleichbar mit jener der Dasyu und dravidischen Einwohner Indiens, die von ihren arischen Bezwingern auf den Status einer Sklavenkaste – die unterste der vier *Varnas* – herabgesetzt wurden. Diese wurden nicht als Primitive dargestellt und mit gewissem Respekt behandelt, wenn auch nicht in die „Zweimalgeborenen", d.h. initiierte Klasse, einbezogen. Die Shudras waren keine Unberührbaren – die „fünfte" *Varna* –, sondern entsprechen in der abendländischen Geschichte den Sachsen, die von den normannischen Eroberern unterworfen und auf untergeordnete Tätigkeiten beschränkt wurden. Die Unberührbaren dagegen, die solche Kasten wie die Chandala, Paraya und Nishada umfassten, wurden als primitiv betrachtet. Diese Klassen waren bereits vor der arischen Invasion entrechtet und stellen eine indigene Bevölkerung noch vor den Draviden dar. Noch mehr verachtet waren die Bergstämme, die weiter von der Jagd lebten und als völlig außerhalb des Kastensystems stehend betrachtet wurden. Im Laufe der Zeit fanden starke Verschiebungen des Status statt, da eine Kaste ihren Status verbessern konnte, indem sie die Reinheitsgebote einer höheren Kaste übernahm. Eine solche Höherstufung war jedoch erst nach mehreren Generationen erreicht. Sogar manche Bergstämme rückten in das Kastensystem auf, verbesserten aber kaum ihren Status, da sie nur auf der Stufe der Unberührbaren aufgenommen wurden (siehe auch Kapitel 15).

Es gab freilich wichtige Unterschiede zwischen der hinduistischen Praxis der Kaste und jener der israelitischen Religion. Der wichtigste von allen ist vielleicht, dass das israelitische Kastensystem niemals ein Vorurteil aufgrund der Hautfarbe kannte. Im hinduistischen System dagegen war dieses Vorurteil von überragender Bedeutung. Das Wort *Varna*, das die Hauptunterteilungen des Kastensystems bezeichnet, bedeutet eigentlich „Farbe". Die Kasten im Hinduismus sind immer durch ihr Weißsein oder Schwarzsein unterschieden worden, und es ist der große Stolz der höchsten Kaste, der Brahmanen, dass sie ihr relatives Weißsein bewahrt haben. Dieser Aspekt der Kaste macht das allmähliche Verblassen des Kastensystems äußerst schwierig.

In der israelitischen Religion hat es nie den leisesten Hinweis auf ein Vorurteil bezüglich der Hautfarbe gegeben. Die Kanaaniter wurden nicht als „dunkler“ als die eindringenden Israeliten stigmatisiert. In diesem Punkt hat es einige Missverständnisse gegeben, weil gewisse heutige Rassisten irrtümlicherweise versucht haben, ihre Lehren auf die Autorität der hebräischen Bibel zu stützen. Einige burische Autoren, Vertreter der Apartheid, haben aus ihrer fundamentalistischen religiösen Überzeugung heraus versucht, in der Geschichte von Noahs Fluch gegen Ham Beweise für die gottgegebene Unterordnung der schwarzen Rassen zu finden. Die jüdische Tradition hat diese Schlussfolgerung nie gezogen. Noahs Fluch künftiger Sklaverei war nicht gegen Ham selbst gerichtet, sondern gegen dessen Sohn Kanaan. Es ist wahr, dass Ham in der Antike als Stammvater der Schwarzen betrachtet wurde, aber nur durch seinen Sohn Kusch als Ahnherr der Äthiopier galt. Der Fluch gegen Kanaan betraf nicht Kusch, dessen Nachkommen, die schwarzen Äthiopier, in den biblischen Schriften immer Ehre erwiesen wird. Wir erfahren, dass Mose, der Begründer des Judentums, eine kuschitische Frau heiratete (Num 12,1) und dass sein Bruder Aaron und seine Schwester Miriam ihn deswegen tadelten. Wir erfahren nicht, ob ihr Vorwurf auf dem Vorurteil gegen die Hautfarbe beruhte, aber sie wurden auf jeden Fall wegen ihrer Anmaßung von Gott bestraft, und Miriam wurde sogar mit Aussatz geschlagen, als sollte ihr damit gesagt werden, dass Weißsein nicht zwangsläufig gut sei. Die jüdische Überlieferung erwähnt nicht einmal das Vorurteil wegen der Hautfarbe als das Motiv, das Aaron und Miriam in dieser Sache antrieb, und sagt, dass sie nur wegen der Kränkung von Moses erster Frau Zippora bekümmert waren oder dass Zippora selbst die „kuschitische Frau“ war und Mose sie wegen seines von Gott gegebenen Auftrags vernachlässigte.

Die Kanaaniter, die unter Noahs Fluch litten, indem sie zu Sklaven der Israeliten wurden, waren ein weißes Volk. Der Versuch der burischen Autoren, den Bibelautoren Vorurteile gegenüber der Hautfarbe zu unterstellen, beruhte also auf Ignoranz und Missverständnis.

Die kanaanitischen Sklaven wurden in keinerlei kultischer Weise vom Rest der gottesdienstlichen Gemeinschaft unterschieden. Weil sie nicht stärker als andere von ritueller Unreinheit betroffen waren, und es ihnen nicht verwehrt war, Opfer im Tempel darzubringen, unterscheiden sie sich von den untersten hinduistischen Kasten, die durch Berührung oder auch nur Nähe Unreinheit auf höhere Kasten übertragen konnten und keine Opfer darbringen oder dabei assistieren durften. Im Laufe der Zeit verschwanden die kanaanitischen Sklaven aus der jüdischen Öffentlichkeit, da sie den Status von Freigelassenen erlangten und Mischehen mit der allgemeinen jüdischen Gemeinschaft eingingen.

Die kanaanitischen Sklaven wurden nie zu einer dämonisierten oder auch nur abgewerteten Gruppe unter den Israeliten. Ihr niedriger Kastenstatus wurde als ihr Missgeschick betrachtet, nicht als Beweis ihrer Verworfenheit. Aus der Legende von den Sünden ihrer Vorfahren, die Gott veranlassten, ihnen die Herrschaft über das Heilige Land zu entreißen, wurde kein Mythos von ihrer anhaltenden Verworfenheit und angeborenen Sündhaftigkeit abgeleitet. Auch wurden sie nicht Gegenstand eines Mythos, der ihnen eine dauerhafte Rolle als Widersacher Gottes zugewiesen hätte oder als Anhänger des Teufels, der freilich keine wichtige Rolle im jüdischen Denken spielte.

Tatsächlich entscheidend war, dass von den kanaanitischen Sklaven nicht verlangt wurde, Aufgaben zu verrichten, die für andere Mitglieder der Gemeinschaft als Tabu galten. Holz zu fällen und Wasser zu tragen waren keine tabuisierten Tätigkeiten, sondern bloß mühselige. Ja, wenn das Fällen und Schleppen als Teil der Arbeit am Tempel getan wurde, erlangte es sogar eine Aura der Heiligkeit, sodass die Nethinim und „Sklaven Salomos“ als Tempeldiener betrachtet wurden, kaum geringer als die Leviten, die für die Pflege und Entfernung der Möbel und Stoffe zuständig waren, auch dies eine körperlich beschwerliche Aufgabe. Da das Judentum keine dualistische Religion ist, brachte es keine Ideen eines sogenannten „grenzüberschreitenden Sakralismus“[4] hervor, d.h. die Ansicht, dass bestimmte Handlungen falsch waren und dennoch religiös und gesellschaftlich unerlässlich. Alle notwendigen Handlungen, und seien sie noch so widerwärtig, waren erlaubt und konnten von den höchsten Mitgliedern der Gesellschaft ausgeführt werden. Die Vorstellung einer Handlung, die sowohl notwendig als auch unrecht ist, ist dem jüdischen Denken fremd, und daher braucht man keine „verfluchte“ Untergruppe von Menschen, die um der Gemeinschaft willen Verdammung auf sich lädt. Dies ist der eigentliche Grund, warum eine Pariagruppe im Judentum keinen dauerhaften Platz haben konnte, und die niedrigen Kasten angehörenden Gruppen, die aus dem einen oder anderen Grund doch entstanden, verschwanden schließlich.

Anmerkungen

1 Douglas (1993).
2 Siehe Mischna, Jadajim 4:4.
3 Siehe Babylonischer Talmud, Jewamot 78b.
4 Siehe Babylonischer Talmud, Jewamot 78b.

Kapitel 7

Paulus und die Entstehung des Usurpationsmythos

Der erste Versuch, das Judentum zu verdrängen, indem man es auf den Rang einer überholten oder zweitrangigen Religion zurückstufte, während man sein Material ausbeutete, geschah durch die Gnosis. Der allgemeine Ton der Ablehnung des Judentums und der Juden war eher herablassend und verächtlich als brutal feindselig. In dem früher zitierten Auszug aus gnostischen Schriften zum Beispiel lautet die gegen das Judentum und die Juden geäußerte Kritik: „Denn [alles], was sie hatten, war eine von Engeln gegebene Lehre, die [nur] auf die Beachtung von Speise[vorschrifte]n abzielte, und eine bittere Knechtschaft…“ Dies könnte folgendermaßen umschrieben werden: „Sie [die Juden] hatten einschränkende Speisegesetze, die ihnen nicht von dem Hochgott gegeben wurden, sondern von geringeren Mächten (Engeln). Sie haben somit ihre Freiheit und Möglichkeit des gottgleichen Status verloren und sind Sklaven der Thora geworden.“

Diese Einstellung gegenüber dem Judentum als eingeschränkt und ungeistig und eben nicht böse findet sich auch im Christentum, allerdings nur als *eine* Dimension des christlichen Antisemitismus. Sie findet sich besonders in den Schriften von Paulus, in denen noch nicht alle Aspekte des christlichen Antisemitismus ausgeprägt waren, die sich auf den Vorwurf des Gottesmordes beziehen. Vielmehr macht sich Paulus eine Form des Widerspruchs zum Judentum zu eigen, die kaum von jener der Gnosis zu unterscheiden ist. Genau genommen war er es, der als Erster behauptete, die Thora sei nicht von Gott gegeben, sondern von Engeln. Dies war Paulus' eigene Version der früheren gnostischen Theorie, die Thora sei vom Demiurg gegeben, dem verblendeten Schöpfer dieser unvollkommenen Welt, der sich für den Hochgott hielt. Im Laufe der Zeit traten viele Gnostiker zum Christentum über und bildeten ihre eigenen Sekten gnostischen Christentums. In diesen wird die ursprüngliche These, wonach die Thora von dem Demiurg gegeben wurde, christianisiert oder „paulinisiert" in der Form, dass die Thora von Engeln gegeben wurde, wie es in dem oben zitierten christianisierten gnostischen Werk heißt.

Der Unterschied ist, dass Engel zwar beschränkte übernatürliche Wesen sind, aber nicht in Gegensatz zu Gott stehen wie der Demiurg, sondern unter seiner Aufsicht wirken. Somit errichtete Paulus anders als die Gnostiker kein mit dem Judentum rivalisierendes System, das auf einem anderen Gott gründete, sondern übernahm das Judentum von innen heraus, indem er behauptete, sein neues System sei von Gott von Anfang an als Erfüllung des Judentums gedacht gewesen und Gott habe durch die Vermittlung seiner geringeren Dienstboten, der Engel, eine vorläufige Botschaft an die Juden geschickt.[1] Anders als die Gnostiker bestritt Paulus also nicht den prophetischen Status der Linie der hebräischen Propheten, die mit Mose beginnt. Vielmehr bekräftigte er, dass sie alle wahre Propheten waren; aber er deutete ihre Botschaft in einer Art und Weise, welche sie alle zu Proto-Paulinisten machte. Außerdem deutete er sie dahingehend, dass sie sich durch die Ankunft ihres vorbestimmten Nachfolgers, Christus, letztendlich selbst als überholt vorhersagten und dass ihre eigenen Lehren im Lichte von dessen Lehren (wie Paulus sie erklärte) und seinem heilstiftenden Opfer sich als nur vorläufig erwiesen.

Die Frage für Paulus lautete nun, was er mit den Juden anfangen sollte. Denn die Juden oder ihre überwiegende Mehrheit wollten ihr eigenes Veraltetsein nicht gelten lassen. Verstockt glaubten sie weiterhin an ihren Gründungspropheten Mose und die ihm nachfolgenden Propheten als Überbringer eines ewigen Bundes. Sie dachten an Jesus nicht als Gründer eines neuen Bundes, der jenen vom Sinai ersetzte, sondern als eine Messiasgestalt, die sich irrtümlicherweise für den Verkünder des Reichs Gottes hielt, wie es Jesaja, Sacharja und andere hebräische Propheten prophezeit hatten, und dessen Tod an einem römischen Kreuz als Rebell ihn als einen weiteren tragischen messianischen Versager auswies, wie Judas der Galiläer, Theudas, Athronges, Bar Kochba und viele andere.

Paulus' Ideen, was mit den Juden in einer christlichen Welt geschehen würde, werden in seinem Brief an die Römer, Kapitel 11, erklärt:

> Damit ihr euch nicht auf eigene Einsicht verlasst, Brüder, sollt ihr dieses Geheimnis wissen: Verstockung liegt auf einem Teil Israels, bis die Heiden in voller Zahl das Heil erlangt haben; dann wird ganz Israel

gerettet werden, wie es in der Schrift heißt: Der Retter wird aus Zion kommen, er wird alle Gottlosigkeit von Jakob entfernen.
Das ist der Bund, den ich ihnen gewähre, wenn ich ihre Sünden wegnehme.
Vom Evangelium her gesehen sind sie Feinde Gottes, und das um euretwillen; von ihrer Erwählung her gesehen sind sie von Gott geliebt, und das um der Väter willen.
(Röm 11,25–28)

Der Schlüsselsatz hier ist „...Verstockung liegt auf einem Teil Israels, bis die Heiden in voller Zahl das Heil erlangt haben." Dies wird als „Geheimnis" bezeichnet, was bedeutet, dass die „Verstockung" der Juden ein Teil von Gottes Plan ist. Die Ablehnung von Jesus durch die Juden ist entscheidend gewesen für die Erlösung der Heiden. Es ist notwendig, dass die Juden „verstockt" bleiben, bis die gesamte heidnische Welt bekehrt ist; und dann werden die Juden selbst bekehrt. Hier haben wir die erste Andeutung des Gedankens, so schicksalhaft für die Zukunft der Juden im Christentum, dass die eigensinnige Ablehnung Christi durch die Juden irgendwie entscheidend für die Erlösung der Heidenchristen ist.

Paulus' Denken in diesem Abschnitt birgt gewisse Schwierigkeiten. Inwiefern tragen die Juden nach Paulus zur Erlösung der Heiden bei, indem sie die Erlösung für sich selbst ablehnen? Sollen wir glauben, dass die Erlösung, hätten die Juden Christus akzeptiert, bei ihnen haltgemacht und die Heiden nie erreicht hätte?

Ein Teil des Gedankens scheint zu sein, dass die Juden als Volk Gottes, die Nachkommen der Patriarchen Abraham, Isaak und Jakob und die Empfänger des Bundes vom Sinai und der Botschaften der Propheten, dazu bestimmt waren, als erste den von Jesus angebotenen neuen Bund zurückzuweisen. Durch ihre Ablehnung machten sie den Weg frei für die Heiden, an ihrer Stelle das heilige Volk zu werden, während sie selbst eine zweitrangige Gruppe wurden, die jedoch nicht ganz aufgegeben wurde, sondern sicher sein durfte, dass sie in Anerkennung ihres früheren Status eines Tages ebenfalls in Gottes Gunst aufgenommen würden. Vom vorrangigen Status waren sie auf einen zweitrangigen Status gesunken; sie hatten genau genommen den Status mit den Heiden getauscht, die nun das vorrangige Mittel der Gnade Gottes wurden. Hätten die Juden freilich Christus akzeptiert, hätten sie ihren vorrangigen Status behalten; der Mittelpunkt der christlichen Kirche wäre in Jerusalem geblieben, anstatt sich nach Rom zu bewegen (obwohl dieser geographische Aspekt sich für Paulus noch nicht abzeichnete, für den Rom immer noch das Zentrum eines heidnischen Reiches war), und die Juden, die im Land Israel wohnten (anstatt wegen der Sünde ihrer Verweigerung ins Exil vertrieben zu werden), hätten als Priestervolk gewirkt und wären den Heiden der weltweiten christlichen Kirche zu Diensten gewesen.

Das Thema wird weiter und weniger tolerant im Matthäusevangelium behandelt, das etwa 20 Jahre nach Paulus' Brief an die Römer geschrieben wurde:

> Jesus war erstaunt, als er das hörte. Und sagte zu denen, die ihm nachfolgten: Amen, das sage ich euch: Einen solchen Glauben habe ich in Israel noch bei niemand gefunden.
> Ich sage euch: Viele werden von Osten und Westen kommen und mit Abraham, Isaak und Jakob im Himmelreich zu Tisch sitzen;
> die aber, für die das Reich bestimmt war, werden hinausgeworfen in die äußerste Finsternis; dort werden sie heulen und mit den Zähnen knirschen.
> Und zum Hauptmann sagte Jesus: Geh! Es soll geschehen, wie du geglaubt hast.
> (Mt 8,10–13)

Dieser und andere Abschnitte aus den Evangelien drücken die Verdrängung der Juden („die aber, für die das Reich bestimmt war") durch die Heiden aus, aber hier geht es nicht bloß um die Vertauschung des vorrangigen mit dem zweitrangigen Status, sondern um den vollständigen Hinauswurf in die „äußerste Finsternis", ohne jede Vorstellung von einer Zeit, da die Juden wieder in der Herde aufgenommen werden. Zwischen Paulus und den Evangelien hat sich die christliche Haltung gegenüber den Juden verhärtet.

Paulus' Strategie der Herabstufung statt der Vertreibung der Juden enthält ein interessantes Echo der jüdischen Überlieferung. Eine Geschichte des Midrasch, die zweifellos aus einer Epoche vor dem Ursprung des Christentums stammt, erzählt, wie die Thora von den Israeliten am Berg Sinai angenommen wurde:

> „Der Herr kam aus dem Sinai" (Dtn 33,2). Daraus erfahren wir, dass Gott von Volk zu Volk ging, um zu sehen, ob sie die Thora entgegennehmen würden, und sie wollten sie nicht entgegennehmen.
> (Pesikta de-Rav Kahana, 199b)

Diese Zurückweisung der Thora durch die Völker ist allerdings keine Zurückweisung der Erlösung, denn diese konnte von Heiden ohne Annahme des Bundes vom Sinai durch Einhaltung des noachidischen Bundes erlangt werden, sondern nur eine Zurückweisung der besonderen Rolle des Priestervolkes, die Israel übertragen worden war.[2] Die Geschichte beabsichtigt nicht, die Heiden der Verdammnis oder auch nur einem Limbus aufgeschobener Erweckung zu überantworten, abhängig von ihrer letztendlichen Bekehrung, sondern sie will nur jegliche Kritik zurückweisen, dass Gott Israel bevorzugte, indem er ihnen die Auserwähltheit verlieh, ohne anderen Völkern eine ähnliche Gelegenheit zur besonderen Auszeichnung zu bieten. Einzelne Heiden können sich immer noch dem Priestervolk durch Bekehrung anschließen, aber es gibt jetzt nur ein Volk, das die Stellung als Priestervolk beanspruchen kann, während vor dem Sinai andere Völker laut dieser Erzählung Anspruch auf dieselbe Stellung hätten geltend machen können. Somit bietet die Situation keinen Anlass zu irgendeiner Hierarchisierung in Kasten. Heidnische Völker bleiben souveräne Staaten (da das Judentum nie die Welteroberung anstrebte) und sind Israel nur in dem Sinn untergeordnet, als sie nicht über den Status des Priestervolkes verfügen.

Paulus' Lösung des Problems, was mit den Juden zu tun sei, läuft auch nicht, zumindest nicht direkt, auf den Pariastatus für die Juden hinaus. Paulus sah nicht wirklich die Situation voraus, die sich später entwickelte, nämlich ein europaweites Christentum, das Juden als landlose Vertriebene einbezog. Soweit Paulus wusste, saßen die Juden weiterhin auf ihrem eigenen Land, wenngleich unter römischer Oberhoheit, und machten die Christen, mochten sie noch so erfolgreich sein in ihrer missionarischen Tätigkeit, nur ein Element in einem weitgehend heidnischen Römischen Reich aus. Paulus sah die Juden als bleibende Macht, die sich dem Prozess der Christianisierung widersetzen würde, die letztendlich nicht durch politische Eroberung des Römischen Reiches Erfolg haben würde, sondern durch die Ankunft des neuen Königreiches des Geistes. Sein Einsatz zur Bekehrung der Heiden, der ihn durch einen großen Teil des Römischen Reiches führte, sollte nicht im Licht dessen gesehen werden, was viel später geschah. Er versuchte nicht, das Römische Reich zum Christentum zu bekehren, sondern vor dem Ende der Tage, wenn es zu spät zur Bekehrung sein würde, so viele Heiden wie möglich zu retten. Er rechnete nicht damit, dass dies in sehr naher Zukunft geschehen würde, denn solch unmittelbare Erwartung hätte keine Zeit für die Planung eines ausgedehnten Missionseinsatzes gelassen; auch wäre dann keine Zeit für einen historischen Plan geblieben, in dem die Juden im Unglauben geblieben wären, „bis die Heiden in voller Zahl das Heil erlangt haben". Aber sein historischer Plan umfasste keine so gewagte politische Vision wie die Hoffnung der Herrschaft über das Römische Reich – eine Vision, die allmählich in das Denken der Verfasser der Evangelien zwanzig Jahre später eindringt.

Gleichwohl weisen doch einige Merkmale von Paulus' Plan für die Juden in die Richtung des Pariatums als eine unverkennbare Möglichkeit, falls

Juden sich jemals unter christlicher Herrschaft finden sollten. Die Juden bekommen nämlich eine *Funktion* in der christlichen Gesellschaft. Außerdem ist diese Funktion direkt auf ihren Unglauben bezogen. Nur *weil* sie Ungläubige sind, tragen sie zum Wohl der christlichen Gemeinschaft bei. Diese Art von Dienst durch Sünde ist das, was eine Pariakaste ausmacht.

Wenn Paulus' Modell des Christentums im Römischen Reich an die Macht gekommen wäre und nicht das der Evangelien, das auf der dramatischen und gewalttätigen Passionsgeschichte mit ihrer Darstellung der Juden als Gottesmörder beruhte, hätten die Juden möglicherweise eine Stellung ähnlich ihrem Status später im Islam eingenommen: Sie hätten einen *Dhimmi* von Bürgern zweiter Klasse gebildet, verachtet und benachteiligt, aber nicht gehasst oder dämonisiert. Aber dies war kein wahrscheinliches Ergebnis, sobald Paulus die Saat der notwendigen Sünde gesät hatte (eine Vorstellung, die in dem islamischen Begriff des *Dhimmi* fehlt). Paulus' Gedanke, der Unglaube der Juden habe einen gottgegebenen Zweck, ließ sich leicht ausbauen. Wenn die Juden von Gott geblendet worden waren (und folglich unfähig gemacht, die Göttlichkeit Jesu zu erkennen), könnte dann diese Blindheit nicht die Ursache feindseliger Handlungen gegen Jesus gewesen sein, die in der Verantwortung für die Kreuzigung gipfelte? In einem solchen Drehbuch ist Paulus' Idee von einem Volk, das von Gott ausersehen ist, Jesus zurückzuweisen, vollendet: Die Juden sind von Gott ausersehen (genauso wie Judas Ischariot von Jesus ausersehen wurde), einen Akt des Verrats auszuführen, der gleichzeitig unerlässlich und gottgegeben für die Erlösung der Menschheit war. So würden die Juden den vollen mythischen, dämonischen Status als die Ausführenden eines vorbestimmten und notwendigen Unheils und nicht bloß als blinde, getäuschte und ungeistige Personen übernehmen.

Es findet sich tatsächlich ein Abschnitt in Paulus' Schriften, der den Mythos des Gottesmordes anzustoßen scheint:

> Denn, Brüder, ihr seid den Gemeinden Gottes in Judäa gleich geworden, die sich zu Christus Jesus bekennen. Ihr habt von euren Mitbürgern das gleiche erlitten wie jene von den Juden. Diese haben sogar Jesus, den Herrn, und die Propheten getötet; auch uns haben sie verfolgt. Sie missfallen Gott und sind Feinde aller Menschen; sie hindern uns daran, den Heiden das Evangelium zu verkünden und ihnen so das Heil zu bringen. Dadurch machen sie unablässig das Maß ihrer Sünden voll. Aber der ganze Zorn ist schon über sie gekommen.
> (1 Thess 2,14–16)

Dies ist an sich so offen antisemitisch wie ein beliebiger Abschnitt in den Evangelien und hat sprachliche Anknüpfungspunkte zum Beispiel zu

Matthäus 23,34. Die Beschuldigung, dass die Juden ihre eigenen Propheten töteten, sodass ihr angeblicher Mord an Jesus der Höhepunkt einer langen nationalen Folge von Verbrechen und Rebellion gegen Gott war, ist Teil einer Schilderung der Juden als eines von Natur aus bösen Volkes, das von Beginn an dazu bestimmt war, die Rolle der Gottesmörder zu spielen. Die Beschuldigung, die Juden seien „Feinde ihrer eigenen Mitmenschen", gehört zum Vokabular des hellenistischen Antisemitismus, der die Weigerung der Juden, am polytheistischen Kult teilzunehmen, als Beweis von Menschenhass und Unwille sich zu integrieren verstand. Es war genau diese Beschuldigung, die den syrisch-griechischen Befehlshaber Antiochos Sidetes veranlasste, 133 v.u.Z. die Auslöschung des gesamten jüdischen Volkes zu erwägen.[3]

Noch verheerender war in jüdischer Sicht die Beschuldigung „Dadurch machen sie unablässig das Maß ihrer Sünden voll", denn dieser Ausdruck verknüpft die Juden mit den Kanaanitern als verdammtes und schuldiges Volk, ausgestoßen aus Gottes Gunst. Angespielt wird auf Genesis 15,16: „Denn noch hat die Schuld der Amoriter nicht ihr volles Maß erreicht." Die Amoriter waren das führende Volk unter den Kanaanitern, und hier schaut Genesis auf die ausführlichere Äußerung von Levitikus voraus:

> Ihr sollt euch nicht durch all das verunreinigen: denn durch all das haben sich die Völker verunreinigt, die ich vor euch vertrieben habe.
> Das Land wurde unrein, ich habe an ihm seine Schuld geahndet, und das Land hat seine Bewohner ausgespien...
> Denn all diese Gräueltaten haben die Leute begangen, die vor euch im Land waren, und so wurde das Land unrein.
> Wird es etwa euch, wenn ihr es verunreinigt, nicht ebenso ausspeien, wie es das Volk vor euch ausgespien hat?
> (Lev 18,24–28)

Indem der erste Brief an die Thessalonicher bewusst an diese Abschnitte erinnert, spricht er die Sprache der Usurpation und des Pariatums. Die Juden sollen wie die Kanaaniter wegen ihrer verunreinigenden Sünden aus ihrem ererbten Land vertrieben werden und die Heidenchristen sollen die Abraham geschenkten Segnungen erben. Die Juden sollen von ihrem Land vertrieben werden und so die Stellung der kanaanitischen Sklaven in der christlichen Gemeinschaft einnehmen. Im Voraus angedeutet wird die kirchliche Definition der Juden als *servi.* Dieser schreckliche Abschnitt unterscheidet sich stark von dem Bild in Römer 11 von einem jüdischen Volk, das weiterhin in seinem Land bleibt, umgeben von der christlichen Gemeinde, bis zu dem Tag, da der Schleier von jüdischen Augen genommen wird. Statt eines Bildes von einem Volk mit einer langen und vornehmen Geschichte, das unerklärlicherweise (oder durch göttliche Fügung) an der letzten Hürde versagte, als es den göttlichen Messias zurückwies, haben wir das Bild eines von Geburt an bösen Volkes, beschmutzt durch eine kontinuierliche Geschichte von Mord und Ungehorsam, das am Ende Gott dazu gebracht hat, die Geduld zu verlieren.

Glücklicherweise gibt es einen guten Grund zu der Annahme, dass Paulus nicht der Autor dieses Abschnitts war, sondern dass er von irgendeinem späteren Autor in den Text von 1 Thessalonicher eingefügt wurde. Die angedeuteten Bezüge auf die Zerstörung des Tempels und die folgenden Leiden und das Exil der Juden („Aber der ganze Zorn ist schon über sie gekommen" und die Parallele mit den Kanaanitern) genügen, um es wahrscheinlich zu machen, dass dieser Abschnitt wenigstens fünfzehn Jahre nach Paulus' Abfassung in 1 Thessalonicher eingefügt wurde. Obgleich in Wirklichkeit auf die Zerstörung des Tempels nicht das Exil des gesamten jüdischen Volkes folgte, das für weitere sechshundert Jahre bis zu den Umwälzungen im Zusammenhang mit der arabischen Eroberung die Mehrheit der Bevölkerung des Landes bildete, kam es nach der Zerstörung zu einem erheblichen Abgang von Juden in andere Länder, entweder als Flüchtling oder als Gefangene. Dies mag vom Autor dieses Abschnitts als Erfüllung der Prophezeiung, wonach die Juden im Fall des Ungehorsams das gleiche Schicksal wie die Kanaaniter erleiden würden, gedeutet worden sein. Dass Paulus mit prophetischem Vermögen die Zerstörung des Tempels voraussah, ist kaum wahrscheinlich, und der Ton des giftigen Antisemitismus stimmt nicht mit seiner Haltung in seinen Schriften überein.

Das Datum der Einfügung dieses Abschnitts in den Text muss deshalb kurz nach dem Jahr 70 liegen, wie der Gebrauch des Wortes „schon" in der Äußerung „Aber der ganze Zorn ist schon über sie gekommen" zeigt. Der Abschnitt weist somit darauf hin, dass in der kurzen Zeit von etwa fünfzehn Jahren eine deutliche Verschlechterung in der heidenchristlichen Einstellung gegenüber den Juden stattgefunden hatte. Statt Paulus' schmerzerfüllter Überraschung über die ausbleibende Resonanz unter den Juden auf seine neue Verkündigung von dem göttlichen Christus haben wir hier eine aktiv feindselige und verleumderische Haltung, die den Juden ihren Status als das Volk Gottes abspricht und sie zu Verfluchten erklärt. Die mythologische Fakultät hat hier gewirkt, um eine Erklärung für den Ausschluss der Juden von der Erlösung und ihre Unterdrückung durch die christliche Kirche zu liefern. Wir haben hier die früheste Andeutung vom Mythos des Gottesmordes, der seine vollständige Ausgestaltung in den Evangelien erfährt. Wir bemerken auch, wie der Autor des Abschnitts sich von den Juden so weit distanziert, dass er von ihnen wie von einem fremden Volk spricht. Paulus verwendet diesen distanzierenden Ton nie, wenn er anderswo über die Juden schreibt, sondern bemüht sich eher, sein eigenes Judentum zu betonen – was für ihn sogar so wichtig ist, dass sein Insistieren bisweilen schrill erscheint. Hier wird keine Unterscheidung getroffen zwischen den jüdischen Führern, etwa den Hohepriestern, und den „Juden" im Allgemeinen; tatsächlich erinnert uns der Gebrauch des pauschalen Begriffs „die Juden" an seine Verwendung als Begriff der Schande im Johannesevangelium.

Wir können also schließen, dass diese antisemitische Passage, obwohl sie nicht mit Sicherheit Paulus zugeschrieben werden kann, den schnellen und zwangsläufigen Übergang von Paulus' Auffassung vom jüdischen Unglauben als schicksalhaft zu der Vorstellung umbaut, wonach es das Los der Juden war, als Verräter Jesu zu handeln, wie es ja auch durch ihre gesamte niederträchtige Geschichte bewiesen war. Während Paulus zu erklären versuchte, warum die Juden nicht empfänglich für seine Botschaft waren, verschob sich die Gewichtung in der unmittelbar folgenden Generation auf die Verantwortung der Juden für den Tod Jesu.

In der Zeitspanne zwischen der Abfassung der Paulusbriefe und dem Erscheinen der Evangelien gab es eine schnelle Entwicklung der mythologischen Aspekte des Todes Jesu. Die Geschichte von der jungfräulichen Geburt und die Geburtserzählung mit der Futterkrippe, dem Stern und den heiligen drei Königen lassen sich alle in diese Zeit zurückverfolgen. Alle waren Paulus unbekannt, und doch waren sie das Ergebnis von Paulus' Mystifikation Jesu als herabsteigende und auffahrende Gottheit, die nur zu dem Zweck, am Kreuz zu sterben, auf die Erde kam, damit andere, indem sie symbolisch an seinem Tod und seiner Auferstehung teilhatten, Unsterblichkeit erreichen könnten. Sobald Jesus auf diese Weise in eine Erlösungsgottheit verwandelt war, war es unvermeidlich, dass narrative Elemente, die für andere Erlösungsgottheiten wie Osiris, Adonis, Attis und Dionysos charakteristisch waren, mit ihm verbunden wurden.

Gleichzeitig wurde sich die wachsende paulinische Heidenkirche in dieser Übergangszeit der Notwendigkeit zutiefst bewusst, eine positive und versöhnende Haltung gegenüber der Macht Roms anzunehmen. Die Juden waren gerade während dieser Zeit für ihr rebellisches Auftreten bekannt geworden. Dieses hatte sich in dem offenen Aufstand des Jüdischen Krieges von 66 bis 70 Luft gemacht, als sie kühn versuchten, ihren Nutzen aus der römischen Zerrissenheit zu ziehen. Problematisch für die paulinischen Christen war, dass sie einerseits kein Interesse an jüdischen Unabhängigkeitskämpfen hatte, da sie nicht jüdischer Herkunft waren und eine Religion hatten, die total unpolitisch und weltfern war, sie andererseits aber häufig mit den Juden identifiziert wurden, weil sie eine menschlich-göttliche Gottheit anbeteten, die jüdischer Abstammung war. Folglich wurde die Geschichte vom Tod Jesu allmählich so erzählt, dass sie die Römer entlastete und die ganze Schuld auf die Juden schob. Schon in dem oben zitierten eingefügten Abschnitt in 1 Thessalonicher ist die Verantwortung der Römer für die Kreuzigung Jesu getilgt worden, und wir haben stattdessen die uneingeschränkte Formulierung, die sich auf die Juden bezieht: „Diese haben sogar Jesus, den Herrn, und die Propheten getötet." Selbst die Evangelien gehen nicht so weit. Da sie stark bearbeitete Versionen authentischer Überlieferungen der Jerusalemer Kirche sind, können sie nicht leugnen, dass Jesus von den Römern getötet wurde, sondern nur versuchen, den Juden indirekt die Schuld zuzuschieben, indem sie behaupten, sie hätten Einfluss auf den wohlgesinnten römischen Statthalter Pilatus ausgeübt und ihn erpresst (der nach historischen Quellen brutal und korrupt war und nicht gezögert hätte, jeden zu töten, der den Anspruch erhob, „König der Juden" zu sein). Nur das Johannesevangelium deutet mit einer zweideutigen Aussage an, dass es die Juden selbst waren, die Jesus kreuzigten, und daraufhin ist im Lauf der Zeit die Behauptung, „die Juden kreuzigten Jesus", ein Gemeinplatz der christlichen Polemik geworden. Diese Verzerrung ist in der in Paulus' Brief hinzugefügten Passage schon angedeutet.

Doch selbst diese offen antisemitische Passage, die eine Beschuldigung enthält, die in mindestens drei Evangelien fehlt, bleibt hinter dem vollständigen antisemitischen Mythos, den die Evangelien verkünden, zurück. Denn sowohl Paulus als auch der unbekannte Anhänger, der diese Passage anfügte, wussten nichts von dem Judas Ischariot-Mythos, der symbolisch die Juden als Vertreter des dunklen Verräters bestimmt, der sich in anderen Mythen vom menschlich-göttlichen Opfer findet, etwa in jenen von Osiris, Baal, Dionysos und Baldur. Paulus erwähnt Judas Ischariot nie und macht sogar eine Aussage, die zeigt, dass er nichts vom Verrat eines der zwölf Jünger wusste. Er sagt (1 Kor 15,5), dass der auferstandene Jesus allen zwölf Jüngern erschien, zu einer Zeit, als es nach den Evangelien nur noch elf Jünger gab, da Judas ja abtrünnig geworden war. Die Evangelien selbst sind dagegen sehr genau, indem sie die Zahl der Jünger zu diesem Zeitpunkt mit „elf" angeben (siehe Mt 28,16, Mk 16,14 und Lk 24,33). Der Widerspruch zwischen den Paulusbriefen und den Evangelien zeigt, das die Judas Ischariot-Legende in der Periode fruchtbarer Mythenbildung zwischen den Jahren 60 und 70 aufkam, als der Tod Jesu vollständig zum Narrativ einer Mysterienreligion entwickelt wurde.[4]

Paulus schuf eine neue Religion durch einen genialen Akt der Verschmelzung, durch die er drei gesonderte religiöse Überlieferungen zusammenführte: Judentum, Gnosis und Mysterienreligion. In dieser neuen Mischung spannte das Judentum den historischen Bogen von Adam bis zur Endzeit, der in der Gnosis fehlte (die so weltfeindlich und sexualfeindlich war, dass sie kein Prinzip einer organisierten historischen Kontinuität liefern konnte). Die Mysterienreligion hingegen trug ein Opferelement bei, das ebenfalls in der Gnosis fehlte: das Sakrament des Blutes, die Erregtheit der Gewalt, das Drama der Initiation. Der Mysterienreligion selbst fehlte jedoch, so wie sie in der hellenistischen Welt praktiziert wurde, die Allgemeingültigkeit, da sie vom Wesen her lokal war – Osiris in Ägypten, Attis in Kleinasien, Adonis in Syrien, Dionysos in Griechenland. Paulus' neue Synthese bot eine Religion von grenzenloser Anziehungskraft; aber sie schuf auch, in ihrem Verhältnis zum Judentum und den Juden, die Möglichkeiten für einen Usurpationsmythos von beispielloser Heftigkeit und dem Potenzial für ein Pariatum.

Anmerkungen

1 Die Behauptung, die Thora sei durch Engel gegeben worden, wird in der Apostelgeschichte 7, 38 und 53 wiederholt. Zu einer vollständigen Widerlegung der Sichtweise, die von einigen Wissenschaftlern vorgebracht wird, dass die Übergabe der Thora durch Engel in der jüdischen Überlieferung zu finden sei, siehe Maccoby (1991), S. 40–43. Die jüdischen Quellen sagen tatsächlich, dass die Thora von Gott gegeben wurde, der auf dem Berg Sinai von Engeln begleitet wurde.

2 Der noachidische Bund war die Offenbarung Gottes an Noah (Gen 9,8–17), in der Gott versprach, keine weitere Flut mehr zu schicken, und der Menschheit auch die Sieben Gebote für die Kinder Noahs gab. Somit erkennt das Judentum zwei göttliche Bünde an, einen für die Menschheit im Allgemeinen und den anderen, am Sinai, für die Juden als Priestervolk.

3 Siehe Diodorus, *Bibliotheca*, 34:1, 1 ff.

4 Siehe Maccoby (1992) zu einer vollständigen Behandlung der Entwicklung der Judas Ischariot-Legende, sowohl in den Evangelien als auch in späterer Literatur.

Kapitel 8

Die Entstehung des christlichen Usurpationsmythos

Die Faktoren, die zur Entstehung eines christlichen Usurpationsmythos führten, der die Juden von ihrem Platz als auserwähltes Volk verdrängte, waren komplex. Zu dem Trauma, das in der jüdischen Weigerung, die Göttlichkeit Jesu anzuerkennen, seinen Ursprung hatte, und der sich daraus ergebenden Spaltung und Vertreibung, kam das Problem, dass man sich von der jüdischen Aufsässigkeit gegenüber Rom distanzieren wollte. Aber es gab auch einen wichtigen Faktor, der sich aus dem Konflikt zwischen den zwei frühen Formen des Christentums, dem paulinischen und dem petrinischen, ergab.

Die Jerusalemer Kirche, geleitet von Jakobus, dem Bruder Jesu, und von Petrus, von Jesus als „der Fels, auf den ich meine Kirche baue" bezeichnet, geriet mit Paulus in Streit in einer Weise, über die lange heftig diskutiert worden ist. Nach orthodoxer christlicher Überzeugung wurde der Streit vollständig beigelegt, sodass Paulus und Petrus Verbündete bei der Gründung der abendländischen Kirche wurden; da beide den Märtyrertod in Rom erlitten, wurde dieses als Zentrum der Christenheit geheiligt. Diese Vorstellung ist ein wenig zu bequem für die Ansprüche der römischen Kirche, um über jeden Verdacht erhaben zu sein. Tatsächlich gibt es keinen zuverlässigen Beweis dafür, dass Petrus jemals nach Rom ging oder dass er jemals aufhörte, mit Jerusalem, dem Zentrum des jüdischen Christentums, verbunden zu sein. Die Geschichte, wie Petrus sich langsam und sehr unwillig mit paulinischen Ideen abfand, wird in der Apostelgeschichte erzählt und steht im Widerspruch zu der Geschichte des unlösbaren Konflikts zwischen Petrus und Paulus, wie er in dem Brief an die Galater berichtet wird.

Das Werk von F. C. Baur und der Tübinger Schule, das nachweist, dass der Konflikt zwischen der Jerusalemer Kirche und der paulinischen Kirche nie beigelegt wurde (entgegen der in der Apostelgeschichte wiedergegebenen Darstellung), war eine bittere Pille für christliche Gelehrte und wurde aus verschiedenen fadenscheinigen Gründen für unseriös erklärt. In jüngerer Zeit hat die Tübinger Sichtweise auf die Geschichte des frühen Christentums jedoch wieder Boden gutgemacht.[1] Allmählich wurde erkannt, wie vieles in den Berichten der Evangelien sich aus der Rivalität zwischen den zwei Kirchen herleitet; besonders das von den unmittelbaren Jüngern Jesu vermittelte Bild als törichte, schwache Menschen, die Jesu Lehren nicht verstanden, fälschlich auf dem Glauben beharrten, er habe politische Ziele gehabt, und sich schließlich als alles andere als loyal erwiesen. Diese Polemik der Evangelien gegen die Jünger ist in Wirklichkeit eine Polemik gegen die Jerusalemer Kirche, in der eben diese Jünger die Wortführer waren. Die Behauptung der Evangelien und der Apostelgeschichte, dass die Jünger die Motive Jesu nicht begriffen hätten und in diesen Dingen von Paulus belehrt werden müssten, der Jesus nie leibhaftig begegnet war, sondern höhere Erkenntnisse durch Visionen des himmlischen Jesus empfangen hatte, sollte zumindest als hinterfragbar betrachtet, anstatt unkritisch in der Weise akzeptiert zu werden, die selbst noch in der heutigen Erforschung des Neuen Testaments üblich ist.

Das unvorteilhafte Bild von den Jüngern, das in den Evangelien vermittelt wird, erreicht seinen Gipfel in der Figur des Judas Ischariot, des Jüngers, der in Unverständnis und Untreue so weit ging, dass er Jesus seinen Mördern verriet. Eine sorgfältige Untersuchung der Berichte in den Evangelien, in denen die Figur des Judas Ischariot eine fortschreitende Entwicklung der lawinenartig anschwellenden Art der Legendenbildung erfährt, zeigt, dass er in der frühesten negativen Schilderung des Judas kein Verräter war, sondern ein politischer Aktivist. In dieser Rolle stand er für den politischen Aktivismus der Jerusalemer Kirche, der unannehmbar war für die antipolitische Entrücktheit der paulinischen Kirche, für die die Evangelien verfasst waren. Die Jerusalemer Kirche bestand aus Juden, der Thora treu, an die sie sich gottesfürchtig hielten, und die auch patriotische Juden waren, denen die Befreiung Judäas von römischer Herrschaft und die Wiedereinsetzung der jüdischen Monarchie am Herzen lag. Jesus selbst betrachteten sie durchaus wörtlich als „König der Juden“, und sie erwarteten von ihm, nach seiner wunderbaren Auferstehung zurückzukehren, seinen Auftrag der Befreiung wiederaufzugreifen und seinen Platz in Jerusalem als rechtmäßiger König einzunehmen, auf dem Thron seiner Vorfahren David und Salomo. Unterdessen fungierte sein Bruder Jakobus, sein nächster Verwandter, an seiner Stelle als Prinzregent mit Petrus als Erstem Minister.[2]

Damals also wurde Judas Ischariot für eine unheilvollere Rolle besetzt, jene eines Repräsentanten des angeblich heimtückischen jüdischen Volkes, das nicht nur Jesus missverstand wie die Jerusalemer Kirche oder es nur an Loyalität zu ihm ermangeln ließ, sondern ihn angeblich aktiv an seine Feinde verriet. Der zweifache Krieg, der von der paulinischen Kirche zum einen gegen die Autorität der Jerusalemer Kirche geführt wurde, die an Jesus glaubte, aber in jüdischer Sichtweise als menschliche, königliche Gestalt, und zum anderen gegen die Autorität der Juden selbst, die Jesus als einen gescheiterten Messias sahen, kristallisierte sich in der symbolischen Rolle des Judas Ischariot, einer Gestalt von höchster Bedeutung für die Pariarolle der Juden in der späteren Christenheit.

Denn die Entwicklung von Jesus durch Paulus in die Richtung eines menschlich-göttlichen Erlösergottes, der für seine Gemeinschaft einen grausamen Tod erleidet, hatte viel Widerhall in den Köpfen der Bekehrten ausgelöst, die von einem heidnischen Hintergrund her zum Paulinismus gekommen waren. Es waren diese Bekehrten, die solche Zusätze begrüßten wie die Geburt in der Krippe, übernommen von der Geburt des Horus, oder in einer Höhle (eine alternative Version, die sich in einem apokryphen Evangelium findet), übernommen von der Geburt des Mithras, oder der Besuch der Heiligen Drei Könige, wiederum aus dem Mithraskult, oder die Jungfrauengeburt, übernommen aus vielen Legenden von jungfräulichen Göttinnen (etwa Diana), und die Geburt von Helden, zum Beispiel Herkules, deren Mütter von Göttern geschwängert worden waren. Diese Bekehrten wiederum sprachen auf die vertraute Figur des Verräters an, die so wesentlich für die Erzählung vom Opfertod eines Erlösergottes war. Osiris hatte durch den Verrat seines boshaften Bruders Set den heilbringenden Tod gefunden, Dionysos war zum Nutzen aller an den dionysischen Mysterien Beteiligten von den bösen Titanen zerstückelt worden. In anderen Mysterienkulten, die Paulus' Bekehrten wahrscheinlich nicht bekannt waren, jedoch für heutige Forscher vergleichendes Licht auf die Sache werfen, wurden Baal, der syrische Erlösergott, von seinem Bruder Mot und Baldur, der skandinavische Mysteriengott, von seinem bösen Mitgott Loki verraten. Das Erlösungsmuster wurde mit der Wahl von Judas Ischariot für die Rolle des Verräters Jesu vollständig.

Die Figur des Erlösers ist für Mysterienkulte so unerlässlich aus dem Grund, weil er die Initiierten von einer anderenfalls unerträglichen Last der Schuld befreit. In jeder Erlösungsreligion, in der der Initiierte Unsterblichkeit durch die Teilhabe an dem grausamen Tod und der wundersamen

Auferstehung des menschlich-göttlichen Opfers erlangt, liegt die moralische Schwierigkeit darin, dass der Initiierte eigentlich froh ist, dass der heilbringende Tod stattfindet, da er ohne ihn auf die Erlösung verzichten würde. Diese Freude muss freilich um jeden Preis verborgen werden, denn es kann nicht eingestanden werden, dass der Initiierte und die Gemeinschaft, zu der er gehört, durch ihren starken Wunsch und ihre Dankbarkeit darüber mitverantwortlich sind für den grausamen Tod. Folglich muss irgendeine dunkle Gestalt eines Verräters gefunden werden, auf den die Bluttat geschoben werden kann. In prähistorischer Zeit spielte zweifellos der Verräter oder Heilige Henker eine rituelle Rolle im Drama des Menschenopfers. Wir können, in unterschiedlichen Verkleidungen, die Existenz einer solchen rituellen Gestalt in Legenden und Mythen der historischen Zeit sehen: Kain zum Beispiel, der in der Hebräischen Bibel als Mörder geschildert wird, aber in seiner Verbannung und dem Schutz vor der Todesstrafe seine ursprünglichen Züge als Heiliger Henker eines menschlichen Gründungsopfers zeigt.[3] In den Mythen von Osiris und Baldur wird der Verräter oder Henker durch die Erhebung der Ereignisse auf eine übernatürliche Ebene getarnt: Die Geschichte wird von Göttern erzählt, obwohl sie sich ursprünglich in der menschlichen Gesellschaft abspielte. Doch im Fall von Osiris wird der gesellschaftliche Aspekt durch die Erinnerung an die menschlichen Anfänge des Opfers gewahrt: Osiris war ein menschlicher König von Ägypten, bevor er ein Gott wurde, so wie Jesus ein menschlicher König von Israel war vor seinem Aufstieg in den Himmel.

Als Jesus von Paulus zu einem menschlich-göttlichen Opfer gemacht wurde, das den durch Taufe Initiierten Erlösung brachte, wurden die Assoziationen solch heilbringender Opfer wieder wach und negierten die lange Bemühung des Judentums, eine Religion zu schaffen, in der Opfer ein mit Gott geteiltes Mahl aus Fleisch oder Pflanzlichem bedeutete, die Vorstellung eines menschlich-göttlichen Opfers aber geächtet war. Eine der Besonderheiten, die nun notwendig wurden, war der Verräter oder Henker, der die mit dem Opfer verknüpfte Last der Schuld tragen sollte, damit die Gemeinschaft der Initiierten nur Schmerz über den Tod des Erlösers zeigen und ihre Hände, wie Pilatus, in Unschuld waschen konnte. Primitive erzählerische Elemente kehrten in diesem atavistischen Rückfall in prähistorische Religion wieder, insbesondere die Vorstellung von der Doppelnatur der Erlösung, die zwei Erlöser verlangte – einen, den weißen Christus, der für die Gemeinschaft starb, den anderen, den schwarzen Christus, der die Schuld der Opferung auf sich nahm –, einen, der seinen Leib, und den anderen, der seine Seele für die Gemeinschaft opferte, einen zu sterben, den anderen, Exkommunikation und Verbannung zu erdulden. Diese Doppelnatur der Erlösung wird zweifellos in der Zeremonie zum Versöhnungstag (Jom Kippur) mit den zwei Ziegenböcken symbolisiert, von denen einer stirbt, während der andere, der Sündenbock, verbannt wird. Es war auch diese Doppelnatur der Erlösung, die zu dem verbreiteten Merkmal in der Menschenopferlegende führte, dass der Henker der Bruder oder sogar der Zwillingsbruder des Hingerichteten war – zum Beispiel Kain und Abel, Romulus und Remus. Diese enge Beziehung unterstreicht die Verwandtschaft der beiden Rollen und ihre doppelte Notwendigkeit für die Erlösung. Manchmal sind diese beiden Rollen sogar kombiniert, etwa in dem skandinavischen Mythos von der Selbstopferung Odins.

Im christlichen Mythos wird die Rolle des Verräters oder Lokis von Judas Ischariot gespielt, der als Mitglied der Schar der Apostel die geforderte Nähe und Verbundenheit zu dem menschlich-göttlichen Opfer Jesus hat. Es gibt sogar Hinweise, dass Judas Jesu Bruder war, da Jesus tatsächlich einen Bruder mit Namen Judas hatte oder sogar einen Zwillingsbruder, denn es ist eine Erinnerung an einen Jünger erhalten, der Judas Thomas oder Judas der Zwilling hieß (beschrieben in apokrypher Literatur als Doppelgänger Jesu). Aber diese Hinweise auf eine brüderliche Beziehung wurden an einem bestimmten Punkt in der Entwicklung der Legende unterdrückt, zum einen wegen der Notwendigkeit, die andauernde Jungfräulichkeit Marias zu betonen, sodass Jesus keinen Bruder haben durfte, und zum anderen auch wegen der Notwendigkeit, Jesu enge Verbundenheit mit seiner Familie zu leugnen, was den Ansprüchen der Jerusalemer Kirche, von Angehörigen der königlichen Familie Jesu geführt zu werden, zu weit entgegengekommen wäre.

Andererseits wird die Rolle des Verräters im christlichen Mythos auch vom jüdischen Volk als Ganzem gespielt, besonders wenn sie die Kreuzigung Jesu verlangen, wenn sie ihn doch durch das angebliche *privilegium paschale* hätten retten können, aber stattdessen nach der Freilassung des Räubers Barabbas riefen. Diese gemeinschaftliche und nicht individuelle Verantwortung für die Schuld des heilbringenden Opfers ist wahrscheinlich einmalig im Mythos.[4] Der Mythos des christlichen Mysterienkultes ist insofern einzigartig, als er einen Initiationsmythos mit einem Usurpationsmythos kombiniert. Die Mysterienkulte von Osiris, Attis und Adonis waren nicht bestrebt, eine frühere Religion zu verdrängen, geschweige denn ihre heiligen Schriften in umgedeuteter Form in ihre eigenen Mysterien einzubeziehen. Folglich konnte ihr Verräter ein Einzelner sein, der aus der Geschichte verschwand, sobald sein Auftrag des heilbringenden Mordes erfüllt worden war.

Im christlichen Mythos gibt es zwar einen einzelnen Verräter, der aus der Geschichte verschwindet, durch seinen reumütigen Selbstmord (nach Matthäus' Version) oder durch seinen entsetzlichen Tod von der Hand Gottes (in der Version der Apostelgeschichte). Doch selbst dieser einzelne Verräter ist nicht ohne gemeinschaftliche Aspekte. In mehrfacher Hinsicht wird er als stellvertretend für das gesamte jüdische Volk dargestellt. Das wichtigste Mittel zu diesem Zweck ist natürlich sein Name. Von allen Jüngern wurde von den Mythenschöpfern des siebten Jahrzehnts derjenige als Verräter auserkoren, der den Namen des jüdischen Volkes trug. In der historischen Wirklichkeit gab es keinen Verräter.[5] Jesus ging in den Tod, wie viele Messiasgestalten vor ihm und nach ihm, als Opfer der römischen imperialistischen Besatzung eines eroberten Landes. Aber als Erlösergott musste er einen Verräter haben, und der am besten Geeignete war der Jünger, der durch seinen Namen als Repräsentant des Volkes wirken konnte, dessen Religion durch den neuen Kult ersetzt und annektiert wurde. Judas, ein Ehrenname im Judentum, wurde ein Name voller entsetzlicher Schmach in der Nachfolgereligion, dem Christentum.[6]

Im christlichen Mythos ist der eigentliche Verräter das jüdische Volk, für das Judas Ischariot nur das Symbol ist. In mehreren verurteilenden Szenen werden die Juden dahingehend geschildert, dass sie Jesus nicht nur ablehnen, als Lehrer wie als göttliche Erscheinung, sondern auch auf seinen Tod hinarbeiten. Jesus wird als eine Gestalt von vollkommener Unschuld geschildert, der von allen Teilen der jüdischen Gesellschaft gehasst wird, außer von der kleinen Schar seiner Anhänger (und selbst sie sind, wie wir gesehen haben, nicht aufrichtig in ihrer Loyalität, eine Eigenschaft, die auf die Jerusalemer Kirche zielt und nicht auf die Juden insgesamt). Nichts könnte dramatischer sein als das Bild von Jesus, das wir aus den Evangelien erhalten, ein Mittelpunkt des Lichts, überwältigt von den dunklen, satanischen Gewalten der Bosheit, der Dummheit und des Neides, alle repräsentiert durch die Juden. Die Nichtjuden in der Geschichte sind dagegen alle sympathisch dargestellt.

Die Gruppen der Juden, die gegen Jesus in Stellung gebracht wurden, sind die Priester, die Pharisäer, die Sadduzäer, die Herodianer und das Volk. Diese Gruppen sind nicht klar abgegrenzt, denn ihre Unterschiede fallen in der Geschichte viel weniger ins Gewicht als ihr gemeinsamer Hass auf Jesus. Die Priester verfolgen am aktivsten das Ziel, Jesus zu verhaften und zu töten, die Pharisäer sind gegen sein Lehren am Sabbat, die Sadduzäer gegen seine Lehre von der Auferstehung, und das Volk fordert, nach einer anfänglichen Phase der teilweisen Unterstützung, seinen Tod, um Barrabas zu retten, und verhöhnt ihn am Kreuz. Somit ist kein Teil der

Juden ausgenommen von der Schuld. In dem zuletzt verfassten Evangelium, dem des Johannes, finden wir die Gegner Jesu nicht mehr namentlich aufgeführt als „Pharisäer", „Priester", Sadduzäer", „Herodianer" oder „Volk", sondern einfach als „Juden", sodass dieses einflussreichste Evangelium – bezeichnet als „das Evangelium der Kirche" wegen seiner vollständigen Verkörperung der Schwerpunkte, die im späteren Christentum wichtig sind – die stärkste antisemitische Wirkung von allen hat.

Wir werden auch nicht im Zweifel gelassen, dass die Juden infolge ihres Verrats an Jesus jetzt unter einem dauernden Fluch stehen. Dies wird deutlich in der oben zitierten, nicht paulinischen Passage in 1 Thessalonicher, „Aber der ganze Zorn ist schon über sie gekommen (im Griechischen heißt es *eis telos*, was sowohl „ganz", als auch „für immer" bedeutet). Paulus' Hoffnung, dass die Juden letztendlich gerettet würden, fehlt hier. Sie kommt auch nicht in den Evangelien vor, die nirgendwo Hoffnung für die letztendliche Erlösung der Juden in Aussicht stellen, sondern ganz im Gegenteil ihre ewige Verdammnis erwarten, wie in der Barrabas-Szene, wo die Juden sich selbst verfluchen: „Sein Blut komme über uns und unsere Kinder" (eine Szene, die durch die Geschichte hindurch immer wieder von Christen zitiert wird, um die Leiden der Juden zu erklären, wie es Claude Lanzmann in seinen Filmaufnahmen von den Reaktionen polnischer Bauern auf den Holocaust in *Shoah* anschaulich festhielt). Das Schicksal, das den Juden in den Evangelien in Aussicht gestellt wird, ist „heulen und mit den Zähnen knirschen" (Matthäus 8:12, Lukas 13:28), ein Ausdruck, der mit „äußerster Finsternis" verknüpft ist und offensichtlich die ewige Bestrafung in der Hölle bedeutet.

In der historischen Realität sind das Leben und Sterben Jesu unmöglich zu verstehen, wenn man sich nicht die tiefen Spaltungen im jüdischen Volk bewusstmacht, die von den Evangelien in ihrem Bemühen verbrämt werden, alle Gruppen der Juden gleichermaßen für seinen Tod anzuklagen. Es gibt zwei jüdische Gruppen, die wahrscheinlich historisch in den Verrat Jesu an die Römer und seine folgende Hinrichtung verwickelt waren: die Herodianer und der Hohepriester mit seiner Gefolgschaft. Dies waren die politisch mächtigen Elemente der Juden, die mit der römischen Besatzung unter einer Decke steckten, der sie ihre ganze Macht verdankten. Die Herodianer wurden von Herodes Antipas angeführt, dem Herrscher von Galiläa, Sohn von Herodes dem Bösen, Bevollmächtigter und Schachfigur der Römer. Herodes Antipas war vordergründig ein unabhängiger Herrscher, aber nur in demselben Sinn, wie Pétain Vichy-Frankreich regierte. Der Hohepriester war ebenfalls ein Beauftragter der Römer. Er war im Grunde ein einheimischer Polizeichef, der im Auftrag der römischen Besatzer die Ordnung unter den Juden aufrechterhielt. Ansehen als geistiger Führer hatte er bei den Juden nicht. Die Lehrautorität bei den Juden lag bei den pharisäischen Weisen, die damals von Gamaliel angeführt wurden, dem sogar das Neue Testament Achtung bezeugt als „ein beim ganzen Volk angesehener Gesetzeslehrer" (Apg 5:34).

Die Verwicklung der Pharisäer in den Tod Jesu ist eine der künstlichsten und am wenigsten historisch korrekten Erzählungen der Evangelien. Die wohlwollende Haltung Gamaliels gegenüber Petrus und seinen Gefährten kurz nach der Kreuzigung Jesu bildet einen eklatanten Widerspruch zu der angeblichen Opposition gegen Jesus zu seinen Lebzeiten. Selbst die Evangelien unterstellen keine Mittäterschaft der Pharisäer im Sanhedrin-Prozess gegen Jesus; vielmehr ist das Verschwinden der Pharisäer von dieser Bühne bedeutsam, denn wären sie anwesend gewesen, hätten sie zweifellos den gleichen Standpunkt eingenommen wie Gamaliel im Sanhedrin-Prozess gegen Petrus. Die Abwesenheit der Pharisäer ist ein weiterer Hinweis darauf, dass der Sanhedrin-Prozess frei erfunden ist. Wenn die Pharisäer Jesus wirklich verfolgt und „seinen Tod gewünscht" hätten, weil er Menschen am Sabbat heilte, warum wurden dann diese Anklagen nicht bei seinem Sanhedrin-Prozess von den Pharisäern erhoben, die doch die Mehrheit im Sanhedrin hatten? Beim Prozess gegen Petrus äußerte sich diese pharisäische Mehrheit ziemlich lautstark durch ihren Führer Gamaliel, und das Gleiche spielte sich beim späteren Prozess gegen Paulus ab. Nur bei dem angeblichen Prozess gegen Jesus bleibt die pharisäische Mehrheit völlig stumm. Es ist das Johannesevangelium, das hier die Wahrheit verrät, indem es den Sanhedrin-Prozess völlig fortlässt und stattdessen ein Verhör Jesu durch den Hohepriester in seinem eigenen Haus beschreibt, was zur Überstellung von Jesus an die Römer als Anstifter von Aufruhr gegen die römische Besatzung führt.

Freilich geht aus dem Bericht in der Apostelgeschichte nicht ganz klar hervor, dass Gamaliel der Anführer der Pharisäer war. Es könnte auch so verstanden werden, dass er allein handelte und ein untypischer Pharisäer war, und so haben christliche Kommentatoren in der Regel sein überraschendes Eingreifen erklärt und bisweilen sogar argumentiert, er müsse ein heimlicher Christ gewesen sein. Aber damit bliebe sein Einfluss auf die ganze Partei der Pharisäer rätselhaft, die sich hinter ihn stellte, als sie für die Freilassung von Petrus stimmte. Tatsächlich haben wir reichlich Beweise in der rabbinischen Literatur, dass Gamaliel in seiner Zeit der führende Vertreter der Pharisäer war, da er der Enkel des Hillel war, der Vorfahre von Gamaliel II. und Jehuda I. und eine verehrte Persönlichkeit in der jüdischen religiösen Führungsschicht.

Folglich erscheint es höchst unwahrscheinlich, dass die Pharisäer, die Gamaliel, den Verteidiger von Petrus, als ihren Führer ansahen, nur wenige Jahre zuvor unerbittliche Feinde Jesu gewesen sein sollen. Bei näherer Betrachtung finden wir, dass die Geschichten über den pharisäischen Widerstand gegen Jesus in der Tat höchst unglaubwürdig sind. Meist drehen sie sich um Fragen der Heiligung des Sabbats, besonders den Aspekt des Heilens am Sabbat. Eben weil Jesus am Sabbat heilte, hätten die Pharisäer angeblich seinen Tod gesucht. In Wahrheit freilich lehnten die Pharisäer das Heilen am Sabbat nicht ab.[7] Wo es keinen Bruch von Sabbatvorschriften gab, zum Beispiel Feuer machen oder Heilkräuter zerreiben, konnte jede Heilung durchgeführt werden, denn sie betrachteten das Heilen an sich nicht als Verletzung des Sabbats. Jesus heilte nicht mit einer Methode, die gegen die Sabbatgesetze verstieß, sondern durch Glauben, was voll und ganz erlaubt war, auch wenn die behandelte Krankheit geringfügig war. Im Fall einer ernsthaften, lebensgefährlichen Krankheit erlaubten die Pharisäer auch eine Behandlung, wenn diese den direkten Bruch der Sabbatvorschriften bedeutete, zum Beispiel ein Feuer für jemanden machen, der an Unterkühlung litt, ebenso wie das Essen von normalerweise verbotenen Speisen, als Arzneien oder um Verhungern abzuwenden, wenn das Leben in Gefahr war. Alle Geschichten, die unterstellen, die Pharisäer hätten den Tod Jesu gewollt, weil er am Sabbat heilte, sind im Licht unseres Wissens von der wirklichen Lehre der Pharisäer Erfindungen. Selbst Jesu angeblich originaler Aphorismus über das Sabbatheilen, „Der Sabbat ist um des Menschen willen gemacht und nicht der Mensch um des Sabbat willen", war ein Spruch, der in der pharisäischen Bewegung gängig war, mit demselben Sinnbezug, in dem Jesus ihn gebrauchte, nämlich dass dringende menschliche Bedürfnisse den Vorrang vor der Heiligung des Sabbats hatten.

Das Anschwärzen der Pharisäer in den Evangelien ist deshalb ein Phänomen, das einer Erklärung bedarf. Heutige Wissenschaftler, nichtjüdische wie jüdische, haben die Verunglimpfung der Pharisäer als Problem erkannt und sich um den Nachweis bemüht, dass die Pharisäer ganz und gar nicht die Heuchler und grausamen Paragrafenreiter sind, wie sie in den Evangelien gezeichnet werden, sondern zu den bedeutendsten und aufgeklärtesten Bewegungen in der Religionsgeschichte gehören. Sie waren eine Bewegung, in der Diskussion die Stelle des Dogmas einnahm, Entscheidungen wurden nicht durch übernatürliche Ansprüche getroffen, sondern durch Abstimmung, Reformen wurden durch die Anwendung rationaler und vernünftiger moralischer Einsichten durchgeführt und die beherrschenden Emotionen waren Mitgefühl für die Armen und Unterdrückten und Mut im Widerstand gegen Unterdrückung. Hierzu sollte man die Werke von Travers Herford, George Foot Moore, E. P. Sanders, Ephraim Urbach, Claude Montefiori, Israel Abraham und andere zur Hand nehmen. Das Fazit solcher Untersuchungen ist, dass all die angeblich neuen und revolutionären Lehren von Jesus in den Evangelien der gängigen pharisäischen Lehre entsprachen. Die endgültige überraschende Schlussfolgerung ist, dass Jesus selbst Pharisäer war.

Wie also und mit welchem Motiv seitens der Kompilatoren wird Jesus in den Evangelien zum scharfen Kritiker der Pharisäer? Heutige Wissenschaftler, die dem Eingeständnis aus dem Weg gehen möchten, dass die Autoren der Evangelien sich an einer Kampagne gegen die Pharisäer aus religiös-politischen Gründen beteiligten, haben viele Erklärungen vorgeschlagen. Die folgenschwerste Erklärung ist, dass die Pharisäer als völlig losgelöst von der rabbinischen Bewegung betrachtet werden sollten, durch deren Schriften aus der Zeit nach der Zerstörung des Tempels wir über die (angeblichen) Lehren von Pharisäern wie Hillel und Gamaliel unterrichtet werden. Nach dieser Theorie sind diese Lehren pseudepigraf, und ihre Zuschreibung an Pharisäer vor der Zerstörung ist Teil einer Kampagne von Rabbinern aus der Zeit nach der Zerstörung, um sich eine fadenscheinige Autorität zu beschaffen, indem sie Kontinuität mit früheren Zeiten geltend machen. Diese Theorie ist von christlichen Wissenschaftlern aufgegriffen worden, die Unterstützung für traditionelle Ansichten suchen, denn sie ermöglicht ihnen, den Glauben an die Zuverlässigkeit der Evangelienberichte zu bewahren. Denn die Pharisäer der Evangelien dürfen nach dieser Theorie nicht im Licht der rabbinischen Schriften bewertet werden, die die Pharisäer idealisieren, indem sie ihnen (zugegebenermaßen aufgeklärte) spätrabbinische Lehren zuschreiben. Die Pharisäer mögen durchaus so hasserfüllt gewesen sein, wie die Evangelien sie darstellen. So willkommen diese Theorie gläubigen christlichen Akademikern ist (etwa James Dunn), ist sie auch von einigen jüdischen Wissenschaftlern (etwa Jacob Neusner) gefördert worden.

Zum Glück hat die inhärente Unwahrscheinlichkeit eines Mangels an Kontinuität zwischen den Pharisäern und den Rabbinern die Entwicklung dieser attraktiven Art und Weise, die historische Echtheit der Evangelien zu bekräftigen, aufgehalten. In jüngerer Zeit hat das Werk von Martin Hengel, Geza Vermes und anderen auf unübersehbare Beweise von Josephus, dem Neuen Testament, den Schriftrollen vom Toten Meer und der zwischentestamentlichen Literatur aufmerksam gemacht, um zu zeigen, dass die Pharisäer und die Rabbis eine einzige Strömung bildeten – wobei der Wechsel in der Benennung nur dem Verschwinden der gegnerischen

Sadduzäer nach der Zerstörung geschuldet ist, weshalb ein trennender Name für die Weisen oder Rabbis nicht mehr gebraucht wurde.

Doch sind viele andere Theorien bemüht worden, um das negative Bild von den Pharisäern und ihrer angeblichen Feindschaft gegenüber Jesus in den Evangelien zu erklären. Eine Methode zum Beispiel war, die Pharisäer in miteinander streitende Gruppen zu spalten, von denen nur eine, so wird behauptet, feindselig gegenüber Jesus war. Dies erhält sowohl die positive Sicht von den Pharisäern, die aus den rabbinischen Schriften hergeleitet wird, als auch die negative, in den Evangelien gegenwärtige Sicht aufrecht. So mag die Existenz von zwei Denkschulen unter den Pharisäern, das Haus Hillel und das Haus Schammai, als nützlich erkannt werden. Nach der rabbinischen Überlieferung war das Haus Schammai in der Regel strenger in seinen Entscheidungen als das Haus Hillel. Die Pharisäer, die Jesus verfolgten, wären demnach Anhänger Schammais gewesen. Diese Richtung hat heute freilich nicht viele Anhänger, da deutlich geworden ist, dass die Unterschiede zwischen den zwei Häusern unbedeutende Dinge betrafen, nicht die allgemeine Ausrichtung. Wenn überhaupt, müsste Jesus auf einer Linie mit dem strengeren Lager der Pharisäer gelegen haben, weil seine Ansichten zur Ehescheidung sich ziemlich genau mit der des Hauses Schammai deckten.

Eine andere Strategie verweist auf die Spaltung unter den Pharisäern zwischen „Legalisten" und „Charismatikern". Letztere sind die sogenannten *Chassidim* oder Frommen, die ein Leben übergebührlicher Tugend führten und denen man die Gaben übernatürlicher Heilung und des Regenmachens zuschrieb; Beispiele sind Chanina ben Dosa und Honi der Kreiszieher. Nach dieser Theorie waren die Widersacher Jesu die „Legalisten", während die *Chassidim* ihn nicht ablehnten und sogar viel mit ihm gemein hatten. Geza Vermes vertrat diese Theorie anfangs, scheint sich aber in seinen jüngeren Schriften nicht mehr so sehr dafür zu begeistern. Der Haken ist, dass es keine Belege für irgendeinen ernsthaften Konflikt zwischen Legalisten und Charismatikern in der pharisäischen Bewegung gibt. Beide existierten friedlich nebeneinander, und manchmal traten beide Richtungen in derselben Person auf. Wahrung des Gesetzes schloss Frömmigkeit nicht aus, noch bedeutete Frömmigkeit Widerspruch gegen das Gesetz.

Viele andere Versuche wurden unternommen, um offenzulegen, was an der Lehre Jesu gegen das pharisäische Denken verstieß. Ein Autor schlug sogar vor, dass Jesus Ärgernis erregte, weil er im Freien anstatt drinnen predigte! Diese Theorie bekundet einen gewissen Grad von Verzweiflung und scheitert an der Tatsache, dass pharisäische Prediger häufig im Freien predigten. Sie predigten auch auf sehr ähnliche Art wie Jesus: So verwendeten sie gern Gleichnisse, und Parallelen zu den Gleichnissen Jesu finden sich in der rabbinischen Literatur. Manche Wissenschaftler (z.B. Joachim Jeremias) haben versucht, solche Beweise mit dem Einwand zu widerlegen, die Rabbis hätten ihren Predigtstil von Jesus kopiert, eben auch die Verwendung von Gleichnissen. Dass Rabbis in der Zeit nach der Zerstörung, als das paulinische Christentum ein gefährlicher Rivale des Judentums geworden war, sich ausgerechnet an die jüngst verfassten Berichte der Kirche als Vorbilder wenden sollten, ist zu unwahrscheinlich, um ernsthaft in Erwägung gezogen zu werden. Vor dieser Epoche bildete die Jerusalemer Kirche genau genommen einen Teil der jüdischen Gemeinschaft, deren Überlieferungen der Liturgie und Lehre sie folgte, anstatt neue Konzepte zu schaffen, denen andere Juden folgen sollten. Die in den Evangelien berichtete Lehre Jesu liefert uns tatsächlich wertvolle Hinweise aus einer Quelle außerhalb der rabbinischen Überlieferung, dass rabbinische Denk- und Lehrweisen in der Zeit vor der Zerstörung existierten. In den synoptischen Evangelien ist Jesus eine rabbinische Gestalt; im vierten Evangelium ist der rabbinische Stil allerdings verschwunden und Jesus ist ein hellenistischer Mystagoge geworden. Hellenisierte Ausdrucksweisen haben in diesem jüngsten Evangelium die rabbinische Denkweise abgelöst, die in den synoptischen Evangelien noch bewahrt war. Falls Jesus (nach Jeremias) einen solchen Einfluss auf die rabbinische Denkweise hatte, überrascht es, dass er so geringen Einfluss auf seine eigenen Anhänger hatte. Weitaus wahrscheinlicher ist die Hypothese, dass Jesus aus seiner eigenen jüdischen Tradition heraus sprach, die in der rabbinischen Bewegung fortdauerte, aber in der nichtjüdischen Kirche verloren ging.

Die Schwierigkeit, dass Jesus so sehr in rabbinischem Stil predigte (das heißt schwierig für diejenigen, die einen Grund suchen, warum die Pharisäer ihm gegenüber feindselig eingestellt gewesen sein sollten), ist auf eine ganz andere Art angegangen worden. Man hat nämlich geleugnet, dass Jesus wirklich in rabbinischem Stil predigte. Die typischen rabbinischen Ansichten und Ausdrücke seien ihm von „judaisierenden“ Autoren zur Zeit der Abfassung der Evangelien in den Mund gelegt worden. Nach dieser Theorie waren die Gemeinden, für die die synoptischen Evangelien (besonders Matthäus) verfasst wurden, aus Schwäche von den radikalen Ansichten Jesu zu den traditionelleren jüdischen Denkweisen zurückgekehrt und die Jesus in den Mund gelegten Reden in dieser Zeitspanne sind das Ergebnis dieses Prozesses der „Rejudaisierung“. Diese Theorie war Teil der „Formkritik“ der Evangelien, in der diese Dokumente als Schriften für die dogmatischen und liturgischen Zwecke bestimmter christlicher Gemeinden und nicht als historische Berichte authentischer Überlieferungen betrachtet wurden. So wurde Skepsis eingesetzt, um den Glauben an den Jesus der Kirche zu erhalten. Eine Ablehnung der Authentizität von Evangelienstoff, der das jüdische Wesen Jesu zeigte, bewahrte die Vorstellung von einem Jesus, der dem Judentum seiner Zeit entgegentrat. Das paradoxe Ergebnis war, dass der Glaube an die historische Echtheit des jüdischen Jesus, wie er in den synoptischen Evangelien geschildert wird, eine Zeitlang weitgehend auf jüdische Neutestamentler beschränkt war, die dafür kritisiert wurden, dass sie die streng wissenschaftlichen Prinzipien der Formkritik nicht anwendeten.

Dieser raffinierte Trick wiederum vermag in jüngster Zeit immer weniger Neutestamentler zu überzeugen, unter denen vor allem E. P. Sanders Gehör findet. Die sogenannte „jüdisch-christliche Gemeinde" von Matthäus wird inzwischen als Hirngespinst betrachtet, und die vernünftigere Ansicht hat sich Geltung verschafft, wonach Jesus in den früheren Evangelien als eine sehr jüdische Gestalt geschildert wird, weil diese Evangelien, obgleich feindselig gegenüber den Pharisäern, noch echte Überlieferungen der Jerusalemer Kirche von den Dingen, die Jesus sagte und dachte, bewahren, Überlieferungen, die im Licht vergleichender Untersuchungen rabbinischer Literatur Jesus fest in ein rabbinisches und pharisäisches Umfeld stellen.

Anmerkungen

1 Siehe Goulder (1994), der den früheren Standpunkt von Brandon (1951) aufgreift.

2 Zu einer vollständigen Behandlung der Jerusalemer Kirche und ihrer Beziehung zum Paulinismus siehe Maccoby (1986).

3 Zu einer vollständigen Behandlung der Jerusalemer Kirche und ihrer Beziehung zum Paulinismus siehe Maccoby (1986).

4 Es ist verlockend, eine Parallele in der Geschichte vom Tod des Dionysos durch die Hände der Titanen zu finden, die einen Krieg gegen die olympischen Götter führten. Dionysos wurde auf wundersame Weise wieder zum Leben erweckt, und dieser Tod und die Auferstehung bildeten die Grundlage eines Erlösungskultes, zu dessen Hauptriten die *omophagia* gehörte, ein rituelles Mahl, das aus dem Leib des Gottes bestand und an das von Paulus eingeführte christliche Abendmahl erinnert. Die Titanen und ihre Verbündeten, die Giganten, standen für die alten Götter, die von den olympischen Göttern verdrängt worden waren. Man könnte daher argumentieren, dass wir hier eine Parallele zur Degradierung der Juden, der alten besiegten Religion, auf die Position der gemeinschaftlichen Henker oder Verräter des Mensch gewordenen Gottes Jesus. Wie die Titanen beweisen die Juden ihre Untauglichkeit, ihre Autorität zu wahren, durch ihren verräterischen und brutalen Mord an dem Erlöser und erfüllen gleichzeitig eine unverzichtbare Funktion, denn ohne sie wäre das heilbringende Opfer nicht geschehen. Doch kann diese Parallele nicht bewiesen werden, da die Titanen wahrscheinlich

eine spätere Hinzufügung zum Dionysosmythos sind (siehe Harrison, 1963, S. 17, der argumentiert, dass die Mörder des Dionysos ursprünglich nicht Titanen sind, sondern titanes, „Menschen aus weißem Ton").

5 Zur vollständigen Beweisführung, dass Judas Jesus niemals verriet, siehe Maccoby (1992). Die zentralen Argumente sind: (1) Paulus' Schweigen über Judas, verbunden mit seiner Aussage (1 Kor 15:5), dass Jesus nach der Auferstehung „den Zwölf" erschien (im Gegensatz zur Behauptung in den Evangelien, dass es „elf" waren, Mt 28:16, Mk 16:14, Lk 24:33, da Judas sich abgesetzt hatte); (2) die Belege in den Evangelien von der schrittweisen Entwicklung der Judasgeschichte; (3) die Belege für einen harmlosen, loyalen Judas (der heilige Judas Thaddäus), von dem der verräterische Judas eine abgespaltene Version war.

6 Zu der Behauptung, dass der historische Judas Ischariot ein loyaler Anhänger von Jesus war, der der dritte Leiter der Jerusalemer Kirche und Verfasser des Judasbriefes war, siehe Maccoby (1992).

7 Zum vollständigen Nachweis hierzu siehe Maccoby (1980), S. 206–10. Jesu Worte „Der Sabbat ist um des Menschen willen gemacht und nicht der Mensch um des Sabbat willen" stammten nicht von Jesus, sondern waren ein Spruch, der unter den Pharisäern gebräuchlich war, um das Heilen am Sabbat zu ermöglichen. Siehe Maccoby (1988), S. 170–72, zur Diskussion der rabbinischen Quellen dieses Spruches (Mechilta zu Ex 31:13; Babylonischer Talmud, Joma 85b).

Kapitel 9

Die Pharisäer im Usurpationsmythos

Je genauer man die Lehre Jesu untersucht, desto geringer wird die Kluft zwischen ihm und den Pharisäern, bis sie fast unsichtbar wird. Etwaige Unterschiede ergeben sich aus einer einzigen Tatsache, nämlich, dass Jesus das unmittelbare Bevorstehen der Endzeit predigte. Wenn er also sagt: „Verkaufe alles, was du hast, und gib's den Armen", steht dies in Widerspruch zu den pharisäischen oder rabbinischen Lehren, wonach eine Person nicht mehr als ein Fünftel ihres Einkommens für wohltätige Zwecke abgeben sollte, um die Reihen der Armen nicht um eine weitere Person zu vermehren. Aber diese pharisäische Lehre richtet sich an eine gefestigte Gemeinde, die das Beste aus einer unvollkommenen Welt machen soll, und schickt sich in den Gedanken, dass das messianische Reich Gottes wahrscheinlich noch in weiter Ferne liegt. Doch Jesu apokalyptische und eschatologische Grundhaltung fehlt keineswegs im Judentum. Es existiert da nicht nur als ein Merkmal des messianischen Denkens wie in Jesu Fall, sondern auch als Ratschlag zur Vervollkommnung für seltene Persönlichkeiten von ungewöhnlicher geistiger Größe auch in nichtmessianischen Tagen. Jesu Beschwörung „Sorgt euch also nicht um morgen" entspricht zum Beispiel der Spruch von Rabbi Elieser „Jeder, der Speisen für heute hat, sich aber um die Speisen für morgen sorgt, ist ein kleingläubiger Mensch" – wozu der rabbinische Kommentar lautet: „Viele versuchten, diesem Grundsatz zu folgen, aber nur wenigen gelang es."

Eine Frage, die man hinsichtlich der Morallehre Jesu stellen sollte, lautet: „Welche Funktion hat diese Lehre in der Erzählung der Evangelien?" Es scheint in der Geschichte zwei Jesusgestalten zu geben. Der eine Jesus ist das göttliche Opfer, das von seinem Platz in der Höhe in die Welt hinabsteigt, um der Menschheit zuliebe einen qualvollen Tod am Kreuz zu sterben. Dies ist der Jesus, für den sich Paulus interessiert; die Morallehre Jesu erwähnt Paulus allerdings kaum. Der andere ist Jesus der Reformlehrer, der eine Liebesethik predigt als Gegensatz zum legalistischen Befolgen der Vorschriften. Man mag fragen, warum dieses Lehren notwendig war. Wenn Jesus nur Lehrer gewesen wäre, hätte er damit seinen Auftrag erfüllt? Wenn er sein Leben lehrend verbracht hätte, um schließlich in hohem Alter zu sterben, wäre sein Auftrag in der Welt gemäß der paulinischen Lehre, die das Christentum als Weltreligion hervorbrachte, ganz und gar nicht ausgeführt worden. In dieser Lehre war der Tod Jesu weitaus wichtiger als sein Leben, denn es war sein Tod, der seinem Dasein auf der Erde erst Bedeutung verlieh. Durch seinen Tod wirkte er als Sühneopfer für die Menschen, das ihnen Hoffnung auf ewiges Leben gab.

Die Antwort scheint zu sein, dass in den Evangelien, wie sie uns vorliegen, die Lehre Jesu durchaus eine Funktion im Drama der Erlösung durch Opfer erfüllt. Es geht genau darum, dass Jesus ein Ethos predigt, das sich, zumindest im gesellschaftlichen Rahmen, unmöglich in praktisches Handeln umsetzen lässt. Also wirkt sich das Ethos Jesu so aus, dass es moralische Verzweiflung in jedem gewöhnlichen Menschen auslöst, der kein Leben in ständiger Selbstaufopferung und Selbstverleugnung anstrebt. Seine ganze Habe an die Armen zu verschenken, nicht an den morgigen Tag zu denken, dem Unheil keinen Widerstand zu leisten, einen Rechtsstreit aufzugeben, bevor er begonnen hat – dies sind Forderungen, welche die Erwiderung heraufbeschwören: „Wenn ich das tun muss, um gerettet zu werden, dann bin ich verloren." Dies ist genau die Gemütsverfassung, die für die Annahme der Erlösung durch das stellvertretende Leiden einer Opfergestalt notwendig ist. In anderen Worten heißt das, dass die von Jesus gepredigte unmögliche Moral die andere Seite der Münze von der Doktrin der Erbsünde ist, wie Paulus sie auslegte: die Doktrin, dass wir alle hoffnungslos böse sind und unfähig, Tugend zu erlangen.

Und so finden wir moderne Autoren wie Enoch Powell, die uns erzählen, Jesus habe eine Moral gepredigt, die er niemals habe in praktisches Handeln umsetzen wollen. Ihre Grundsätze seien lediglich dafür gedacht, uns einen heiligen Maßstab zu geben, in dessen Licht wir unsere eigenen Unzulänglichkeiten bewerten könnten. Indessen, so Powell, müsse das Verhalten im wirklichen Leben, in der Politik zum Beispiel, derartige unbrauchbare Lehren ignorieren und seinen eigenen Grad an Zweckmäßigkeit finden, die man natürlich keinesfalls im Bereich der Moral vermuten darf. Einige wenige Heilige können den Ansprüchen Jesu gerecht werden, aber nur zu dem Preis, dass sie sich von allem weltlichen Geschäft, das nach ganz anderen Prinzipien ablaufen muss, lossagen.

Eine vordergründig ähnliche Doppelmoral existiert auch im rabbinischen Judentum, wie oben erklärt; aber in Wirklichkeit verhält es sich ganz anders. Im rabbinischen Denken wird der Heilige (der *Chassid*) bewundert, aber nicht als Muster an Moral betrachtet. Er ist ein Virtuose, aber seine Aufführung steht nicht im Zentrum der Religion. Dieses ist besetzt von der Moral des gewöhnlichen Menschen, der sich für seine Person und seine Familie müht, in der Welt zurechtzukommen. Diese Art von Moral ist es, mit der sich die Rabbis in ihrem anstrengenden gemeinschaftlichen Bemühen um ethisches Denken beschäftigen, das in der Mischna, im Talmud und in anderen rabbinischen Schriften verankert ist. Nicht was über individuelle Leistungen erreicht werden kann, ist wichtig, sondern, was in der Gesellschaft und durch die Gesellschaft im Ganzen erreicht werden kann, und das bedeutet, dass der gewöhnliche Mensch im Fokus der Moral steht.

Der Teil der Lehre Jesu, der nur für Heilige geeignet ist, ist somit dem rabbinischen Judentum nicht fremd, hat aber in den Evangelien eine Perspektive bekommen, die mit den paulinischen Lehren von der Erbsünde und der Erlösung durch stellvertretendes Leiden übereinstimmt. Jesus selbst hat solche Lehren nie vertreten. Der Glaubenssatz von der Erbsünde findet sich nicht in seinen Lehren, und er hatte nicht die Absicht, den Sühnetod an einem römischen Kreuz zu sterben.[1] Er befürwortete eine übergebührliche Tugendhaftigkeit, weil er einerseits von Natur aus ein *Chassid* war und weil er andererseits glaubte, das Reich Gottes sei nah. Die Menschen sollten daher ihre gewöhnlichen Sorgen und sorgfältige Vorbereitungen für die Zukunft, die unter normalen Umständen ihre Aufgabe wären, aufgeben.

Die Bußpredigten Jesu gehörten wiederum zur rabbinischen Lehre, aber er verrichtete sie mit einem der Endzeit angemessenen Eifer. So steckte nichts Neues in der Aussage, der reuige Sünder werde von Gott mehr geliebt als derjenige, der nie gesündigt hatte, wie im Gleichnis vom verlorenen Sohn. Dies war ein Gemeinplatz im rabbinischen Denken. Aber Jesu Bußkampagne, die ihn in die Gesellschaft haltloser Sünder führte, ging über die gewöhnliche Praxis der Rabbis hinaus und war der Apokalyptik angemessen.

Jene Bereiche der Lehre Jesu, die über die gewöhnliche Moral hinausgingen, haben in den Evangelien (allerdings nicht in der historischen Wirklichkeit) die Funktion, ihn als außerirdisches, engelhaftes Wesen erscheinen zu lassen, ausersehen zur Vernichtung durch eine gefühllose, oberflächliche Gesellschaft. Das messianische Ziel Jesu, das Reich Gottes auf Erden herbeizuführen, wird ausradiert und stattdessen wird er dargestellt, als wolle er ein himmlisches Reich der Unsterblichkeit herbeiführen, ein Reich, das nicht von dieser Welt ist. Zu diesem Zweck muss er das Unverständnis und die Feindseligkeit irdischer Mächte ertragen und schließlich einen qualvollen Tod erleiden, der den Auftakt zu einer neuen spirituellen Welt wird.

In einem gewissen Widerspruch zu diesem Bild steht die Vorstellung von Jesus als religiösem Erneuerer, die ebenfalls eine große Rolle in der Erzählung der Evangelien spielt. Denn ein Jesus, der gegen die angebliche Strenge der Sabbatvorschriften oder das Gesetz des „Auge um Auge" protestiert, wird als Gesetzgeber geschildert, der nicht anstrebt, das Gesetz insgesamt zu überschreiten, sondern es gnädiger und zivilisierter zu machen. In dieser Rolle kommt Jesus mit den Pharisäern in Konflikt, die in ihrer Auslegung der Gesetze als unbeugsam und streng gezeigt werden. Dieser Jesus ist es, der liberale Denker der Neuzeit inspiriert hat, ein Jesus, der es anstrebte, antiquierte Gesetze zu mildern, aber weit davon entfernt ist, sich von der Welt zurückzuziehen und ganz ohne Gesetze auszukommen.

Die zwei Bilder von Jesus freilich – Jesus, der das Gesetz abschafft, und Jesus, der das Gesetz erneuert – präsentieren zusammen seine angeblichen Gegner, die Pharisäer, einerseits als Widersacher der neuen, durch Jesu Abstieg vom Himmel auf die Erde verkündeten geistigen Ordnung und andererseits als grausame, strenge Vollstrecker eines Gesetzes, das Jesus liebevoller auslegt. Die Pharisäer werden somit furchterregende Überväter, die Vertreter einer Religion, die auf Abwege geraten ist.

In christlichen Augen hat sich dieses Bild seitdem an der jüdischen religiösen Führung festgemacht. Die visuelle Propaganda des christlichen Antisemitismus, von der Kunst der mittelalterlichen Kirche bis zu den Karikaturen in nationalsozialistischen Zeitungen, hat sich auf die bärtige Rabbi-Gestalt konzentriert, die eine gelehrte, aburteilende Pose zeigt, im Innern aber korrupt und eigennützig ist. Die Nationalsozialisten fanden Vergnügen daran, diesen Gestalten ihre gefasste Würde zu nehmen; ihre Bärte zu scheren, jene Symbole der Autorität, sie niedere Arbeiten verrichten zu lassen, ihnen schließlich ihre Kleider herunterzureißen, als sie nackt in die Gaskammern geführt wurden. Dies war der endgültige Protest gegen die stolzen Ansprüche der Pharisäer, die Lehrer der Menschheit zu sein.

Es ist bemerkenswert, dass genau diese Bärte und genau diese Miene moralischer Ruhe und Gefasstheit in anderen Gemeinschaften als jener der Pharisäer oder der orthodoxen Juden für attraktiv gehalten werden. Die Gemeinden der Amischen in Amerika zum Beispiel werden als nette touristische Attraktionen angesehen, obwohl sie in ihrer äußeren Erscheinung den chassidischen Gemeinden sehr ähnlich sind. Ebenfalls wie die chassidischen Gemeinden beherzigen sie einen Regelkodex, der ihre Lebensweise angesichts der Verlockungen der modernen Medien, Unterhaltung und Technik bewahrt. Ihre zufriedene Ausstrahlung wird nicht als Selbstgerechtigkeit ausgelegt, noch wird ihre weltentrückte Isolation als Menschenhass verurteilt. Die chassidischen Gemeinden werden ganz anders betrachtet. Niemand ist jemals auf den Gedanken gekommen, die chassidischen Gemeinden wie eine Touristenattraktion zu behandeln. Sie erregen eher abschreckenden Widerwillen, verbunden mit der Bereitschaft, ihnen Böses zu unterstellen. Das kommt daher, dass sie, mehr als verwestliche Juden, die „normale" Kleidung tragen, an die Vorstellung von Pharisäern erinnern, die angeblich Jesus zu Tode gehetzt haben. Ihr eigentümlicher, nüchterner Kleidungsstil (der eigentlich auf polnische Moden des 18. Jahrhunderts zurückgeht) wird als demonstrativ und ihre Abgesondertheit als Menschenhass ausgelegt. In einem vor Kurzem erschienenen Schulbuch für den Religionsunterricht ist ein Kapitel über die angebliche Heuchelei und die überhöhten Ansprüche der Pharisäer mit einem Foto von einem New Yorker Chassid in seinem langen Mantel und Kaftan illustriert, mit der Bildlegende, „Jesus tadelte die Prahlerei der Pharisäer mit dem Satz: ‚Sie machen die Quasten an ihren Gewändern lang.'" Seltsamerweise kam es dem Autor nicht in den Sinn, das Thema der religiösen Prahlerei mit einem Foto zum Beispiel von einem christlichen Erzbischof in voller feierlicher Tracht zu illustrieren, zu dem es im Judentum, was überladene Pracht angeht, keine Entsprechung gibt.

Jesus als reformierender Gesetzgeber ist kaum mit Jesus dem göttlichen Opfer vereinbar. Denn als göttliches Opfer tritt Jesus an die Stelle des Gesetzes insgesamt, indem er selbst ein neues Mittel der Erlösung durch Glauben wird statt durch Werke. Der Anhänger ist nicht mehr angehalten, gute Taten anzuhäufen, und wenn er es tut, ist es für die Erlösung ohne Bedeutung. Folglich tut eine Reform des Gesetzes nichts zur Sache; eine solche Reform würde bedeuten, dass das Gesetz noch ein gültiges Mittel zur Erlösung ist, aber einfach einer gewissen Verbesserung bedarf.

Jesus als reformierender Gesetzgeber ist auch eine höchst unglaubwürdige Gestalt, weil seine Reformen bereits von den Pharisäern durchgeführt worden waren, die eine Bewegung waren, die genau die Jesus zugeschriebene flexible, dynamische Ansicht von der Thora als einem fortschreitenden Prozess teilten. Die von Jesus befürworteten Sabbatreformen, die Umdeutung der Aufforderung „Auge um Auge", die Goldene Regel des Verhaltens, die milde Auslegung des Strafrechts – das alles waren bereits feste Bestandteile der pharisäischen Lehre.

Warum also wird Jesus als Reformer geschildert? Der Grund dafür ist, dass es zwingend war, Jesus als Rebellen gegen die jüdische Religion seiner Zeit darzustellen. Es genügte nicht, Jesus zu zeigen, wie er angeblich den Hohepriester durch eine blasphemische Behauptung, der Messias zu sein, beleidigte. Der Hohepriester als eine wichtige religiöse Autorität und der messianische Anspruch als Gotteslästerung waren keine ausreichende Entstellung der jüdischen religiösen Szenerie. Es war unmöglich, die Tatsache zu verschleiern, dass die wirkliche religiöse Autorität bei den Pharisäern lag, die „sich auf den Stuhl des Mose gesetzt" haben, und nicht beim Hohepriester, dem zeremoniellen Nachkommen Aarons. In den synoptischen Evangelien jedenfalls werden die Pharisäer noch als Lehrer der Menschen dargestellt, die in ihrer erfolglosen Diskussion mit Jesus gezeigt werden (im vierten Evangelium dagegen sind die Pharisäer nicht mehr Lehrer, sondern verschmelzen in der Wendung „die Pharisäer und die Priester" mit den „Priestern" als Gestalten von erdrückender Macht).

Um eine Kultur zu usurpieren, die nicht primitiv ist, sondern ausgestattet mit einem anspruchsvollen Schrifttum und Lernsystem, müssen zwingend zumindest die Träger dieser Kultur, die als ihre Lehrer, Richter und Behörden wirken, in Misskredit gebracht werden. Dies waren in der jüdischen Kultur besonders die Pharisäer, und somit findet in den Evangelien eine Kampagne statt, die ihnen ihren Anspruch auf Würde und Autorität nehmen soll. Diese Kampagne war so erfolgreich, dass der Name „Pharisäer" in der abendländischen Zivilisation völlig der Ehrfurcht entkleidet wird, der ihm einst anhaftete. Heute bedeutet er einfach „Heuchler" oder „Paragrafenreiter". Tatsächlich wurden die Pharisäer, wie die Evangelien beweisen, wenn man sie aufmerksam liest, von der Masse des jüdischen Volkes voller Liebe und Ehrfurcht betrachtet. Ein Maß für den Respekt, den sie genossen, ist die Sorge, mit der Paulus auf seine eigene Glaubwürdigkeit als Pharisäer achtet. Zwar verneint er, dass die pharisäische Autorität von Dauer sein wird, doch er weiß, dass er seinen eigenen Anspruch, das alte Glaubenssystem mit dem neuen verknüpft zu haben, nicht besser stützen kann, als sich auf seine pharisäische Bildung zu berufen. Hier erkennen wir ein Echo des gnostischen Anspruchs, die Lehre des Demiurgen „gemeistert" zu haben. Somit besteht hier eine Unstimmigkeit zwischen Paulus' Anspruch auf Kontinuität mit den Pharisäern und deren verächtliche Ablehnung in den Evangelien. Allerdings ist es kaum ein Widerspruch, weil gerade das Ansehen der Pharisäer der Grund ist, warum sie schlechtgemacht werden müssen, und die Evangelien bezeugen dieses Ansehen im Akt seiner Zerstörung.

Es gibt also im Neuen Testament einen dreifachen Angriff auf die Juden als Volk Gottes. Der Angriff richtet sich gegen ihre Priesterhierarchie, gegen ihre gelehrte Elite und gegen das Volk an sich. Dieser dreifache Angriff war notwendig, um den Status der Juden auf den Kopf zu stellen. Anstatt das Volk Gottes zu sein, sollten sie von Gott abgewiesen und gehasst werden. Diese drastische Umkehrung bereitete die Juden auf ihren späteren Status in der christlichen Gesellschaft als Pariaklasse vor, die dazu diente, durch ihre Herabsetzung die christliche Wahrheit zu stützen.

Der Angriff auf die priesterliche Hierarchie wäre für sich kaum schädlich gewesen, wenn man jemals eingeräumt hätte, dass die Priester keine Lehrautorität hatten. Stattdessen wurden die Priester aber systematisch mit den Pharisäern verwechselt, sodass der Durchschnittsleser der Evangelien kaum bemerkt, dass es einen Unterschied zwischen den beiden Kategorien gibt. In der historischen Realität handelten, wie oben erklärt, der Hohepriester und sein unmittelbares Umfeld (aber nicht die gewöhnlichen Priester) vermutlich tatsächlich als Gegner Jesu, wie sie sich auch gegen andere messianische Anwärter stellten, welche die römische Macht bedrohten, die die Hohepriester zu ihren Handlangern eingesetzt hatte. Aber das Neue Testament stellt den Hohepriester absurderweise als den höchsten Hüter des jüdischen orthodoxen Glaubens dar, der seine Kleider ob der ketzerischen Ansprüche Jesu zerreißt.

Als ich in einem früheren Buch darauf hinwies, dass der Hohepriester in den Augen der Massen eine Person ohne Lehrautorität war, wurde ich von einem Wissenschaftler, James Dunn, gerügt, ich zeige zu wenig Respekt gegenüber dem Hohepriester und lasse das alte Gezänk zwischen den Pharisäern und den Sadduzäern wiederaufleben. Von dieser Sorge eines modernen Wissenschaftlers um die Würde des jüdischen Hohepriesters war ich gerührt, musste mich aber fragen, ob die versuchte Rehabilitation des Hohepriesters als des Hauptrepräsentanten der jüdischen Religion etwa mit der Notwendigkeit einer solchen Person zu tun habe, um die Last der jüdischen religiösen Schuld zu tragen. Ein Hohepriester, der nicht repräsentativ für das jüdische Volk und die jüdische Religion war, würde niemals die wichtige Rolle in der Geschichte des Verrats an Jesus spielen können, die der Bericht der Evangelien verlangt. Folglich haben konservative Gelehrte in jüngster Zeit jedes mögliche Argument bemüht, um zu beweisen, dass die Pharisäer in Wirklichkeit nicht die wesentliche Funktion in der jüdischen Bildung ausübten, die sogar die Evangelien und sicherlich Josephus wie auch die rabbinischen Schriften belegen. Selbst E. P. Sanders, dem man diesen konservativen Beweggrund nicht zuschreiben kann, hat zur Wiederbelebung der Vorstellung von der lehrenden Rolle der Priester beigetragen, im Widerspruch zum Zeugnis des Neuen Testaments, Josephus' und der rabbinischen Schriften durch das ganze erste Jahrhundert.[2]

Jedenfalls war die Behandlung im Neuen Testament die Ursache dafür, dass die Rollen der Pharisäer und Priester in den Augen der christlichen Leser verschmolzen, sodass eine zusammengesetzte Gestalt, der pharisäische Priester, zum Verfolger Jesu wurde. Die Rabbis waren die Erben dieses kombinierten Bildes. Im Mittelalter waren die jüdischen Rabbis in den Augen der christlichen Bevölkerung die sichtbaren Nachfolger der Pharisäer, die angeblich Jesus verfolgten, und weil die Unterscheidung zwischen Priester und Rabbi, die im Judentum so wichtig ist, im Christentum nicht existierte, war es kaum überraschend, dass die Bevölkerung den Rabbis auch die Schuld des Hohepriesters aufbürdete. In der historischen Realität gab es nach 70 u.Z. keinen Hohepriester im Judentum, und die Priester im Allgemeinen hatten nur noch eine kümmerliche Rolle; aber die Unwissenheit der christlichen Geistlichen wie der Laien ließ sie in jedem herausragenden Rabbi einen wahren Kajaphas sehen.

So wirkte sich die Darstellung der Pharisäer im Neuen Testament mit ihrer Verwischung der Unterscheidung zwischen Weisem und Priester stark auf den Pariastatus der Juden innerhalb der Christenheit aus. Die jüdischen religiösen Führer des Mittelalters, darunter Persönlichkeiten wie Maimonides, Ibn Esra, Raschi und Nachmanides, die einen Platz in der intellektuellen Elite der Welt verdienten, wurden mit dem Stigma des Gottesmordes gebrandmarkt. Dennoch beeindruckte die jüdische intellektuelle Leistung Christen von echter geistiger Größe. Thomas von Aquin zitierte Maimonides zur Philosophie, die christlichen Humanisten zitierten Ibn Esra und Raschi zur hebräischen Grammatik und rationalen Auslegung der Heiligen Schrift. Der jüdische Philosoph Ibn Gabirol wurde sogar ein Klassiker in christlichen Kreisen, wenn auch unter dem Irrtum, er sei ein christlicher Autor namens Avicebron. Aber das Stigma blieb haften, besonders an der jüdischen Führerschaft. Im frühen Mittelalter wurde die jüdische Führerschaft, die das Charisma antiker Gelehrsamkeit und eine lange Tradition im Staatsdienst besaß, vom christlichen gemeinen Volk mit Respekt betrachtet, ja die Rabbis wurden sogar gebeten, die Felder zu segnen. Aber als die verleumderische Propaganda der niederen Geistlichkeit zunehmend ihre Wirkung entfaltete, schwand die Achtung vor den Rabbis und schlug in Hass um.

Die verleumderische Kampagne des Neuen Testaments gegen die Juden ist tatsächlich dreigleisig: gegen die Priester, gegen die Pharisäer und gegen das Volk. Die ersten beiden Ziele verschmelzen, wie dargelegt, aber das dritte Ziel bleibt eindeutig das jüdische Volk an sich. Die besonderen Orte dieses Anschwärzens sind die Massenszenen, insbesondere die Barrabas-Szene. Die Ausrichtung der Schuld auf das jüdische Volk in seiner Gesamtheit wird durch ein Element des Verrats verkompliziert. Denn die Volksmenge wird bisweilen als Unterstützer von Jesus gezeigt, sodass die Priester sich fürchten gegen ihn vorzugehen. Somit wird die Volksmenge durch ihre Abwendung von Jesus am Verrat des Judas beteiligt. Aber sogar hier wird die tiefere Schuld der jüdischen Geistlichen hervorgehoben, denn sie werden stets geschildert, wie sie die Menge aufstacheln, sich gegen Jesus zu wenden.

Es gibt jedoch eine andere geniale Methode, die sich moderne Wissenschaftler zu eigen gemacht haben, um die unheilvolle Wirkung der Kampagne des Neuen Testaments gegen die jüdische religiöse Führerschaft umzuleiten: Man behauptete, die Schmähungen gegen die Pharisäer seien Teil des normalen sektiererischen Streits und sollten nicht im Licht der antisemitischen Zwecke bewertet werden, für die sie später genutzt wurden. Nach diesem Argument waren Beschimpfungen etwas ganz Normales im innerjüdischen Streitgespräch. Dafür spricht, dass der Ton in den antipharisäischen Passagen im Neuen Testament nicht heftiger war, als er zum Beispiel in den Schriftrollen vom Toten Meer zu finden ist, wenn diese gegen jüdische Gegner wettern.

Diese Argumentation versäumt, die erzählerischen Elemente in der Attacke des Neuen Testaments gegen die Pharisäer zu beachten. Keine andere sektiererische Schmähung besaß ein solches Element. Im Neuen Testament werden die Pharisäer nicht bloß beschuldigt, falsche Ansichten und eine unzulängliche Moral zu haben. Sie werden zu Beteiligten in einem Drama von kosmischen Ausmaßen gemacht: Eine göttliche Gestalt, ausgestattet mit grenzenloser Erhabenheit, ein Besucher aus dem All, wird von kosmischen Mächten des Bösen unter Führung Satans gehetzt und getötet. Alle Mächte des Guten und des Bösen sind im gesamten Weltall gegeneinander angetreten, und die Pharisäer mit ihren angeblichen Verbündeten, den Priestern, stehen zuvorderst in den Reihen des Bösen auf der Erde. Die Anschwärzung der Pharisäer steht somit auf einer gänzlich anderen Ebene als innerjüdisches sektiererisches Gezänk.

Die Rolle des kosmischen Antagonisten hätte von den Römern übernommen werden können, die in der historischen Realität die Hauptverantwortlichen für den Tod Jesu waren. In einem Buch des Neuen Testaments, in der Offenbarung, sehen wir tatsächlich die Römer als Repräsentanten des Bösen, denn dieses Buch bewahrt den Standpunkt (obgleich überlagert von späterer Bearbeitung) der Jerusalemer Kirche, die Rom als ihren Feind betrachtete. Aber während sich in der Kirche paulinische Ideen durchsetzten, konnte diese antirömische Haltung nicht fortbestehen. Denn sich gegen Rom zu stellen hätte bedeutet, das Christentum an die jüdischen Hoffnungen auf eine diesseitige Revolution anzugleichen, einer rein „spirituellen" jenseitigen Haltung abzuschwören und sich den Realitäten des Imperialismus und der Unterdrückung zu stellen. Dafür war es viel leichter, den Juden die Schurkenrolle zu übertragen. Angefangen beim Kern der Zusammenarbeit des Hohepriesters mit der römischen Unterdrückung, wurde die jüdische religiöse Führungsschicht völlig ausgetauscht im Sinne der imperialen Führungsschicht in Rom. Tatsächlich wurde Rom selbst entlastet, indem es dargestellt wurde, als unterläge es unschuldig dem erbarmungslosen jüdischen Druck. Römer wie Pilatus und der Centurio werden in ihrer Wertschätzung und Verehrung für Jesus gezeigt, ein Widerhall der Verlagerung der Kirche auf nichtjüdische Mitglieder. Die Voraussetzungen wurden geschaffen, durch die das Christentum eine römische Religion werden konnte, mit dem Zentrum in Rom anstatt in Jerusalem.

Auch wenn die Jerusalemer Kirche Rom als den Feind betrachtete, verteufelte sie Rom nicht in dem Maß, in dem die paulinische Kirche die Juden verteufelte. Denn Rom blieb auf einer Stufe mit früheren Reichen, die den Juden die Unabhängigkeit genommen hatten, Babylon, Persien und Griechenland. Es gab keinen Antrieb im jüdischen Christentum oder im Judentum selbst, ein Opferdrama mit einem dämonischen Henker oder Verräter aufzubauen. Die Kernfrage war nicht die Errettung der individuellen Seele vor Satan, sondern die Befreiung der jüdischen Gemeinschaft und Nation von Besatzung und Sklaverei. Aber die paulinische Kirche mit ihren Einflüssen von Mysterienreligion und Gnosis hatte ein viel blutrünstigeres Drehbuch und eine elendere Rolle für diejenigen, die als Schurken auserwählt waren. Die für diese wesentliche Rolle Gewählten wurden auch für eine Pariaposition in der universellen übernationalen Gesellschaft, die das paulinische Christentum anstrebte, ausersehen.

Anmerkungen

1 Zur vollständigen Diskussion, dass Jesus wie andere jüdische Messiasgestalten anstrebte, die Prophezeiungen des Zacharias und anderer zu erfüllen, indem er auf wunderbare Weise die Römer bezwang und König der Juden in Jerusalem wurde, siehe Maccoby (1980). Dass er seinen eigenen Tod vorhersah und anstrebte, ist die spätere Umwandlung Jesu in eine geopferte Gottheit nach dem Muster der hellenistischen Mysterienreligionen.

2 Siehe Sanders (1992), S. 170–89. Sanders zum Beispiel zitiert eine in Jerusalem gefundene Inschrift: „Theodotos, des Vettenos Sohn, Priester und Synagogenvorsteher, Sohn eines Synagogenvorstehers, Enkel eines Synagogenvorstehers, baute die Synagoge zur Vorlesung des Gesetzes und zum Unterricht in den Geboten, ebenso auch das Fremdenhaus und die Kammern und die Wasseranlagen für die (Pilger) aus der Fremde, die eine Herberge brauchen. Den Grundstein hatten gelegt seine Väter und die Ältesten und Simonides." Er merkt an: „Die Inschrift stützt die Belege: Es waren die Priester, die das Gesetz lehrten." Die Inschrift besagt nur, dass Theodotos die Synagoge baute, nicht dass er darin das Gesetz lehrte. Den Titel „Synagogenvorsteher" (*archisynagogos*, hebräisch Rosch ha-Knesset) erhielt nicht der Weise oder Rabbi, der unterrichtete, sondern der wichtigste Geldgeber und Verwalter. Theodotos war wohlhabend und sozial eingestellt, und er zahlte zweifellos die Vergütung des Rabbi, der eher ein relativ armer Mann war und nicht über die Mittel verfügte, die für den Bau und Unterhalt einer Synagoge notwendig waren. Die Tatsache, dass Theodotos Priester war, verrät uns etwas über den Wohlstand der Priesterschaft in jener Zeit, aber nicht über ihre Autorität als Lehrer. Zum Titel archisynagogos, den manchmal eine wohlhabende Frau führte, siehe Brooten (1982).
An Sanders' „Beweis" ist vieles von Josephus hergeleitet, dessen Zeugnis tatsächlich widersprüchlich ist. Da er selbst Priester war, übertrieb er die Lehrautorität der Priester stark, während er einräumen muss, dass die Pharisäer „die Menge auf ihrer Seite haben" (*Jüdische Altertümer*, XIII, 297). Natürlich gab es eine kleine Gruppe, darunter die Sekte der Schriftrollen vom Toten Meer, welche die Priester als Lehrautoritäten betrachteten und die Autorität der pharisäischen Schriftgelehrten insgesamt ablehnten.

Kapitel 10

Das Opfer im Neuen Testament

Die schändliche Stellung, die die Juden seit dem Mittelalter im christlichen Denken innehatten, wurde nicht einfach durch den Mythos begründet, die Juden seien verantwortlich für den Tod Jesu. Schließlich wurden die Athener für den Justizmord an Sokrates verantwortlich gemacht, ohne sich solch ein ewiges Stigma einzuhandeln. Wenn Sokrates freilich nach seinem Tod die zentrale göttliche Gestalt einer Religion geworden wäre, in der man seinen Tod als Opfer in den Dienst der Erlösung gestellt hätte, und wenn diese Religion sich vor allem unter Nicht-Athenern ausgebreitet hätte, wäre wohl an den Athenern eine mythische Rolle der Gottesmörder hängen geblieben, besonders wenn Athener tatsächlich als bedrückte Klasse in der Sokrates anbetenden Gesellschaft sichtbar gewesen wären. Denn nichts ist willkommener für diejenigen, deren Erlösung auf einer Bluttat beruht, als in sichtbarer Nähe eine ganze Klasse von Menschen zu haben, denen man die Schuld an der Tat zuschieben kann, sodass die Gemeinschaft der Geretteten die geheime Genugtuung über die Mittel ihrer Erlösung in eine ritualisierte, entsetzte Verurteilung der erkennbaren Sündenböcke umwandeln kann.

Wenn Jesus also als Märtyrer für eine Lehre der Liebe und Gleichheit oder als ein Martin Luther King, der einem diskriminierenden Vorurteil zum Opfer fiel, oder als ein durch die Kräfte der Reaktion vernichteter Reformer betrachtet worden wäre, hätte es keine christliche Kirche gegeben und die Juden wären niemals zu einem Pariavolk gemacht worden. Diese modernen Beschreibungen von Jesus sind mit der früheren Christologie nicht vereinbar. Was den Aufstieg und letztendlichen Erfolg der christlichen Kirche begründete, war Jesus als Erlöser, nicht als Vorbild für die Befreiung der Gesellschaften von Tyrannei oder Diskriminierung. Vielmehr lief der Glaube an Jesus allen Befreiungshoffnungen zuwider, denn dem Anhänger der paulinischen Kirche (allerdings nicht der Jerusalemer Kirche) war die politische Verbesserung dieser Welt gleichgültig. Stattdessen hoffte er, Unsterblichkeit zu erlangen und diese Welt mit allen ihren Unzulänglichkeiten hinter sich zu lassen.

Da dieser Stoff in jüngster Zeit stark verschleiert worden ist, ist es nützlich, sich den Ort des Todes Jesu im Denken der frühen paulinischen Kirche etwas näher in Erinnerung zu rufen.

Paulus selbst macht deutlich, dass er den Tod Jesu nicht als Opfertod im Namen einer politischen Reform betrachtet. Er hat keine Pläne, den Status quo zu ändern, indem er eindeutig erklärt: „Denn es gibt keine staatliche Gewalt, die nicht von Gott stammt; jede ist von Gott eingesetzt." (Röm 13,1). Seine Haltung zur Sklaverei wird in seiner Mahnung an Titus deutlich: „Die Sklaven sollen ihren Herren gehorchen, ihnen in allem gefällig sein, nicht widersprechen." (Tit 2,9).

Der Tod Jesu sollte eher die Seele von den Fesseln des sündigen Leibs für das ewige Leben befreien. Deshalb wirkte er als Opfer, das für Sünden büßte und somit dem Gläubigen ermöglichte, den Folgen seiner Sünde zu entgehen, nämlich dem Tod oder der Verdammung. Paulus erklärt das recht deutlich: „Alle haben gesündigt und die Herrlichkeit Gottes verloren. Ohne es verdient zu haben, werden sie gerecht, dank seiner Gnade, durch die Erlösung in Jesus Christus. Ihn hat Gott dazu bestimmt, Sühne zu leisten mit seinem Blut, Sühne, wirksam durch Glauben." (Röm 3,23–25). In klaren Worten heißt das, der Tod Jesu, einer völlig unschuldigen Person, löscht die Sünden schuldiger Personen, wenn sie nur an die Wirksamkeit des Opfers glauben. Gott selbst, der Vater, ersann dieses Mittel, um die Menschheit vor der Verdammnis zu retten. Im Wissen, dass sie aus eigener Kraft nichts tun konnten, um der auf sie zukommenden Verdammnis zu entgehen, schickte er seinen göttlichen Sohn hinab in die Welt, um für sie Folter und Tod zu erleiden. „Er hat seinen eigenen Sohn nicht verschont, sondern ihn für uns alle hingegeben – wie sollte er uns mit ihm nicht alles schenken?" (Röm 8,32).

Moderne liberale Christen haben diese Erklärung der erlösenden Kraft vom Tod Jesu geradezu erschreckend gefunden. Denn wenn der Unschuldige für den Schuldigen stirbt, dann beruht das Christentum auf der altertümlichsten Form der Sühne, dem Menschenopfer. Um diesem Verständnis der sühnenden Macht des Kreuzes zu entgehen, sind erfinderische Neuinterpretationen der Worte Paulus' vorgelegt worden, und viele Christen haben sich selbst davon überzeugt, dass Paulus nie beabsichtigte, eine

Lehre des stellvertretenden Sühneopfers zu befürworten. Indessen predigen evangelikale Christen traditioneller Prägung weiterhin die Lehre in ihrer uneinsichtigsten Form, ohne die Qualen zu bedenken, die sie ihren liberalen Brüdern bereiten.

Liberale christliche Wissenschaftler haben allerdings ihr Unbehagen über die traditionelle Lehre von der Sühne durch Opferung am Kreuz nicht so sehr dadurch bekundet, dass sie sich dagegen ausgesprochen hätten, sondern indem sie sie einfach ausklammerten. Obwohl Choräle und Lieder die Lehre noch immer in unmissverständlicher Weise verkünden und gängige Predigten sie verbreiten, als sei sie nie hinterfragt worden, wird sie in gelehrten Artikeln in theologischen Zeitschriften und akademischen Büchern im Allgemeinen nicht einmal erwähnt. Man kann zum Beispiel James D. G. Dunns *Christology in the Making* von der ersten bis zur letzten Seite durchsuchen, ohne einen Hinweis auf die Lehre von der Sühne durch den Tod Jesu am Kreuz zu finden. Auch Christopher Rowland hält es in seinem Werk *Christian Origins* (Untertitel „An Account of the Setting and Character of the most Important Messianic Sect of Judaism“) nicht für angebracht, die zentrale christliche Lehre zu diskutieren, durch die das Christentum sich durch alle Zeitalter, außer der Gegenwart (und selbst in der Gegenwart außer in der wissenschaftlichen Literatur) definiert hat, wonach die Christen durch den Tod Christi erlöst werden.

Dies ist ein außerordentlicher Sachverhalt. Eine Erklärung dazu wird in dem Untertitel von Christopher Rowlands Buch angedeutet. Die neuere Wissenschaft lässt es sich sehr angelegen sein, jeglichen hellenistischen Einfluss auf das paulinische Christentum zu leugnen und zu beteuern, dass das Christentum tatsächlich eine „messianische Sekte des Judentums“ ist. Somit werden alle offenkundigen Einflüsse auf das Christentum von der Gnosis und Mysterienreligion abgetan und Argumente vorgetragen, die zeigen sollen, dass der paulinische Dualismus von den Schriftrollen vom Toten Meer kommt, die Gottwerdung Jesu von der Personifizierung von Weisheit aus dem Buch der Sprichwörter und so weiter. Die Idee vom Sühnetod einer menschlich-göttlichen Gestalt, die die Last der menschlichen Sünde wegnimmt, ist nicht in jüdischen Quellen zu finden, obgleich manche es versucht haben. Daher hat man sich heroisch dazu entschieden, seine Existenz in christlichen Quellen zu leugnen.

Hingegen lässt sich nicht leugnen, dass das Sühneopfer am Kreuz das christliche Denken nach dem Abschluss des neutestamentlichen Kanons bis in die Moderne durchdringt. Die Schriften der frühen Kirchenväter und der mittelalterlichen christlichen Theologen und Kommentatoren betonen ständig nachdrücklich das „Lösegeld“, mit dem Jesus Christus durch sein Blut für die Sünden der Menschheit zahlte. Dieses dominante Opferthema bestimmte die Haltung von Christen gegenüber Juden. Der Tod Christi war eine Opferung, und deshalb waren die Juden nicht nur Mörder oder Verräter (wenn die römische Hinrichtung bedacht wurde), sondern Opfernde, die unwissentlich Sühne brachten, während sie auf der Seite Satans wirkten. Diese paradoxe Dimension ergänzte den Judenhass um eine unheimliche mystische Eigenschaft, die für mittelalterliche Entwicklungen höchst wichtig war.

Doch in Wirklichkeit war dieses vorhersehbar grausame und bedrückende Ergebnis eines Mythos des Blutes kein nach dem Neuen Testament auftretendes Phänomen, sondern ist im Neuen Testament selbst fest verwurzelt.

Das Buch des Neuen Testaments, das die Opfertheorie des Todes Jesu sehr deutlich und erschöpfend umreißt, ist der Brief an die Hebräer. Dieses Buch wurde Paulus zugeschrieben. Die moderne Wissenschaft jedoch hat nachgewiesen, dass Paulus nicht der Urheber war. Seine Kanonisierung und der Glaube, dass es nur von jemandem von so hoher christlicher Autorität wie Paulus geschrieben werden konnte, hat es zu einer der Hauptquellen des christlichen Glaubens gemacht. Seine Bedeutung kommt der des Kreuzes im christlichen Glauben gleich.

Der Brief an die Hebräer behauptet ohne Bedenken, dass der Tod Jesu eine Opferung war, die stellvertretend die Sünden der Menschheit begleicht. Jesus war sowohl der Hohepriester als auch das Opfer: „Ein solcher Hohepriester war für uns in der Tat notwendig: einer, der heilig ist, unschuldig, makellos, abgesondert von den Sündern und erhöht über den Himmel; einer, der es nicht Tag für Tag nötig hat, wie die Hohenpriester zuerst für die eigenen Sünden Opfer darzubringen und dann für die des Volkes; denn das hat er ein für allemal getan, als er sich selbst dargebracht hat.“ (Hebr 7,26–27). Das Thema wird fortgesetzt: „…ist er ein für allemal in das Heiligtum hineingegangen, nicht mit dem Blut von Böcken und jungen Stieren, sondern mit seinem eigenen Blut, und so hat er eine ewige Erlösung bewirkt. Denn wenn schon das Blut von Böcken und Stieren und die Asche einer Kuh die Unreinen, die damit besprengt werden, so heiligt, dass sie leiblich rein werden, wie viel mehr wird das Blut Christi, der sich selbst kraft ewigen Geistes Gott als makelloses Opfer dargebracht hat, unser Gewissen von toten Werken reinigen, damit wir dem lebendigen Gott dienen.“ (Hebr 9, 12–14).

Weiter heißt es:

„Fast alles wird nach dem Gesetz mit Blut gereinigt, und ohne dass Blut vergossen wird, gibt es keine Vergebung. Durch solche Mittel müssen also die Abbilder der himmlischen Dinge gereinigt werden; die himmlischen Dinge selbst aber erfordern wirksamere Opfer. Denn Christus ist nicht in ein von Menschenhand errichtetes Heiligtum hineingegangen, in ein Abbild des wirklichen, sondern in den Himmel selbst, um jetzt für uns vor Gottes Angesicht zu erscheinen; auch nicht, um sich selbst viele Male zu opfern, (denn er ist nicht) wie der Hohepriester, der jedes Jahr mit fremdem Blut in das Heiligtum hineingeht; sonst hätte er viele Male seit der Erschaffung der Welt leiden müssen. Jetzt aber ist er am Ende der Zeiten ein einziges Mal erschienen, um durch sein Opfer die Sünde zu tilgen. Und wie es dem Menschen bestimmt ist, ein einziges Mal zu sterben, worauf dann das Gericht folgt, so wurde auch Christus ein einziges Mal geopfert, um die Sünden vieler hinwegzunehmen; beim zweiten Mal wird er nicht wegen der Sünde erscheinen, sondern um die zu retten, die ihn erwarten.“ (Hebr 9,22–28)

„Dieser aber hat nur ein einziges Opfer für die Sünden dargebracht und sich dann für immer zur Rechten Gottes gesetzt; seitdem wartet er, bis seine Feinde ihm als Schemel unter die Füße gelegt werden.“
(Hebr 10,12–13)

Man beachte, dass hier weder Judas Ischariot noch allgemein den Juden die Schuld am Tod Jesu gegeben wird, der durch seine freiwillige Entscheidung, am Kreuz zu sterben, tatsächlich für seinen eigenen Tod verantwortlich gemacht wird. Wenn in diesem Werk indirekt auf die Juden verwiesen wird, dann in der Rolle der Ungläubigen, nicht der Christusmörder.

„Da es nun dabei bleibt, dass einige hineinkommen, die aber, die früher die Freudenbotschaft empfangen haben, wegen ihres Ungehorsams nicht hineingekommen sind…Bemühen wir uns also, in jenes Land der Ruhe zu kommen, damit niemand aufgrund des gleichen Ungehorsams zu Fall kommt.“
(Hebr 4,6–11)

Offensichtlich waren zu der Zeit, als dieser Brief geschrieben wurde, die Juden noch nicht für die Rolle der Verräter ausersehen, auch war die Figur des Judas Ischariot noch nicht geschaffen worden. Auch wenn nicht von Paulus selbst geschrieben, teilt der Brief doch seine Haltung und muss von einem vertrauten Anhänger von Paulus in der Zeit vor den Evangelien geschrieben worden sein. Doch die Entwicklung des Mythos vom Tod Jesu als Opferung ist hier offensichtlich (obwohl die Sorgfalt seiner Erklärung zeigt, dass es damals etwas Neues war), und es werden Möglichkeiten angesprochen, einen Sündenbock ausfindig zu machen, durch den die Verantwortung für die Opferung von Jesus selbst auf die Juden verlagert wird.

Die Vorstellung von Jesus als Hohepriester, der bei seiner eigenen Opferung amtiert, ist einmalig im Neuen Testament. Nicht ganz einmalig ist es in der Religionsgeschichte, denn wir finden in der nordischen Mythologie die Erzählung von Odins Selbstaufopferung. Die Identität des Opfernden mit dem Geopferten wird auch in solchen Mythen angedeutet, in denen Opfernder und Geopferter Zwillinge sind (z.B. Romulus und Remus). Diese mythischen Tendenzen entstehen aus einem Bedürfnis, bei allen Opfern, seien es Menschen- oder Tieropfer, in das Ritual eine Todesbereitschaft seitens des Opfers einzubinden. Walter Burkert hat dargelegt, wie dieses rituelle Bedürfnis in den Ablauf des griechischen Tieropfers eingefügt wurde.[1] Beim aztekischen Ritual des Menschenopfers nahmen die Bereitschaft und sogar Freude des Opfers (die aus der festen Überzeugung rührte, der Tod werde zur Vergöttlichung führen) dem Opfernden die Schuld an der Opferung. Folglich wurden Menschenopfer von geweihten Priestern durchgeführt, die ihr Gefühl der Unschuld und Reinheit behielten, mochten sie noch so viele blutige Opfer verrichten. Dieser Zustand des Menschenopfermythos von Jesus ist in diesem außerordentlichen Werk erhalten, dem Brief an die Hebräer, der moderne Kommentatoren wegen seiner unverhohlenen Verkündung einer Lehre des Menschenopfers in Verlegenheit gebracht hat. Doch kann er wegen seiner relativen Unschuld so unverblümt sein, da er nichts weiß von der heimlichen Schuld, durch die Verantwortung für Menschenopfer von denen, die Nutzen aus der Bluttat ziehen, auf andere geschoben wird.

In der späteren Erzählung der Evangelien wird die Bereitschaft Jesu, als Opfer zu sterben, immer noch gezeigt, so in seinen Mahnungen an seine bestürzten Jünger, dass er nicht nach Jerusalem gehe, um den Thron Davids und Salomos zu besteigen, sondern um zu sterben, und dass dies etwas Notwendiges und Vorbestimmtes sei. Aber dieser Aspekt der Zustimmung und Bereitschaft wird im Hebräerbrief nicht so sehr hervorgehoben. Erst recht bekommt Jesus keine aktive Rolle als Opfernder zugewiesen, der die Verantwortung für seinen eigenen Tod übernimmt. Vielmehr gibt es ein Drehbuch böser Mächte, die sich zusammentun, um den Tod eines unschuldigen passiven Opfers herbeizuführen. Die Bereitschaft des Opfers trägt nur zu seiner bedauernswerten Hilflosigkeit bei, die wiederum zu der Bösartigkeit seiner Verfolger beiträgt. Es ist die Atmosphäre eines Passionsspiels von unerträglicher Melodramatik, die Gefühle von Mitleid, Trauer und bitterem Zorn weckt. Nichts könnte sich stärker von der Atmosphäre des Briefes an die Hebräer unterscheiden, wo trotz der Thematik eines blutigen Opfers der Ton ruhig und erhaben ist, der Tod eine Sache von großer Feierlichkeit, wie im Tempel, und eben nicht wie im Drama.

Der Hebräerbrief argumentiert, dass der Tod Jesu die Krönung des jüdischen Opfersystems des Tempels darstellt, die beides bietet, seinen Höhepunkt und seine Überwindung. Während die Tempelopfer ständige Wiederholung erforderten, war die Opferung Jesu ein für alle Mal. Doch in der Theorie des Hebräerbriefes war das Opfer Jesu die logische Folge und Fortführung der Tempelopfer in ihrer Funktion als Sühne für Sünde. Wie bei den Tempelopfern gab es keine Sühne ohne Blut, sodass die Löschung der Sünden der Menschheit nur durch das Vergießen des Blutes eines makellosen Opfers herbeigeführt werden konnte – das Blut Jesu, der, da er göttlich war, eine dauerhafte statt einer zeitweiligen Sühne bewirken konnte.

Die behauptete Kontinuität zwischen der Opferung Jesu und den Tieropfern des Tempels ist ein frühes Beispiel für das typische Bemühen des Christentums, Quellen für seine Lehren im Judentum zu finden. Paulus selbst, dessen Ideen hinter dem Brief an die Hebräer stecken, bemüht sich ständig, seine Lehren mit dem Judentum zu verknüpfen, sodass das hohe Ansehen des Judentums von einem Glaubenssystem annektiert werden kann, das in Wirklichkeit viel mehr der Gnosis und Mysterienreligion schuldet. Die gleiche Verbindung der Opferung Jesu und der jüdischen Tieropfer wird von Paulus an verschiedenen Stellen bekräftigt, z.B. „Sühne zu leisten mit seinem Blut, Sühne, wirksam durch Glauben" (Röm 3,25). Hier steht das Wort *hilasterion*, „Sühne", für das hebräische *kapporet*, „Sühnemal", auf das der Hohepriester am Sühnetag das Blut des Sühneopfers sprengte. Ähnlich wird im vierten Evangelium von Jesus gesprochen als „...das Lamm Gottes, das die Sünde der Welt hinwegnimmt" (Joh 1,29).

In Wirklichkeit jedoch ist die Verbindung zwischen der Opferung Jesu und den Tieropfern des Tempels schwach. Wenn Jesus ein Opfer war, dann stellt er eine Rückkehr zum menschlich-göttlichen Opfer dar, wogegen die Hebräische Bibel immer wieder Widerspruch erhebt, z.B. Jeremia 7,31: „Auch haben sie die Kulthöhe des Tofet im Tal Ben-Hinnom gebaut, um ihre Söhne und Töchter im Feuer zu verbrennen, was ich nie befohlen habe und was mir niemals in den Sinn gekommen ist." Die Erzählung der Akedah oder „Bindung" Isaaks bezeichnet den Punkt der Abkehr der israelitischen Religion von der Idee des Menschenopfers und dem Austausch gegen das Tieropfer – ein Austausch, der zu einer tiefgreifenden Veränderung der Idee des Opfers an sich führte. Lange vor Beginn des christlichen Zeitalters wurde das Opfer im Judentum nicht in einem stellvertretenden Sinn gedeutet, d.h. das Tier wurde nicht als Platzhalter des Erbringers des Opfers verstanden, das an seiner Stelle die Strafe erlitt. Tatsächlich waren mindestens die Hälfte der dargebrachten Opfer überhaupt keine Sühneopfer, sondern festliche Opfer, bekannt als Dankopfer oder Friedensopfer, und diese brauchten nicht einmal Tieropfer zu sein, sondern es konnten auch Feldfrüchte sein. Solche Opfer konnten natürlich nicht als stellvertretend verstanden werden; sie waren mit Gott geteilte Festmähler als Danksagung für einen Gunstbeweis oder eine Rettung. Auch die Sühneopfer waren lange genauso verstanden worden: als mit Gott geteilte Mähler der Versöhnung. Es ging hier nicht grundsätzlich um die Sühne einer Sünde, denn die einzige Sühne für eine vorsätzliche Sünde waren Reue und, wo angemessen, Wiedergutmachung. Erst nachdem dieses vorrangige Werk der Reue vollendet war, wurde das Sühnopfer dargebracht. Die Rabbis verwiesen darauf, dass in der Hebräischen Bibel Sühnopfer nur für unabsichtliche Sünden vorgeschrieben sind, nie für vorsätzliche. Aber sie legten bestimmte Verse dahingehend aus, dass Reue vorsätzliche in unabsichtliche Sünde umkehrt und deshalb, sobald Reue stattgefunden hat, ein Sühnopfer dargebracht werden kann, um die endgültige Aussöhnung (*Kapparah*) zu markieren. Unabsichtliche Sünden führten nicht zu Strafe nach dem Gesetz, brachten aber Kummer für den Sünder und ein Gefühl der Ferne von Gott, das durch das Versöhnungsopfer behoben wurde.

Sicherlich bleiben in der hebräischen Bibel Spuren einer früheren Theorie des Opfers, in der es Ersatz- oder Stellvertreterwirkung hatte. Zum Beispiel trägt das beeindruckende Zeremoniell des Sündenbocks am Versöhnungstag diesen Charakter, besonders angesichts der Worte: „Aaron soll seine beiden Hände auf den Kopf des lebenden Bockes legen und über ihm alle Sünden der Israeliten, alle ihre Frevel und alle ihre Fehler bekennen. Nachdem er sie so auf den Kopf des Bockes geladen hat, soll er ihn durch einen bereitstehenden Mann in die Wüste treiben lassen, und der Bock soll alle ihre Sünden mit sich in die Einöde tragen“ (Lev 16,21–22).

Dem gegenüber haben wir jedoch den Spruch der Mischna: „Wer sagt, ich sündige und werde umkehren, dann lässt man es nicht zu einer Umkehr kommen. Ich sündige und der Versöhnungstag wird es sühnen, dann wird der Versöhnungstag es nicht sühnen“ (M. Joma 8,9).[2] Dieser Spruch richtet sich gegen jede Theorie von der magischen Wirksamkeit des Versöhnungstages, Sünden ohne Reue wegzunehmen. So wurde selbst das großartige Ritual des Sündenbockes nicht als wortwörtlicher Sündenerlass verstanden, sondern nur als Symbol der Reue.[3]

Das Ritual war also ein Ansporn zur Reue, nahm aber nicht ihre Stelle ein. Deshalb wurde es trotz der anscheinend eindeutigen Aussage der Thora: „Denn das Blut ist es, das für ein Leben sühnt“ (Lev 17,11) nur darauf bezogen, dass das Vergießen des Opferblutes der letzte Schritt in einem Sühnevorgang war, der Reue und Wiedergutmachung einleitete und hauptsächlich umfasste. Als die Tempeldienste aufhörten, war dies folglich nicht das Ende des Judentums (wie man hätte erwarten können, falls Sühneopfer so unerlässlich für Versöhnung waren), sondern nur das Auftreten einer Lücke im Sühnevorgang, die durch Gebet oder barmherzige Taten gefüllt werden konnte.

Im Christentum hingegen, beginnend mit Paulus, hatte das Blutvergießen eine viel mystischere und wesentlichere Bedeutung. Dem gewaltsamen Tod Jesu wurde unterstellt, die Sühnefunktion der Tempelopfer übernommen zu haben, aber in einem buchstäblichen Sinn, den der Tempeldienst im jüdischen Denken gar nicht mehr hatte. Das Blut Jesu büßte für die Menschheit, weil Jesus sich selbst als Stellvertreter für die sündige Menschheit angeboten hatte und den Tod erlitt, den sie verdiente und so stellvertretend ihre Schuldenlast wegnahm. Dies war ein Rückschritt nicht nur zu der primitiveren Bedeutung des Tieropfers, sondern zu dessen Vorläufer, dem Menschenopfer.

Darauf wird von modernen Apologeten häufig die Antwort vorgetragen, dass die Opferung Jesu nicht als Schuldopfer betrachtet werden kann, weil ein anderer Aspekt stärker in den Vordergrund gerückt ist: die Wirksamkeit des Todes Jesu, indem er Unsterblichkeit für seine Glaubensgemeinschaft erlangt. Dies wird oft als das „partizipative" Ziel der Lehre von der Kreuzigung bezeichnet. Durch Teilhabe am Tod Jesu können Gläubige auch an seiner Auferstehung zum ewigen Leben teilhaben, und dieses positive Ziel überwiegt bei weitem das negative Ziel der Flucht vor Schuld. Wir alle sterben, aber indem Jesus aus freien Stücken das gemeinsame Schicksal der Menschen durchmacht, ermöglicht er ihnen, an seiner eigenen Überwindung des Todes teilzuhaben.

Paulus, so wird besonders argumentiert, vertritt eher eine teilhabende als eine stellvertretende Theorie der Sühne. Dies wird zum Beispiel von D. E. H. Whitely in *The Theology of St Paul* behauptet: „Christus teilte unser Leben, damit wir seines teilen können." Whitely zitiert Texte wie den folgenden: „Nun aber ist Christus von den Toten auferweckt worden als der Erste der Entschlafenen. Da nämlich durch einen Menschen der Tod gekommen ist, kommt durch einen Menschen auch die Auferstehung der Toten" (1 Kor 15, 20–21). „Er ist für uns gestorben, damit wir vereint mit ihm leben, ob wir nun wachen oder schlafen" (1 Thess 5,10). Whitely räumt ein, dass viele andere paulinische Texte einen stellvertretenden Sinn zu haben scheinen (Röm 8,3–4, Kor 5,21, Gal 3,13), argumentiert aber, dass eine solche Interpretation nicht völlig zwingend ist und, im Licht der partizipatorischen Texte, alle Texte in einem partizipatorischen Sinn interpretiert werden sollten. Die partizipatorische Interpretation der neutestamentlichen Texte wäre um Vieles überzeugender, wenn Jesus an Altersschwäche gestorben wäre. Dann könnte man allerdings einleuchtend argumentieren, dass er in die Welt kam, um an menschlicher Erfahrung teilzuhaben und so die Menschen in die Lage zu versetzen, an seiner eigenen Erfahrung der Auferstehung teilzuhaben. Wie die Dinge liegen, bitten uns die Vertreter der Teilhabe zu glauben, die Gewaltsamkeit des Todes Jesu habe keine Bedeutung in der Theorie der Sühne und Erlösung. Falls man die Gewaltsamkeit übergehen kann, dann kann auch der Opferaspekt des Todes Jesu abgetan werden, obgleich er im Mittelpunkt des klassischen christlichen Glaubens steht. Insofern als die Gewaltsamkeit überhaupt in das Bewusstsein liberaler Theologen dringen darf, wird sie als Beispiel eines Martyriums, nicht eines Opfers, betrachtet und als irrelevant für die Soteriologie.

In Wirklichkeit ist die Gewaltsamkeit des Todes Jesu nie irrelevant für seine erlösende Macht gewesen. In den ständigen Versuchen, den Tod Jesu mit dem jüdischen Opferungssystem in Verbindung zu bringen (mag es noch so sehr auf einer Fehldeutung dieses Systems beruhen), sehen wir, dass die Kreuzigung die erlösende Wirkung genau deshalb hat, weil sie ein Opfer ist. Dies verknüpft den Tod Jesu (wie er von Christen von Paulus an interpretiert wird) mit dem gewaltsamen Sterben, das im Mittelpunkt anderer Mysterienreligionen steht, nämlich dem Tod von Osiris, Attis, Adonis und Dionysos. Warum diese menschlich-göttlichen Gestalten auf so entsetzliche Weise sterben mussten und wie die ihnen zuteilwerdende Erlösung mit der Entsetzlichkeit ihres Todes zusammenhängt, kann nur durch eine Untersuchung der Bedeutung des Opfers an sich erklärt werden. Aber für den Moment genügt der Hinweis, dass die Gestalt des gefolterten, sterbenden Jesus am Kreuz, die in unzähligen christlichen Darstellungen abgebildet und ein zentrales Merkmal in jeder Kirche ist, nicht in der milden Art und Weise übergangen werden kann, die von vielen liberalen christlichen Fürsprechern an den Tag gelegt wird. Viel ehrlicher und zutreffender auf die christliche Geschichte und Tradition ist die Haltung des Dichters T. S. Eliot, der akzeptierte, dass der entsetzliche, gewaltsame Tod der Kern des Christentums war, und sich nicht gegen den Gedanken sperrte, dass dies das Christentum in die Kategorie der Mysterienreligionen einordnete. Für Eliot war die Gewaltsamkeit des christlichen Mythos der Hinweis auf seine Tiefgründigkeit. In den Chören von Mord im Dom stellt er den Tod Christi in Zusammenhang mit einer grausamen Welt, in der alle Wesen leben, indem sie andere fressen, die beklemmende Welt des Reißens und Zerfleischens, die Christus durch seine eigene Opferung zu erlösen kam, welche die grausamen zubeißenden Zähne in eine spirituelle Welt gegenseitiger Einverleibung verwandelte. In „Gerontion“ spricht er von „Christus dem Tiger“, der kommt, um zu fressen und gefressen zu werden; in „Aschermittwoch“ symbolisiert der Leopard die Gewaltsamkeit des christlichen Lebens der *imitatio Christi*. Eliot hätte den heutigen christlichen Liberalismus als verweichlichte Revision einer Religion betrachtet, die die Gewalttätigkeit der Welt in ihr Herz einschließt und so die Romantik des gewaltsam sterbenden jungen Gottes gegenüber dem Kompromiss mit den Werten des Alters aufrechterhält.

Aber die „partizipatorische“ Theorie kann ohnehin die Aufgabe nicht erledigen, für die sie gedacht ist. Zu sagen, dass für Paulus der Zweck des Todes Jesu nicht so sehr das stellvertretende Leiden für die Sünden anderer war, sondern ihre Befähigung, am ewigen Leben teilzuhaben, ist keineswegs gleichbedeutend mit der Aussage, dass die Gewaltsamkeit des Todes Jesu unnötig für die Erlösung war. Denn „Teilhabe“ war immer ein wichtiges Merkmal einer Opferreligion, das unauflösbar mit Gewalt verknüpft ist. Die Mysterienreligionen waren in der Tat hauptsächlich partizipatorisch. Die Mysterien von Osiris, Attis, Adonis und Dionysos entsprachen genau dem, was das paulinische Christentum versicherte: ewiges Leben zu erlangen und somit gottähnlich zu werden. Aber dies bedeutete nicht, dass der Tod des betreffenden Gottes etwas Geringeres als gewaltsam sein konnte. Es war die Gewaltsamkeit des Todes, die dem Eingeweihten die Teilhabe ermöglichte. Dies hatte den einfachen Grund, dass die Mysterienreligionen spiritualisierte Versionen von sehr alten Riten des Menschenopfers waren, die auf die Wirkungskraft der Tötung des auserwählten Opfers baute, manchmal erschwert durch längere Folter, um die Wirkungskraft der Magie zu steigern. Denn zumindest teilweise ist das Ziel des Opferns, die Lebenskraft des Opfers zu nutzen, indem es langsam und gewissenhaft gemolken wird, damit nichts davon in einem schnellen und nutzlosen Ausströmen vergeudet wird. Die Anwendung der Opferfolter lässt sich anschaulich in den Menschenopferritualen der Apachen beobachten.

In den hellenistischen Mysterienreligionen stand Teilhabe an erster Stelle, da der Gedanke der Sühne für Sünde kaum einen Teil in der Theorie von der erlösenden Wirkungskraft des Todes des Menschengottes bildete. Im paulinischen Christentum wird Sühne für Sünde am stärksten im Brief an die Hebräer betont und ist zweifellos als wichtiges Thema vorhanden in den echten paulinischen Briefen, ist aber hier dem Hauptthema der Erlangung der Unsterblichkeit untergeordnet. Doch Paulus ordnet dadurch das Thema des gewaltsamen Leidens Jesu am Kreuz nicht nachrangig ein. Hingegen betont er dies als Kern des

Glaubens. „Wir dagegen verkünden Christus als den Gekreuzigten" (1 Kor 1,23); „Ich bin mit Christus gekreuzigt worden; nicht mehr ich lebe, sondern Christus lebt in mir" (Gal 2,19–20). Teilhabe und Kreuzigung sind in einem Atemzug genannt. Sühne für Sünde ist sicherlich Teil der Wirkungskraft des Todes Jesu am Kreuz, aber Sünde wird vor allem als Hindernis für Unsterblichkeit betrachtet. Somit ist der Versuch, Sühne von Teilhabe abzutrennen, schlecht durchdacht; sie sind Teil des gleichen Musters der Vergöttlichung der Menschheit. Wenn der Mensch den Makel von Adams Sünde nur loswerden könnte, dann könnte er unsterblich und daher göttlich werden. Die gnostische Sehnsucht nach Göttlichkeit wird durch ein jüdisches Bewusstsein der Sünde behindert, und der gnostische Glaube an Transzendenz durch gnosis allein ist verschwunden und lässt nur die Hoffnung auf das stellvertretende Opfer. Während im Judentum Sünde als Hindernis für das Vollbringen guter Taten auf der Erde betrachtet wird und deshalb Stück für Stück angepackt werden muss durch Reue und Kampf gegen die „böse Neigung", ist Sünde im paulinischen Christentum ein Hindernis für die Flucht aus dieser Welt in die Göttlichkeit und muss deshalb durch ein einmaliges Opfer von kosmischen Ausmaßen ausgelöscht werden.

Bei Paulus jedoch ergibt sich das göttliche Opfer durch böse Kräfte. Er erklärt: „Keiner der Machthaber dieser Welt hat sie [d.h. die Weisheit Gottes] erkannt; denn hätten sie die Weisheit Gottes erkannt, so hätten sie den Herrn der Herrlichkeit nicht gekreuzigt" (1 Kor 2,8). Hier haben wir den Keim, der den christlichen Antisemitismus erzeugte. Anders als der Mythos des Hebräerbriefes (in dem Christus sich selbst kreuzigt) haben wir hier den charakteristischeren christlichen Mythos, der dem Bösen eine heilige Aufgabe gibt: unwissentlich die Erlösung zu bewirken, während man nur Böses bezweckt. Paulus selbst setzt die Mächte des Bösen nicht mit den Juden gleich. Er scheint sich hier auf die kosmischen Mächte des Bösen zu beziehen, und seine Verwandtschaft mit dem Dualismus der Gnosis ist offenkundig. Aber es dauerte nicht lange, bis der Schritt getan wurde, die Juden als die irdischen Vertreter des kosmischen Bösen zu erkennen, und dieser Schritt wurde in den Evangelien vollzogen.

Anmerkungen

1 Burkert (1983), S. 140–47.
2 Die Mischna. Textkritische Ausgabe mit deutscher Übersetzung und Kommentar, hg. v. Michael Krupp. Jerusalem 2003.
3 Siehe Milgrom (1976).

Kapitel 11

Das Stigma des Gottesmordes

Der Opfermythos, den Paulus um den Tod der jüdischen Messiasgestalt Jesus webte, konnte sich in den Evangelien, wo die Juden allmählich für eine dämonische Rolle besetzt werden, erzählerisch voll entfalten. Bevor wir diese Passionserzählungen untersuchen, ist es freilich angebracht, ein anderes Dokument des Übergangs zu betrachten, den außergewöhnlichen Brief an die Kolosser. Die Wissenschaftler sind sich einig, dass er nicht von Paulus geschrieben wurde, auf dessen Urheberschaft sich der Brief selbst wiederholt beruft. Die Argumente sind nicht so schlagend wie im Fall des Hebräerbriefes (der selbst keinen Anspruch auf Paulus' Urheberschaft erhebt), und es bleibt immerhin die Möglichkeit, dass Paulus ihn vom Gefängnis aus schrieb, wie der Brief geltend macht. Jedenfalls trägt er zweifellos den Stempel paulinischer Gedanken und wurde mindestens von einem vertrauten Jünger Paulus' verfasst.

Das Opferthema wird früh angekündigt: „Denn Gott wollte mit seiner ganzen Fülle in ihm wohnen, um durch ihn alles zu versöhnen. Alles im Himmel und auf Erden wollte er zu Christus führen, der Friede gestiftet hat am Kreuz durch sein Blut. Auch ihr standet ihm einst fremd und feindlich gegenüber; denn euer Sinn trieb euch zu bösen Taten. Jetzt aber hat er euch durch den Tod seines sterblichen Leibes versöhnt, um euch heilig, untadelig und schuldlos vor sich treten zu lassen“ (Kol 1,19–22). Hier liegt der Akzent auf der Vergebung der Sünden durch die Opferung Jesu, nicht auf der Teilhabe an der Unsterblichkeit. Die Verknüpfung von Vergebung der Sünden und Unsterblichkeit wird später bekräftigt: „Ihr wart tot infolge eurer Sünden, und euer Leib war unbeschnitten; Gott aber hat euch mit Christus zusammen lebendig gemacht und uns alle Sünden vergeben. Er hat den Schuldschein, der gegen uns sprach, durchgestrichen und seine Forderungen, die uns anklagten, aufgehoben. Er hat ihn dadurch getilgt, dass er ihn an das Kreuz geheftet hat. Die Fürsten und Gewalten hat er entwaffnet und öffentlich zur Schau gestellt; durch Christus hat er über sie triumphiert" (Kol 2,13–15). Die bösen Mächte sind hier nicht die Juden, sondern kosmische Gewalten, die gegen Jesus standen, der sie besiegte und zu lächerlichen Gestalten in seinem Triumphzug machte. Dies ist durch sein Leiden am Kreuz bewerkstelligt worden. Der Ton jubelnder Verachtung für die „kosmischen Mächte" erinnert uns an die Gnostiker, die den Demiurgen und seine Anhänger „zum Lachen" fanden.[1] Doch das Thema der Erlösung durch göttliches Opfer ist der Gnosis fremd, ebenso die Betonung auf den „Tod seines [Christi] sterblichen Leibes". Im Christentum muss das Opfer ein echtes sein, und das Leiden am Kreuz muss mit echtem Schmerz und Blutvergießen verbunden sein; anderenfalls gibt es keine Erlösung. Hier im Kolosserbrief sehen wir die einzigartige Mischung von gnostischem Dualismus und den Opferthemen der Mysterienreligionen, die das Christentum ausmacht, deutlich aufgezeigt. Das ist tatsächlich so klar, dass die „Teilhaber" (an Christi Tod, die Getauften) und die Exegeten eines Christentums, das sich nicht auf das Opfer beruft, nie versucht haben, den Kolosserbrief in ihrem Sinn neu auszulegen, da sie meinen, die verbreitete Ansicht, der Kolosserbrief sei gefälscht, befreie sie von den mentalen Verrenkungen, die sie auf die akzeptierten Paulusbriefe angewandt haben.[2]

Erst in den Evangelien werden die bösen übernatürlichen Gewalten, die früher für den Tod Jesu für verantwortlich gehalten wurden, mit den Juden als ihren irdischen Repräsentanten identifiziert. So werden die Juden in jedem politischen Zusammenhang, wo das Christentum als offizielle Religion angenommen worden ist, für den Pariastatus ausersehen.

Die Evangelien konstruieren eine Erzählung von der Geburt, von Leben und Tod Jesu, indem sie ihn in Verbindung bringen mit jüdischer und römischer Geschichte, sowohl in religiöser, als auch in politischer Hinsicht. Gestalten wie Pontius Pilatus, Kajaphas, Herodes Antipas, Johannes der Täufer und Bewegungen wie die Pharisäer und die Sadduzäer (als Träger einer Rolle im Leben Jesu) werden in den am frühesten verfassten Dokumenten des Neuen Testaments, den Schriften von Paulus und seinen Anhängern, nicht erwähnt. Was motivierte die Abfassung der Evangelien als Erzählungen, im Gegensatz zu den mahnenden theologischen Schriften, die Jesus eher als eine kosmische denn eine historische Gestalt behandeln?

Der auffällige Unterschied zwischen den Briefen und den Evangelien hat zeitweilig Theorien von der völlig mythischen Natur der Person Jesu hervorgebracht. Georg Brandes und in jüngerer Zeit G. A. Wells haben bestritten, dass Jesus überhaupt wirklich existiert habe, und behauptet, die offenbar historisch fundierten Evangelien seien Versuche, einen Mythos zu historisieren.

Solche Theorien könnten überzeugen, wenn es nur das Johannesevangelium gäbe, aber das authentische jüdische Material in den synoptischen Evangelien macht es unmöglich, Jesus bloß als mythisch zu betrachten. Der Grund, warum die Autoren der Evangelien glaubten, eine historische Erzählung vorlegen zu müssen, ist, dass die Erwartung eines unmittelbar bevorstehenden eschatologischen Ereignisses brüchig geworden war und die Anhänger Jesu zu einer etablierten Gemeinschaft angewachsen waren, die Institutionen brauchte. Die Jerusalemer Kirche, die fest im Judentum verankert war, brauchte wahrscheinlich nur eine Sammlung der Sprüche Jesu, wie sie in der in den Evangelien enthaltenen Logienquelle Q erkannt worden sind; ihre mündliche Tradition hingegen bewahrte zudem viel Historisches und Biografisches. Doch diejenigen Anhänger Jesu, die ihre Verbindungen zum Judentum gekappt hatten und die Jerusalemer Kirche als Rivalin empfanden, die ihre eigene Version der Mission Jesu bedrohte, konnten nicht ohne kanonischen Bericht dessen auskommen, was Jesus anstrebte und wie er endete. Viele Evangelien wurden geschrieben, um diese notwendige Erzählung zu liefern, und davon schafften es vier, die Unbeständigkeiten der frühkirchlichen Streitereien zu überdauern und kanonisiert zu werden. Diese Evangelien verwendeten alle Material, das aus der mündlichen Tradition der Jerusalemer Kirche herrührte, ausgestaltet und redigiert, damit es sich mit den paulinischen Vorstellungen von der Mission Jesu deckte.

Das große Ereignis, das zwischen Paulus' Schriften und den Evangelien eintrat, war die Zerstörung des jüdischen Tempels. Dies bestimmte den gewaltigen Unterschied im Ton zwischen den früheren und den späteren Schriften. Als Paulus schrieb, existierte der jüdische Staat noch, erschüttert vom Unglück einer schlechten römischen Verwaltung und dem jüdischen Widerstand, aber noch mit intakten religiösen und politischen Strukturen aus der Zeit der Selbstregierung. Als die Evangelien geschrieben wurden, war dies alles Vergangenheit. Das nachhaltige Trauma der Zerstörung des Tempels, verbunden mit der militärischen Niederlage und dem Verlust vieler Tausender an die Sklaverei, bedeutete ein Ereignis von apokalyptischen Ausmaßen. Gewisse Richtungen des jüdischen Glaubens, darunter das Sadduzäertum und die Sekte der Schriftrollen vom Toten Meer, erholten sich nie von dem Schlag. Nur das Pharisäertum konnte wegen seiner relativ distanzierten Einstellung gegenüber dem Tempel und der Priesterschaft die Krise überleben.

Selbst in der jüngeren Vergangenheit haben wir erlebt, wie ein einschneidendes Ereignis wie der Sechstagekrieg apokalyptische Deutungen hervorbringen kann, bei Juden wie bei Christen. Unter den Juden weckte die Zerstörung des Tempels die Erinnerung an die frühere Zerstörung durch die Babylonier, auf die siebzig Jahre später die Rückkehr und die Wiedererrichtung des Tempels folgten. Wahrscheinlich war es dieses Muster, das über den Zeitpunkt für den Bar-Kochba-Aufstand siebzig Jahre nach der Zerstörung des Tempels durch Titus entschied.

Wir wissen nicht, wie die jüdischen Christen der Jerusalemer Kirche die Zerstörung des Tempels deuteten. Sie kämpften neben ihren jüdischen Brüdern im Krieg gegen Rom[3] und blieben als geschwächte Organisation zurück. Später lehnten sie die Teilnahme am Bar-Kochba-Aufstand ab, weil sie Jesus, nicht Bar Kochba, für den Messias hielten. Man könnte vermuten, dass die jüdischen Christen die Zerstörung des Tempels als Teil eines apokalyptischen Musters begriffen, das zur triumphalen Rückkehr Jesu führen werde, der den Tempel wiedererrichten würde.

Für paulinische Christen war die Zerstörung des Tempels freilich ein Ereignis von weitaus größerer theologischer Bedeutung. Es bedeutete, dass Gott entschieden hatte, den Bund vom Sinai zu beenden und ihn durch den neuen Bund des Blutes Jesu zu ersetzen. Dies ist die Symbolik des Reißens des Tempel-„Vorhangs“ zur Zeit der Kreuzigung, wie die drei synoptischen Evangelien berichten (Mt 27,51, Mk 15,38, Lk 23,45). „Jesus aber schrie noch einmal laut auf. Dann hauchte er den Geist aus. Da riss der Vorhang im Tempel von oben bis unten entzwei.“ (Lukas allerdings lässt das Reißen des Vorhangs dem letzten Schrei Jesu vorausgehen.[4]) Der „Vorhang“ des Tempels war die Abgrenzung vor dem Allerheiligsten. Er wurde nur einmal im Jahr durchschritten, nämlich vom Hohepriester am Versöhnungstag. Er stellte also das äußerste Mittel der Sühne oder Erlösung dar, das das Judentum gewährte. Das Reißen des „Vorhangs“ kündigte deshalb die Zerstörung des Tempels an und bezeichnete das Ende des Judentums als Mittel der Erlösung. Als prophetisches Ereignis ist es natürlich Legende, und sein Vorkommen in den Evangelien zeigt, dass sie nach und im Licht der historischen Zerstörung des Tempels geschrieben wurden.

Die Zerstörung des Tempels war somit ein willkommenes und befreiendes Ereignis für die paulinische Kirche, die sich vom Judentum abgespaltet und alle Beziehungen zum jüdischen Patriotismus wie auch zum jüdischen Anspruch, das Volk Gottes zu sein, gekappt hatte. Glaubt man, dass die Evangelien aus einer Woge des Vertrauens und der Bekräftigung heraus geschrieben wurde, dann begreift man ihr außergewöhnliches Feuer und ihren Mythen schaffenden Schwung. Der Bruch mit der jüdischen Autorität (sowohl in Form des Judentums an sich als auch des ehrfurchtgebietenden Charismas der Jerusalemer Kirche) war von Bedenken und Verzagtheit begleitet; jetzt hatte er sich jedoch als richtig erwiesen. Die Juden waren vom Zorn Gottes heimgesucht worden. Ihr kühner Versuch, sich von der Macht Roms zu befreien, hatte sich als Verblendung erwiesen oder sogar als eine von Gott, der sie abgewiesen hatte, gestellte Falle. Schlimmer noch – das Leid, das sie jetzt erfuhren, war von solchem Ausmaß, dass sie eines schrecklichen Verbrechens schuldig sein mussten. Was könnte dies sein außer dem schlimmsten aller denkbaren Verbrechen, der Ermordung Christi? Während bis dahin die Schuld am Tod Jesu überwiegend bösen kosmischen Mächten (so die paulinischen und pseudopaulinischen Briefe) zugeschrieben worden war, unterstützt und angestiftet von den heidnischen Unterdrückern, den Römern (Offenbarung), wurde nun klar, dass die wahren Schurken die Juden waren.

In jüngerer Zeit haben Kommentatoren des Neuen Testaments versucht, die Evangelien hinsichtlich der sozialen und religiösen Bedürfnisse der Gemeinden zu erklären, für die sie geschrieben waren. Dies war mit umfangreicher Erforschung der historischen Umstände der frühen christlichen Gemeinden in Alexandria, Antiochia, Rom und anderen Orten verbunden. Seltsamerweise aber haben die Gelehrten mit wenigen Ausnahmen (besonders S. G. F. Brandon) versäumt, die Wirkung des erschreckendsten Ereignisses der Zeit, der Zerstörung des Tempels, auf die Ziele und den Inhalt der Evangelien zu berücksichtigen.

Verbunden mit dem Bedürfnis der paulinischen Kirche, sich wegen der allgemeinen Unbeliebtheit der rebellischen Juden in der römischen Welt als nichtjüdisch zu definieren, bot die Katastrophe, die die Juden getroffen hatte, das Zeichen des Himmels, das benötigt wurde, um eine umfassende antijüdische Kampagne in Gang zu setzen. Die Katastrophe war traumatisch genug; aber die Widerstandsfähigkeit der Juden war so groß, dass sie sich nach einer überraschend kurzen Zeitspanne von dem Schlag erholen und einen noch abträglicheren Aufstand gegen Rom beginnen konnten. Man könnte argumentieren, dass die Wirkung der Zerstörung des Tempels auf die paulinische Kirche, durch die den Juden die Rolle der zu Recht bestraften Gottesmörder zugewiesen wurde, auf Dauer für die Juden nachteiliger war als die eigentliche Zerstörung.

Die Evangelien sind so geschickt und dramatisch konstruiert, dass sie die jüdische Schuld unterstreichen. Gleichzeitig betonen die Evangelien auch die Unvermeidbarkeit des Todes Jesu als Mittel der Erlösung für die Welt. Zusammen geben diese zwei Faktoren den Juden die Rolle der

Heiligen Henker, dazu verurteilt, durch ihre eigene Verdammung die Erlösung herbeizuführen.

Jüdische Schuld wird auf vielen subtilen Wegen vermittelt. Wie wir gesehen haben, wirkt die Gestalt des Judas Ischariot symbolisch, um den Verrat der Juden allgemein an einem der Ihren darzustellen. „Er kam in sein Eigentum, aber die Seinen nahmen ihn nicht auf" (Joh 1,11). Alle Gruppen des jüdischen Volkes werden als feindselig gegenüber Jesus dargestellt, und wenn sie ihn zeitweilig unterstützen (wie am Palmsonntag), dann vergrößert dies nur ihre Schuld, weil ihr folgender Entzug der Unterstützung ein Element des Verrats hinzufügt. Einige Juden freilich unterstützen Jesus, nämlich seine nächsten Anhänger, die Apostel. Aber sogar sie zeigen einen Mangel an Loyalität und Verständnis, da sie die Jerusalemer Kirche repräsentieren, die sich jedoch am Ende als Paulus' überlegener Vision unterlegen erweist. Wie wir gesehen haben, vervollständigt die Verunglimpfung der Pharisäer die Schande des jüdischen Volkes und seiner Überlieferung. Manchmal werden die Juden nur als blind und dumm geschildert und nicht als bösartig. Diese Haltung ist das Erbe der Gnosis mit ihrer Ansicht von den Juden und dem Judentum als irdisch und ungeistig. Häufiger wird aber ein Ton angeschlagen, der den Juden den boshaften, sinnlosen Wunsch unterstellt, Jesus aus teuflischem Hass auf das Gute zu töten.

Oft wird die Entschuldigung vorgetragen, dass die Evangelien sich nicht ausdrücklich gegen die Juden richten, sondern nur gegen das Böse im Menschen, für das die Juden damals zufällig standen. Oft ist zu hören: „Wenn wir dort gewesen wären, hätten wir das Gleiche getan." Diese Behauptung ist aus vielen Gründen falsch. Allein die Tatsache, dass die früheren schriftlichen Zeugnisse des Neuen Testaments den Juden nicht die Schuld zuweist, beweist, dass die antijüdische Ausrichtung der Evangelien eine bewusste Entscheidung war. Anstatt die Römer zu beschuldigen, die tatsächlich die Kreuzigung des Juden Jesus (und von Tausenden anderen Juden, die als umstürzlerisch betrachtet wurden) durchführten, wurde die verständliche, wenngleich feige Entscheidung getroffen, die gesamte Schuld den Juden zu geben, einem Volk, das sich damals im tiefsten Elend der Niederlage befand. Es war eine ungefährliche Entscheidung, weil von einem hilflosen Volk keine Vergeltung zu erwarten war. Den Römern dagegen konnte man nicht gefahrlos die Schuld zuschieben, und die paulinischen Christen fürchteten zu Recht, dass jede Andeutung von Schuld in Richtung Rom sie in römischen Augen in das gleiche rebellische Lager wie die Juden stecken würde. Dennoch ist es wirklich bemerkenswert, wie es den Evangelien gelingt, die Römer angesichts der Relikte der historischen Tatsachen, die selbst sie nicht verwischen konnten, von jeglicher Schuld reinzuwaschen.

Mit einer Ausnahme: Das Buch der Offenbarung gibt allerdings den Römern die Schuld und sagt sogar den Untergang Roms als Strafe für sein Verbrechen voraus. Allerdings wird hier aus Gründen der Tarnung nicht von Rom, sondern von Babylon gesprochen. Die paulinischen und pseudopaulinischen Briefe beschuldigen keine irdische Autorität – sieht man von der pseudopaulinischen Ergänzung zu 1 Thess ab, welche die antisemitische Strategie der Evangelien vorwegnimmt. Aber selbst die Methode, kosmischen Mächten die Schuld zu geben, ist eigentlich eine versteckte Art, die Römer zu beschuldigen, die als Supermacht mühelos mit dem „Fürsten dieser Welt", dem Teufel, identifiziert werden können. Eine Vorsicht, Rom zu erwähnen, selbst unter dem Deckmantel eines irdischen Pseudonyms, ist bereits in den Briefen offenkundig, hat sich aber noch nicht zu Entlastung entwickelt.

In den Evangelien dagegen ist Rom sorgfältig entlastet. Pilatus, der römische Statthalter, wird als höchst unwillig, Jesus hinrichten zu lassen, geschildert. Es wird sogar betont, dass er ahnungslos gewesen sei, welche Gefahr für Rom von Jesus Anspruch, König der Juden zu sein, ausging. Im Johannesevangelium (Joh 19,12–15) stellt er vielmehr Jesus den Juden mit den Worten vor: „Da ist euer König!" Er muss sich von den Juden sagen lassen: „Wenn du ihn freilässt, bist du kein Freund des Kaisers; jeder, der sich als König ausgibt, lehnt sich gegen den Kaiser auf", als ob man einem römischen Präfekten sagen müsse, jeder, der Anspruch auf den jüdischen Thron erhebe, müsse wegen Rebellion gekreuzigt werden. Die Juden rufen aus: „Weg mit ihm, kreuzige ihn!", worauf der unglaubliche Dialog folgt: „Pilatus aber sagte zu ihnen: Euren König soll ich kreuzigen? Die Hohenpriester antworteten: Wir haben keinen König außer dem Kaiser." Das Bild des Pilatus (aus anderen Quellen als Schlächter bekannt) als eines politisch Unschuldigen wird nur von der Unwahrscheinlichkeit übertroffen, dass Pilatus, anders als die groben weltlichen Juden, anerkennt, dass Jesus, als er sich als König bezeichnet, meint, sein Königtum sei nicht von dieser Welt. Zuvor in derselben Szene, als Pilatus erklärt hatte, „Ich finde keinen Grund, ihn zu verurteilen", hatten die Juden (die Szene wechselt zwischen „die Juden" und „die Hohepriester" in einer Weise ab, dass alle Juden von den höchsten bis zu den geringsten eingeschlossen sind) ihren angeblich wahren Grund für ihren Wunsch, Jesus aus dem Weg zu räumen, aufgedeckt. „Wir haben ein Gesetz, und nach diesem Gesetz muss er sterben, weil er sich als Sohn Gottes ausgegeben hat." Also sieht das vollständige Drehbuch so aus: Die Juden wollen Jesus aus religiösen Gründen töten, weil sein

Anspruch auf Göttlichkeit „blasphemisch" sei; sie erfinden deshalb einen politischen Grund, um ihn bei den Römern zu denunzieren, obgleich sie sehr wohl wissen, dass Jesus keine politischen Ziele hat. Pilatus, der weiß, dass Jesus unpolitisch ist, beugt sich dem falschen jüdischen Vorwurf, Jesus sei eine politische Bedrohung, während er ehrfürchtig davon überzeugt ist, Jesus sei tatsächlich Gottes Sohn.[5] Dieses ganze Szenario manipuliert die historischen Fakten, dass Jesus in der Tat eine Bedrohung für die römische Besatzungsmacht war, da er Anspruch auf den jüdischen Thron erhob, und dass die Römer, zusammen mit ein paar jüdischen Quislingen, ihn mit ihrer üblichen Bestrafung für Umsturzversuch mit der Kreuzigung aus dem Weg räumten. Das Gesamtergebnis der Manipulation durch die Evangelien ist, dass die Römer als unschuldige Opfer einer jüdischen List dastehen. Eine unwahrscheinlichere Verdrehung historischer Fakten ist kaum vorstellbar.

Zusätzlich zur Verharmlosung von Pilatus werden die Römer durchgängig in einem vorteilhaften Licht gezeigt. Der Erste, der die Göttlichkeit Jesus eingesteht, ist der römische Zenturio, der ihn sterben sieht und sagt: „Wahrhaftig, das war Gottes Sohn" (Mt 27,54, Mk 15,39, aber bei Lukas 23,47 sagt der Zenturio nur: „Das war wirklich ein gerechter Mensch"; offenbar sperrt sich Lukas gegen die Rohheit der Übertragung religiöser Erkenntnis und Autorität von den Juden auf die Römer). Ausgerechnet der Mensch, der die Kreuzigung beaufsichtigt, wird wegen seiner Verehrung des Gekreuzigten von der Schuld entlastet. Nirgendwo in den Evangelien sehen wir die Römer als grausame Unterdrücker eines brutal unterworfenen und ausgebeuteten Volkes.

So steht die Behauptung, die Juden repräsentierten nur das menschliche Böse, im Widerspruch zu der Tatsache, dass die Evangelien eine absichtliche Übertragung der Schuld von den wahren Henkern Jesu, den Römern, auf die Juden betreiben. Die Behauptung selbst ist als eine Art Trost oder Zuspruch für die Juden gedacht, die bestürzt sind, sich als die Schurken in der Erzählung der Evangelien wiederzufinden: „Wir geben euch nicht wirklich die Schuld, weil jeder andere das Gleiche getan hätte." Diese Versöhnlichkeit wiederholt den angeblichen (nur Lukas bekannten) Ruf Jesu am Kreuz: „Vater, vergib ihnen, denn sie wissen nicht, was sie tun" (Lk 23,34). Man fühlt sich an den von der römisch-katholischen Kirche heiliggesprochenen Pater Kolbe erinnert, der jede Anklage gegen die Juden glaubte, auch die Ritualmordlegende, ihnen aber alles verzieh. Solche Frömmelei kann von den Verleumdungsopfern kaum willkommen geheißen werden. Falsche Beschuldigungen werden durch Vergebung nicht besser, noch kann Vergebung die Untersuchung ersetzen, ob der Angeklagte wirklich schuldig ist.

Manche Kommentatoren schlagen vor, dass selbst die gegen die Juden erhobene Anklage des Gottesmordes nicht wahr sei, die Juden sollten sich nicht darum kümmern, denn die Anklage sei nur symbolisch. „Die Juden", die ständig in der Erzählung des Johannes auftreten, sollten nicht mit wirklichen Juden gleichgesetzt werden, da der Begriff nur für menschliche Sünder im Allgemeinen stünde, die in jeder historischen Epoche Christus leugnen und die deshalb als „geistig verantwortlich" für seinen Tod betrachtet werden können. Ich frage mich, wie die Reaktion wäre, wenn man den Begriff „die Schwarzen" für „die Juden" einsetzen würde. Ich meine, dann würde offenkundig, dass die Verwendung jeder Menschengruppe als Symbol des Bösen untragbar ist. Damit wird das genaue Gegenteil des Beabsichtigten erreicht: Anstatt Leser zu beeinflussen, sich selbst die Schuld für Böses zu geben, beeinflusst es sie unweigerlich, die gesamte Schuld auf die Gruppe abzuwälzen, die in der Erzählung der Verleumdung ausgesetzt ist. Ein eingefleischter Bösewicht wie Jago, in seiner ganzen Niedertracht auf der Bühne vorgeführt, wird vom Publikum ausgepfiffen und dient nicht dazu, die eigene Einstellung zu Niedertracht zu überprüfen. Selbst Jago ist kein so melodramatischer Bösewicht wie Judas Ischariot (der tatsächlich alle grundlos satanischen Schurken in der westlichen Literatur inspiriert hat), und wenn das „Wir-sind-alle-schuldig"-Argument nicht auf Judas angewendet wird (was anscheinend nicht der Fall ist), sollte es nicht als relevant für den kollektiven Judas, das jüdische Volk, betrachtet werden. Wenn die Evangelien die Leser wirklich anregen wollen, sich selbst die Schuld zu geben, haben sie sich die am wenigsten wirksame künstlerische Methode zu diesem Zweck zu eigen gemacht.

Noch wichtiger für die Dämonisierung der Juden und ihre spätere Rolle als eine Pariakaste im Christentum ist die Erhöhung ihres Verbrechens des Gottesmordes in den Rang eines erlösenden Ereignisses. Dies mag überraschend und paradox erscheinen. Viele Juden (einschließlich Disraeli) haben sich gefragt, warum sie von Christen nicht mit Dankbarkeit, sondern mit Hass betrachtet werden, da doch ihre angebliche Tötung Jesu die direkte Ursache christlicher Erlösung war. Aber man ist dann nicht mehr überrascht, wenn man die christliche Erzählung von der Erlösung mit ähnlichen Erzählungen vergleicht, etwa den Mythen von Osiris, Baldur und anderen. Die Einstellung der Eingeweihten zum Tod ihres Erlösers muss von reinem Schmerz und Leid geprägt sein. Es darf keine Beimischung von Befriedigung oder Freude bei dem Gedanken geben, dass dieser schreckliche Tod Erlösung bringt, ein Gedanke, der in der Zeit des Trauerns aus dem Geist verbannt wird. Wenn die gute Nachricht überbracht wird, dass die Auferstehung stattgefunden hat, kommt eine erstaunte Freude hinzu, die umso größer ist, als die Erlösung völlig unerwartet ist. Die Phänomenologie der Erlösung durch Opferung geht somit von gespaltenen Geisteszuständen aus, die getrennt gehalten werden müssen, damit sich nicht das ganze Erlösungsgeschehen auflöst. Den Eingeweihten wird dann bewusst, dass sie alles andere als die Empfänger einer unerwarteten Erlösung sind, sondern das ganze Drama selbst arrangiert haben.

Dieses Syndrom der Gespaltenheit könnte eine bessere Erklärung für die Geburt der Tragödie liefern als die bisher angebotenen verschiedenen und widersprüchlichen Erklärungen. Die Tragik der athenischen Dramen ist einem tiefen Verständnis des unerbittlichen Prozesses des Schicksals zugeschrieben worden, gegen den menschliche Versuche der Selbstbehauptung Hybris darstellen. Dies mag zwar für die künstlerische Durchführung der athenischen Tragödie gelten, aber ihre Ursprünge, die zweifellos religiös waren, könnten in der Gespaltenheit liegen, die charakteristisch für Riten des Menschenopfers war. Dieselben religiösen Feste, die Aufführungen der Tragödie umfassten, waren auch Anlässe für die Aufführung von Komödien, aber die zwei konnten nicht gemischt werden. Die Tragödie leitet sich aus der Trauer um das Gottmenschenopfer ab, das nicht durch Hoffnung beeinträchtigt werden darf, die Komödie aus dem Glanz der unerwarteten Freude über die Auferstehung des geopferten Heroen. Eine ähnliche Gespaltenheit kann man in der frühesten Fassung des Markusevangeliums sehen, das mit dem Tod Jesu endet und keinen Bericht von der Auferstehung enthielt.

Es ist diese tragische Gespaltenheit, die den besonderen gegen die Juden gerichteten Hass erklärt. Wo das Opfer vom Menschen, nicht vom Gott, getötet wird, ist es von überragender Wichtigkeit, dass die Eingeweihten saubere Hände haben. Deshalb ist es notwendig, eine Person oder Klasse von Personen zu haben, der man die Schuld an der Bluttat zuschieben kann. Je mehr diese Person oder die Klasse von Personen aus Abscheu abgelehnt wird, desto stärker kann der Eingeweihte die Verantwortung für den abscheulichen Mord, der ihm Erlösung bringt, abstreiten. Somit wird Hass ritualisiert. Der Hass an sich wird Teil des Erlösungsprozesses.

Bei wirklichen Riten des Menschenopfers, wie sie in primitiven Zeiten und sporadisch in historischen Zeiten bis in die Gegenwart ausgeübt wurden, gab es eine rituelle Figur, die die Opferung ausführte und dann vom Stamm verflucht und in die Wüste verbannt wurde. In der hellenistischen Welt ist dieses antike Ritual der Erlösung zu Initiationskulten vergeistigt worden, in denen das Opfer symbolisch war, nämlich enthalten in einer Erzählung oder einem Mythos vom gewaltsamen Tod eines Gottmenschen, der von einer bösen, manchmal übernatürlichen Gestalt verraten worden war. Im Christentum ging es um den Tod einer historischen Gestalt, des Juden Jesus, der beanspruchte, der Messias zu sein, dessen Tod durch die Römer zum Opfertod mystifiziert worden war. Die Rolle des Heiligen Henkers ging deshalb ebenfalls an die historischen Gestalten über – die Juden. Sie wurden für diese Rolle ausgewählt, weil sich das paulinische Christentum vom jüdischen Kampf gegen Rom distanzierte.[6]

Es bedarf jedoch des Nachweises, dass der Tod Jesu in den Evangelien als Opfer dargestellt ist, was mitunter geleugnet worden ist.

Es ist wahr, dass in den Evangelien eine gewisse Zurückhaltung hinsichtlich der Opfernatur des Todes herrscht, die den Höhepunkt der Geschichte bildet. Während gelegentlich ausdrücklich erklärt wird, dass Jesus für die Erlösung der Menschheit sterben musste, gibt es anders als in den Briefen keine breitere theologische Diskussion darüber, in welcher Weise sein Tod Buße leistet. Es fehlt beispielsweise eine Erläuterung der Erbsünde oder eine Erklärung, wie Jesus die Sünde Adams aufhebt. Die Evangelien wirken als Passionserzählungen, fast als Passionsspiele, in denen der Held seinem unausweichlichen Tod entgegengeht; Verständnislosigkeit, selbst bei seinen engsten Anhängern, bestimmt die Erzählung. Obgleich nur ein Evangelium (Markus in seiner frühesten Form) die Auferstehung verschwieg, tun dies alle Evangelien in gewisser Weise durch ihre Kürze und das Geheimnisvolle ihres Zeugnisses. Die künstlerische Wirkung aller Evangelien ist, dass sie in Trauer und Verwirrung über einen unerklärlichen Tod enden, mit einigen Andeutungen, dass da noch mehr kommen wird.

Unter Berücksichtigung ihrer Funktion als Passionserzählungen und nicht als vollständige Äußerungen des christlichen Glaubens charakterisieren die Evangelien gleichwohl den Tod Jesu als Opfertod, wie die folgenden Beispiele zeigen:

> „Und er sagte zu ihnen: Das ist mein Blut, das Blut des Bundes, das für viele vergossen wird." (Mk 14,24) (vgl. Exodus 24,8 „das Blut des Bundes", das Moses von den Opfern versprengte, um den Bund vom Sinai zu kennzeichnen.)
>
> „Denn auch der Menschensohn ist nicht gekommen, um sich dienen zu lassen, sondern um zu dienen und sein Leben hinzugeben als Lösegeld für viele." (Mt 20,28 und 10,45)
>
> „Das ist mein Blut, das Blut des Bundes, das für viele vergossen wird zur Vergebung der Sünden." (Mt 26,28)

Solche Aussagen sind deutlich genug, aber weitaus effektiver für die Herbeiführung einer Gemütslage für ein freiwilliges Opfer sind die erzählerischen Mittel der Evangelien, die hervorheben, dass der Tod Jesu ein vorbestimmtes und notwendiges Ereignis ist, das Jesus gern auf sich nimmt, nicht zu umgehen versucht und dessen Vermeidung sogar bewusst ablehnt. Zum Beispiel sagt Jesus zu Pilatus: „Du hättest keine Macht über mich, wenn es dir nicht von oben gegeben wäre; darum liegt größere Schuld bei dem, der mich dir ausgeliefert hat“ (Joh 19,11). Hier haben wir nicht nur die Gottgegebenheit des Todes Jesu, sondern das Paradox des Verräters, der die Schuld von jedem nimmt, auch von Pilatus und sogar von Gott, der anderenfalls vor allem verantwortlich gemacht werden könnte, da Jesus aufgrund seines eigenen Beschlusses stirbt. Die Freiwilligkeit des Todes Jesu wird noch stärker betont in seiner angeblichen Aussage bei seiner Festnahme: „Oder glaubst du nicht, mein Vater würde mir sogleich mehr als zwölf Legionen Engel schicken, wenn ich ihn darum bitte? Wie würde dann aber die Schrift erfüllt, nach der es so geschehen muss?“ (Mt 26,53–54). Eine ähnliche Atmosphäre des Schicksalhaften wird in der Abendmahlsszene wiedergegeben, wo Jesus tatsächlich Judas als seinen Verräter benennt, indem er ihm sagt: „Was du tun willst, das tu bald“ (Joh 13,27). Judas spielt eine vorbestimmte Rolle, aber dies entlastet ihn nicht von Schuld und Verleumdung, weil es genau seine Rolle ist, die Schuld für die Vollstreckung des Opfers auf sich zu nehmen. Die ganze vorbestimmte Situation wird von dem angeblichen Ausspruch Jesu zusammengefasst: „Der Menschensohn muss zwar seinen Weg gehen, wie die Schrift über ihn sagt. Doch weh dem Menschen, durch den der Menschensohn verraten wird. Für ihn wäre es besser, wenn er nie geboren wäre“ (Mk 14,21, Mt 26,24, Lk 22,22), eine perfekte Zusammenfassung von der Verlagerung der Verantwortung und der Ritualisierung der Schuld bei der Einführung des Menschenopfers; sie könnte als Motto für die Herabsetzung der Juden auf einen Pariastatus dienen, in dem sie zweifellos oft wünschten, sie wären nie geboren worden.

Dieser vorbestimmte und freiwillige Charakter des Todes Jesu kennzeichnet diesen als Opferung, nicht als Martyrium. Ein Märtyrer sucht nicht den Tod. Er verfolgt eine Sache, die ihn in Todesgefahr bringt, und sie Sache ist ihm so viel wert, dass er für sie zu sterben bereit ist. In Jesu Fall wird er nicht so dargestellt, als riskiere er den Tod für eine Sache, sondern eher so, als sei die Todessuche an sich sein eigentlicher Zweck. Obwohl Jesus zeitweilig dargestellt wird, als vertrete er liberale Belange gegen die reaktionären Pharisäer, verblasst dieses Bild am Ende, und er tritt als jemand hervor, der sich einem vorbestimmten und notwendigen Tod als „Lösegeld“ unterwirft, oder als jemand, dessen Blut vergossen werden muss, um einen neuen Bund zu begründen.

Die Vorstellung, dass Jesus stirbt, um einen neuen Bund zu begründen, ist manchmal angeführt worden, um zu beweisen, dass sein Tod keine Opferung ist.[7] Erneut nimmt die Diskussion die Richtung aus dem Missverständnis heraus, dass es nur eine Art des Opfers gibt, nämlich das Sühnopfer. In Wirklichkeit existieren viele Arten von Opfer, obgleich man möglicherweise eine Gemeinsamkeit in all diesen Varianten erkennen kann. Eine Art des Opfers ist als „Gründungsopfer" bezeichnet worden, das durchgeführt wird, wenn die Gründung einer Stadt oder eines Stammes oder eines Tempels bevorsteht. Wenn man sagt, der Tod Jesu bezeichne das Ende eines Zeitalters (oder „Äons") und den Beginn eines neuen, des christlichen Zeitalters, leugnet man nicht seinen Rang als Opfer, sondern überführt es nur vom Rang eines Sühnopfers in jenen eines Gründungsopfers. In Wirklichkeit freilich war das Opfer Jesu in der paulinischen Theorie mehrwertig, und das gilt für Opfer im Allgemeinen. Was bei fast allen Opfern aber bestehen bleibt, ist das Gefühl der damit verbundenen Schuld wegen der sowohl erwünschten als auch beklagten Gewaltsamkeit und der Notwendigkeit, diese Schuld auf eine Person oder Gemeinschaft zu verlagern, die zum Ziel ritualisierter Schuld gemacht werden kann.

Anmerkungen

1 Die Nähe des Kolosserbriefes zur Gnosis ist durch die irrtümliche Ansicht verdeckt worden, dass die Polemik von 2,16–19 sich gegen irgendeine Art von gnostischer Sekte richte. Tatsächlich ist diese Polemik gegen die Jerusalemer Kirche gerichtet.

2 Siehe Kümmel (1975), S. 340–46 zu einer überzeugenden Verteidigung der paulinischen Urheberschaft des Briefes.

3 Die christliche Überlieferung, dass sie, gewarnt durch ein Orakel, Jerusalem kurz vor dem Krieg verließen und nach Pella gingen, hat sich als Legende erwiesen. Siehe Brandon (1951) und Lüdemann (1980).

4 Dies ist eine interessante dichterische Note, die bewirkt, dass ein Augenblick der Leere zwischen dem Ende des alten Glaubenssystems und dem Beginn des Neuen eingefügt wird. Bei Lukas tritt dieser Augenblick des Nichts an die Stelle des verzweifelten Ausrufs Jesu: „Mein Gott, warum hast du mich verlassen?", das er weglässt. Es gibt eine ähnliche Ahnung einer totalen Leere in der jüdischen Legende von der Zerstörung (Klagelieder Rabba, 2,57). „Ein gewisser Mann pflügte und seine Kuh muhte. Ein Araber kam vorbei und sagte zu ihm, ‚Jude, Jude, binde deine Kuh los, binde deinen Pflug los, binde dein Pflugmesser los, denn der Tempel ist zerstört worden.' Er band seine Kuh los, er band seinen Pflug los, er band sein Pflugmesser los. Die Kuh muhte ein zweites Mal. Der Araber sagte zu ihm, ‚Binde deine Kuh fest, binde deinen Pflug fest, binde dein Pflugmesser fest, denn der Messias ist geboren.'" Hier bezeichnen der nomadische Araber und das Losbinden des Pflugs das Ende des Ackerbaus und die

Umkehr der Zivilisation zum Chaos, aber umgehend beginnt ein neues Zeitalter mit der Geburt des Messias.

5 Die Evangelien entlasten Pilatus vollständig. Erst im 3. Jahrhundert wurde die Erzählung des Evangeliums als bedingte Kritik an Pilatus gedeutet, vor allem von Eusebius, der sich bei dieser Deutung wider besseres Wissen schwach von den Juden beeinflussen ließ. Diese Auslegung war alles andere als universell unter Christen, dass die äthiopische Kirche Pilatus sogar als Heiligen kanonisierte.

6 Angesichts der Wirklichkeit des jüdischen Widerstands gegen Rom und des paulinischen Rückzugs von diesem Widerstand ist es besonders ironisch, dass Johannes 19 die Juden als römischer denn die Römer porträtiert, indem sie Pilatus an seine Pflicht gegenüber dem Kaiser erinnern. Die Juden haben irgendwie die kaiserliche Rolle übernommen, der die Römer entsagt haben.

7 Siehe Rowland (1985), S. 176f.; Kümmel (1974), S. 94.

Kapitel 12

Die Bedeutung des Opfers

Man kann den Tod Jesu, wie er in der Erzählung der Evangelien dargestellt ist, deuten, indem man ihn tatsächlich als Opferung bezeichnet, aber als eine Opferung, die das Ende aller Opferungen bedeutete. Der Erste, der diese Ansicht vorschlug, war vielleicht der Autor des Briefes an die Hebräer, denn er argumentierte, die Opferung Jesu, als Höhepunkt und Erfüllung des Tempelopfers, mache den jüdischen Brauch des Tieropfers hinfällig. Man könnte auch argumentieren, nur durch die Einsetzung einer endgültigen symbolischen Opferung würde der gesamte Brauch des Tieropfers, das in allen Religionen der antiken Welt so wichtig ist, beendet. Unter den zeitgenössischen Autoren hat René Girard einen ähnlichen Standpunkt vertreten.

Andererseits könnte man argumentieren, dass das symbolische Opfer, wie man es im Christentum findet, ständig wiederholt in der kanonischen Geschichte und kirchlichen Kunst und auch verkörpert im sakramentalen Ritual des Abendmahls (wo das Blut und der Leib des Opfers vom Gläubigen verzehrt werden), die Opferung viel stärker in den Mittelpunkt der Religion rückt als es die leiblichen Tieropfer des jüdischen Tempels waren. Man kann in der Tat behaupten, dass im Christentum das Opfer viel wichtiger ist, als es jemals im Judentum war, dass der Versuch, das Opfer abzuschaffen, nur dazu führte, ihm mehr Gewicht zu geben, während es auch zu einem Anwachsen der Schuld führte, was wiederum ein Ventil in der Verteufelung der Juden verlangte.

Hier mag man fragen: „Was ist die Bedeutung des Opfers?“ Warum war es so wichtig, dass nur seine Verschärfung auf einer symbolischen Ebene sein materielles Ende bewerkstelligen könnte?

René Girard hat einen sehr interessanten und wichtigen Beitrag zur Beantwortung dieser Frage in seinem Buch *Violence and the Sacred* (dt. *Das Heilige und die Gewalt*) geliefert. Er kritisierte die Arbeit von Henri Hubert und Marcel Mauss in ihrem Buch *Sacrifice: Its Nature and Functions* (oft als die klassische Behandlung des Themas gewürdigt), der er abspricht, die Bedeutung des Aspekts der Gewalt bei der Opferung zu verstehen. Interessanterweise behauptet Girard, dass die Arbeit strukturalistischer Anthropologen, zum Beispiel von Claude Lévy-Strauss, an der gleichen Schwäche leidet, da das Opfer als Geschenk für den Gott behandelt wird und nicht als eine Methode, das Problem der Gewalt in der Gesellschaft zu meistern. Folglich verweisen Hubert und Mauss sowie Lévi-Strauss, ebenso wie ihr viel kritisierter Vorläufer James Frazer, das Opfer in die Grauzone eines überholten Aberglaubens, anstatt seine zwingende Bedeutung für alle Formen der Gesellschaft einschließlich unserer eigenen anzuerkennen.

Wir haben schon gesehen, wie Neutestamentler sich dagegen sträuben einzuräumen, dass die Gewaltsamkeit des Todes Jesu etwas mit seiner Wirksamkeit als Sühne zu tun habe oder als Gründungsereignis oder als Mittel der Teilhabe an Unsterblichkeit – wie auch immer seine Wirkung definiert sein möge. Ihre Erklärungen würden, wie aufgezeigt worden ist, genauso gut oder besser zu den Umständen passen, wenn Jesus an Altersschwäche gestorben wäre. Im Allgemeinen sind Wissenschaftler vor der Gewaltsamkeit der religiösen Praxis in der antiken Welt zurückgeschreckt, mit der einzigen Ausnahme der Gewalt gegen Tiere im jüdischen Tempel, die, erfahren wir oft, vom Blut der geopferten Tiere „rochen wie im Schlachthaus“. Tatsache ist, dass das Judentum diese Gewalt auf Tiere beschränkte und dass der Tempel wirklich als Schlachthaus diente, da die meisten geopferten Tiere verspeist wurden; die Tätigkeit des Schlachtens (überall ausgeübt, aber in der modernen Welt den Blicken entzogen) erhielt damit gesellschaftliche Billigung und wurde von Schuldgefühlen befreit. In anderen antiken Kulturen dagegen wurden Menschenopfer ebenso wie Tieropfer praktiziert, eine Tatsache, die von Wissenschaftlern, besonders in ihrem eigenen speziellen Studienbereich, geleugnet oder unterschätzt wurde, zumindest vor den Arbeiten von James Frazer, Jane Harrison, Walter Burkert und anderen.

Nach Girards Theorie erfüllte das Opfer in der antiken Welt eine wesentliche Aufgabe in der Gesellschaft, weil es die Gewalt kanalisierte, die sich anderenfalls gegen die Gesellschaft selbst gerichtet hätte. Gemeinschaften, die nur labil auf Institutionen der Zusammenarbeit und des Friedens gründeten, fürchteten mehr als andere Gefahren einen

Rückfall ins Chaos, in dem jeder seine Hand gegen den Nachbarn erheben würde. Gesellschaft als solche begann laut Girard, wenn ein Zustand primitiver gewalttätiger Anarchie durch die Entdeckung, dass Menschen durch gemeinsame Gewalt gegen einen Einzelnen aus ihren Reihen geeint werden, in Ordnung umgewandelt wurde.

Opfer wird nach Girards Ansicht erst dann überflüssig, wenn die Gesellschaft ein starkes Rechtssystem entwickelt, hinter dem eine zentrale Regierungsmacht steht. Dies beendet die chaotische Situation, in der private Rache herrscht; anstelle der stetig wuchernden Blutrache haben wir eine zentrale Macht des Rechts, die als Einzige Rache übt. Dadurch wird die Situation unkontrollierter Rache, die Chaos erzeugt, beendet. „Mein ist die Rache, spricht der Herr."

Primitive Gesellschaften haben kein zentrales Rechtssystem, das durch eine starke Macht abgesichert ist. Doch durch die Institution des Opfers, wie auch durch andere Methoden, etwa das Aushandeln von Entschädigung für Verletzungen oder Morde, gelingt es ihnen, das Chaos zu bändigen und die Kettenreaktion der Rache zu verhindert. Unser Wissen über Opfer stammt vor allem aus Dokumenten aus Gesellschaften, die den Brauch des Opfers bereits überwunden haben, weil sie ein Rechtssystem entwickelten, in dem Opferung zwar noch geübt, aber allmählich obsolet wird. Aber wir können aus den vorhandenen Zeugnissen auf primitivere Gesellschaften schließen, in denen Opfer eine drängende praktische Notwendigkeit für den Zusammenhalt der Gesellschaft waren.

Girards Theorie des Opfers bietet eine umfassendere Erklärung für Opferungen als jede bisher angebotene. Sie erklärt, warum Opferung in späteren Gesellschaften nicht mehr als zentrale Institution geübt wurde, ohne auf herablassende Bewertungen früherer Gesellschaften als abergläubisch oder unwissend zurückzugreifen.

Eine Gesellschaft ohne starke zentrale Autorität und ein durchsetzungsfähiges Rechtssystem lebt in einem ständigen Spannungszustand, der im Gegensatz steht zu der Ungezwungenheit und dem entspannten Verhalten einer Gesellschaft mit einer Zentralmacht und dem Rechtsstaatsprinzip. Folglich droht jede Zustandsänderung in einer gesetzlosen Gesellschaft mit Chaos: zum Beispiel der Übergang von der Kindheit ins Erwachsenenalter. Jeder Übergang muss deshalb durch die Kanalisierung von Angst und Wut in die Tötung eines Opfers markiert werden, die freilich ritualisiert (d.h. nach strengen Regeln durchgeführt) sein muss, denn ein falscher Schritt könnte die Wirkung zunichtemachen. Die Tötung des Opfers eint die Gemeinschaft, indem sie ihre gegenseitige Angst und Wut auf ein Opfer umlenkt, das eigens ausgewählt ist a) als einer von ihnen, b) ohne Rachebezüge. Diese Theorie erklärt also, warum die Opferung so viele verwirrende Formen anzunehmen scheint: weihend, sühnend, begründend usw.

Gewiss, andere Theorien des Opfers greifen einen besonderen Aspekt der Opferung heraus, dem sie eine herausragende Bedeutung geben, während sie die anderen Aspekte in Hinblick auf diesen speziell ausgewählten erklären. So konzentrieren sich Hubert und Mauss auf den Aspekt der Vermittlung zwischen Mensch und Gott als den Grundgedanken, der hinter jeder Opferung steht. Jane Harrison dagegen wählt den Aspekt der Initiation aus, gekennzeichnet durch Übergangsrituale, und versucht alle Variationen in den Anlässen für Opfer in diesem Sinne zu erklären. Walter Burkert findet eine weitere Möglichkeit, die Erscheinungsformen der Opferung zu verbinden: Alle stammen aus der Zeit der Jägergesellschaften, als die durch das Töten von Tieren ausgelöste Schuld und Angst beschwichtigt werden mussten. Girard wiederum sieht die Wirkung des Opfers vorrangig im Glätten der Konflikte einer Gesellschaft, indem sie in der Gewalt gegen ein Opfer vereint wird.

Ohne zwischen diesen verschiedenen Theorien vermitteln zu wollen, dürfen wir fragen, inwieweit Girards Theorie Licht auf die Thematik dieses Buches wirft, nämlich die Wirkung von Opferideen auf die Erzeugung einer Pariaperson oder Pariakaste durch die Verlagerung der Schuld des Opfers von der Gemeinschaft auf einen Sündenbock.

Girard scheint sich der Existenz eines zweiten Sündenbocks in den meisten Opfersystemen kaum bewusst, nämlich des Heiligen Henkers, dem die Schuld an der Durchführung der Opferung zugeschoben wird. Vielmehr betont er die Doppelnatur des Opfers, das sowohl als gut als auch als böse angesehen wird oder manchmal als gut, manchmal als böse (da es beschuldigt werden muss, um zu Recht die Rolle des Opfers zu übernehmen, aber als gut insofern, als es die Erlösung der Gemeinschaft vom Chaos bringt). Diese Auffassung ist stichhaltig, aber er übersieht die Tatsache, dass die Doppelnatur des Opfers sich oft anbietet, in zwei getrennte mystische Wesen gespalten zu werden, eines als der „Weiße Christus", das andere als der „Schwarze Christus" (der den Tod des „Weißen Christus" herbeiführt), um die mit der Opferung selbst verbundene Schuld zu bewältigen.

Ein Autor, dem diese Dimension des Opfers ansatzweise bewusst ist, ist Walter Burkert. Da er alle Opfer auf die Jägergesellschaften der Menschheitsgeschichte zurückführt, sieht er das Tieropfer als primär, das Menschenopfer als sekundär. In prähistorischer Zeit galten Tiere, obwohl sie die Hauptnahrungsquelle waren, als göttlich, sodass ihre Tötung mehr

Schuld und Angst weckte als das Töten von Menschen. Das Verspeisen von Tieren war eine heilige Handlung, durch die nicht nur physisch, sondern auch spirituell Nahrung aufgenommen wurde. Folglich war das Jagen und Essen von Tieren in Rituale eingebettet, dessen wichtigstes die Opferung war, die jeder Tötung von Tieren die Bestätigung göttlichen Beifalls gab. Das Opfertier wurde mit Ehrfurcht behandelt und seine Seele wurde ein Schutzgeist, der den Stamm verteidigte und ihm bei der Jagd half. Das Töten des Opfers war von Versöhnungsriten begleitet, mit denen die Vergebung des Tieres gesucht und das aggressive Verhalten des Stammes entschuldigt wurde.

Burkerts Theorie hat viele Vorteile. Er gibt eine einleuchtende Erklärung für die universelle Existenz von Opferriten in der antiken Welt als Überbleibsel der Jägerkulturen, die ein universelles früheres Entwicklungsstadium der Menschheit waren. Er konzentriert sich auch auf die Aura der Schuld, die den Akt der Opferung umgibt, ein von den früheren Theoretikern Frazer, Hubert und Mauss sowie Harrison ignorierter Aspekt. Er weist zum Beispiel nach, dass das griechische Opfer von einer „Unschuldskomödie“ begleitet wurde, durch die Verantwortung für das Opfer von den Opfernden genommen wurde. Ein bizarres Beispiel dafür ist das gut bekannte Buphonia-Opfer in Athen, bei dem die Verantwortung für das Opfer dem Opferbeil zugeschrieben wird, das förmlich vor Gericht gestellt, für schuldig befunden und dann in den Fluss geworfen wird. Aufgrund von Burkerts Hervorhebungen lässt sich leicht verstehen, wie die Verantwortung für das Opfer manchmal an einem bösen menschlichen Opfernden oder Verräter festgemacht werden kann, der dann verbannt oder getötet oder zu einem Pariastatus erniedrigt werden kann.

Dennoch sind die Analysen von Girard wie von Burkert in gewisser Hinsicht zu umfassend für die Zwecke der vorliegenden Untersuchung. Beide bieten eine Erklärung der Ursprünge des Opfers an, die in die Vorgeschichte zurückreichen, und behandeln das Opfer als ein in historischen Zeiten fortdauerndes Überbleibsel. Beide zum Beispiel halten die Unterscheidung zwischen Tier- und Menschenopfer für theoretisch unwichtig. Damit ignoriert man freilich eine Entwicklung in der menschlichen Kultur, die in historischen Zeiten in Systemen des Opfers und des symbolischen Opfers sehr wichtig war. An einem gewissen Punkt der Geschichte nahm das Töten von Menschen den Aspekt eines entsetzlichen Verbrechens an, während dem Töten von Tieren die Aura des Gottesmordes genommen wurde. Diese Entwicklung wird zum Beispiel in der Hebräischen Bibel veranschaulicht, wo Adam „als Abbild Gottes“ geschaffen wird, während Tiere dazu bestimmt wurden, den Menschen zu dienen, auch als Opfer und Nahrung. Aber selbst so spät wie in der Entstehungszeit der Hebräischen Bibel ist diese Unterscheidung noch nicht ganz eindeutig. Vor der Sintflut waren Tiere für Opfer vorgesehen, aber nicht für Nahrung. Erst nach der Flut wurden in Gottes Offenbarung an Noah Tiere so weit entsakralisiert, dass sie als Nahrung erlaubt waren. Dennoch war der Verzehr von Fleisch den Israeliten zunächst nur über die Teilnahme am Opfer gestattet; nicht von einem Opfer stammendes Fleisch war bis zu den Schriften des Deuteronomiums nicht zulässig. Außerdem war der Verzehr von Tierblut verboten, denn „das Blut ist das Leben". Erst wenn das Tier zu leblosem entsakralisiertem Fleisch geworden war, konnte es verzehrt werden; jede Andeutung einer Übertragung der Lebenskraft von einem Tier auf Menschen musste gemieden werden.

Je mehr Tiere entsakralisiert wurden, desto größer wurde die Kluft zwischen dem Töten von Tieren und dem Töten von Menschen. Anstelle der vorgeschichtlichen Situation, in der Töten und Verzehr eines Tieres ein heiliger Akt war, bei dem der göttliche Geist des Tieres aufgenommen wurde und so die Menschen mit einer sekundären Göttlichkeit ausstattete, wurden Tiere jetzt eine Kalorienquelle für Menschen, nichts als nährendes Fleisch – und als solches ein passendes Geschenk für Menschen oder für Götter. Dieses Stadium ist durch Jeremias Bannstrahl gegen Menschenopfer gekennzeichnet, obwohl die primitive Religion, die der israelitischen Religion voranging, möglicherweise Menschenopfer in Form der Tötung des Erstgeborenen umfasste. Tieropfer wurden in der israelitischen Religion ein Ersatz für Menschenopfer. Aus Abscheu vor Letzterem wurde das Tieropfer mit einem Glanz der Tugend ausgestattet und nicht mit Schuld verbunden. Dadurch fehlen die Anzeichen von Schuld, die Burkert im Zusammenhang des griechischen Tieropfers erkannte, in den biblischen Opfervorschriften.

In anderen Kulturen dieser Epoche können wir den gleichen Abscheu vor dem Menschenopfer feststellen, verbunden mit der offiziellen Beschränkung auf die Opferung von Tieren. Dennoch fanden in diesen Kulturen weiterhin Menschenopfer statt, aber nur noch inoffiziell und vereinzelt. Die Entsakralisierung von Tieren ließ Menschenopfer demgegenüber sehr viel stärker in ihrer magischen Wirkung erscheinen. Zwar offiziell verboten und abgestritten, wurden sie somit zur Abhilfe im äußersten Notfall, wenn zivilisiertere Methoden versagt hatten. Auf dem Höhepunkt ihrer kulturellen Entwicklung unter Themistokles nahm die hoch zivilisierte Republik Athen in der Notlage der Bedrohung durch die Perser Zuflucht zum Menschenopfer. Zudem behielten die Athener die Institution des pharmakos bei, den menschlichen Sündenbock, der während

Pestepidemien oder Hungersnöten mit Peitschenhieben durch die Straßen gejagt, vom Pöbel geschlagen und an den Genitalien gezerrt wurde und schließlich aus der Stadt ausgestoßen oder manchmal sogar getötet wurde. Menschenopferung wurde als unzivilisiert missbilligt, aber immer noch als wirksam angesehen und deshalb gelegentlich praktiziert. Das damit verbundene Schuldgefühl ist an der Heimlichkeit abzulesen, die man walten ließ, und an der verschleierten Form, in der der Brauch in Mythen und Legenden beschrieben wird.

Das Schuldgefühl aufgrund von Menschenopfern, das vielerlei „Distanzierungs"-Mechanismen verlangte, führte zu der hervorragenden Möglichkeit der Schuldvermeidung, nämlich der Einführung der Figur des Verräters oder des Heiligen Henkers. Ohne Kenntnis dieser Figur lassen sich Mythen, besonders solche im Umkreis von Mysterienkulten, nicht befriedigend auslegen. Girards Deutung von Mythen leidet unter dieser Lücke in seinem Denken. Das bedeutet, dass er sich oft bemüht, einen Mythos, oder die Bearbeitung eines Mythos in der Form der Tragödie, an einen weitaus primitiveren Zustand der Menschheit anzupassen, als es dem Material angemessen ist.

Ein Beispiel ist die Geschichte von Ödipus, die Fokus und Prüffeld so vieler umfassender Theorien von Freud bis Lévy-Strauss gewesen ist. Zu Recht kritisiert Girard Freuds Theorie als zu eng psychologisch gefasst, um den beteiligten gesellschaftlichen Aspekten gerecht zu werden, und Lévy-Strauss' Theorie, weil sie das wesentliche Element der Gewalt übergeht. Aber Girard selbst fällt es sehr schwer, Ödipus in sein Szenario des „Ersatzopfers" einzufügen, das die Gewalt der Gemeinschaft abfängt und sie so vor ihrer eigenen Krise willkürlicher Gewalt bewahrt. Denn wenn diese Erklärung richtig wäre, würden wir erwarten, das Ödipus von den Thebanern getötet würde und nicht, dass er aus der Stadt getrieben würde, um ein Wanderer zu werden. Vertreibung und Umherschweifen sind nicht für den Geopferten charakteristisch, sondern für die dunkle Figur vorgesehen, die den Tod des Opfers herbeiführt, entweder durch Verrat oder durch Mord. Die Bevölkerung oder Gemeinschaft erhält somit den rettenden Opfertod, aber ohne Verantwortung dafür auf sich zu laden, und indem sie sich fromm die Hände wäscht und den Mörder vertreibt, wahrt sie sogar völlig ihre Unschuld. Es ist diese dunkle Figur, verkörpert in der Person des Judas Ischariot, welche das Symbol für ein ganzes Volk wurde, das schließlich zur Pariakaste wurde und die das Phänomen des Antisemitismus hervorbrachte.

In der Geschichte von Ödipus ist der Geopferte nicht Ödipus, sondern Laios, den Ödipus tötet. Die Krise, die dieses Opfer bereinigen soll, ist nicht die Pest (die an einem späteren Punkt in der Geschichte kommt), sondern es sind die Verheerungen der Sphinx, des Ungeheuers, das die Stadt Theben terrorisiert. Die Tötung des Königs Laios liegt auf einer Linie mit der Opferrolle von Königen, wofür Jesus ein weiteres Beispiel ist in seiner Rolle als „König der Juden" (d.h. in der hellenistischen mythologisierenden Version seines jüdischen Status als Anwärter auf den jüdischen Thron). Der Mord wird als Folge eines Streits getarnt, ein häufiger Distanzierungsmechanismus, wie im Fall des Opfertodes von Remus von der Hand seines Bruders Romulus. Es ist das Gründungsopfer von Rom. Dass es sich beim Tod von Laios um eine Opferung handelt, wird jedoch aus der Art seines Todes deutlich, denn er wird von Pferden zu Tode geschleift, eine Form der Opferung, die dem Tod von Hippolytos, Oinomaos, Abderos und anderen entspricht.[1] Die spätere Pest wird durch das Versäumnis der Gemeinschaft ausgelöst, den heiligen Henker, Ödipus, zu vertreiben, und wird gebannt, als er ordnungsgemäß fortgeschickt wird, um umherzustreifen wie andere Heilige Henker, zum Beispiel Kain und der Ewige Jude (der sinnbildlich für die Juden im Exil insgesamt ist). Sophokles entschied sich in seiner Tragödie, seine Aufmerksamkeit auf den Mörder des Opfers zu richten und nicht auf die geopferte Figur des Laios, und er ließ dem ein weiteres Drama folgen, in dem er das Schicksal des verbannten Ödipus beschrieb, der auf seinen Wanderungen die positiven Merkmale des Heiligen Henkers als Überbringer der Erlösung veranschaulicht (vgl. die positive Version des Ewigen Juden, der sein Verbrechen bereut, sein Leiden als verdient akzeptiert und eine Kraft des Guten auf seinen Wanderungen ist – eine christliche Vorstellung von der Art, wie die Juden ihren Status als Parias in der Christenheit annehmen sollten). Die unabsichtlichen Verbrechen des Ödipus – die Ermordung seines Vaters und die Heirat mit seiner Mutter – sind, wie Girard zu Recht argumentiert, nicht der zentrale Teil der Geschichte (wie Freud dachte), sondern gehören zur Anschwärzung des Charakters des Verräters; tatsächlich spielen diese gleichen Verbrechen eine ähnliche Rolle in den mittelalterlichen Ausschmückungen von Judas Ischariots Geschichte in der *Legenda aurea.*

Eine andere Art, wie man die Wirksamkeit des Menschenopfers nutzte, während die begleitende Schuld beschwichtigt wurde, fand in den Mysterienkulten statt, in denen das Menschenopfer im Mittelpunkt stand, aber nur in symbolischer oder mythischer Form. In den Mysterienkulten von Dionysos, Orpheus, Osiris, Attis und Adonis fand kein wirkliches Opfer statt. Vielmehr wurde eine Geschichte vorgetragen und aufgeführt, die Geschichte des gewaltsamen Todes und der Wiederauferstehung des Gottes. Selbst diese Geschichte wurde teilweise verschleiert, denn der

Tod des Gottes wurde nicht als Opferung beschrieben, sondern als ein von feindseligen Mächten verursachter Tod. Doch die segensreichen Folgen des Todes beweisen, dass es eine Opferung war, denn ohne sie gäbe es keine Erlösung. Der höchste Nutzen, den die Mysterien anstrebten, war Unsterblichkeit. Also ist das Böse, das durch die Opferung abgewehrt wird, nicht weniger als der Tod. In einem Aspekt unterscheiden sich die Mysterien dennoch stark von den tatsächlichen Menschenopfern, die sie nachahmen und ersetzen: Die angestrebte Erlösung ist individuell, nicht gemeinschaftlich. Anstatt irgendein Übel abzuwenden, das die ganze Gemeinschaft bedroht – Pest oder militärische Niederlage –, gibt das Opfer, das der Eingeweihte nachahmt, ihm ein Mittel, dem menschlichen Los zu entkommen. Denn Unsterblichkeit bedeutete Göttlichkeit; das Ziel war, selbst ein Gott zu werden. Dieses Ziel zeigt einen Niedergang des öffentlichen Lebens im griechisch-römischen Reich, wo die eng verwobene menschliche Gemeinschaft in hohem Maße der Mitgliedschaft in einem unpersönlichen, riesigen politischen Apparat gewichen war.

Es gibt oberflächlich betrachtet eine auffällige Parallele zwischen den Mysterienkulten und dem paulinischen Christentum. Es gibt das gleiche entsetzliche Leiden und die Auferstehung einer menschlich-göttlichen Gestalt, die gleichen Hoffnungen auf Unsterblichkeit durch Initiationszeremonien, die die Geschichte des Leidens des Gottes beschwören. Die Parallele war sogar so stark, dass sie die Aufmerksamkeit früher Christen selbst wie auch ihrer Gegner erregte, die darauf hinwiesen, das Christentum sei bloß eine weitere Mysterienreligion. Ein früher christlicher Fürsprecher, Tertullian, nahm diese Unterstellungen zur Kenntnis. Er räumte die Ähnlichkeit zwischen Christentum und den Mysterienkulten vollauf ein, erklärte sie aber mit der Aussage, diese seien Andeutungen der göttlichen Wahrheit gewesen, die das Erscheinen des wahren und endgültigen Mysteriums, des Christentums, ahnen ließen. Moderne christliche Apologeten sind jedoch Tertullians Linie nicht gefolgt. Tertullian war, anders als moderne christliche Apologeten, nicht beschämt von der Vorstellung, dass im Christentum ein menschlich-göttliches Opfer steht. Moderne Autoren dagegen sind sich der primitiven Art eines solchen Opferungssystems sehr bewusst und versuchen deshalb, alle Aspekte des Todes Jesu zu verharmlosen, denen man in der Vergangenheit einen Opferbezug gegeben hat. Die Ähnlichkeiten zwischen Christentum und den Mysterienkulten sind als bloße oberflächliche Übereinstimmungen abgetan worden. Eine andere Richtung greift die Historizität der Mysterienkulte an sich mit dem Argument an, dass die Belege dafür aus einer späteren Zeit stammen. Folglich könnten Ähnlichkeiten mit dem Einfluss des Christentums auf die Mysterienkulte erklärt werden und nicht umgekehrt. Es ist auch dagegengehalten worden, dass die Mysterienkulte zwar den Hinweis auf einen leidenden Gott enthalten, es aber viel weniger Beweise gibt, dass sie die Vorstellung von einem auferstandenen Gott umfassten. Allgemein hat sich die Existenz von Mysterienkulten gleichzeitig mit dem Christentum als so ungelegen erwiesen, dass es den starken Drang gab, hellenistische Einflüsse auf das Christentum zu leugnen und seine Beziehungen zum Judentum hervorzuheben, oft in wenig überzeugender Weise.

Eines der bemerkenswertesten Beispiele für eine Abneigung, normale anthropologische Vergleichsmaßstäbe an das Christentum anzulegen, ist im Werk von Girard zu finden. Hier haben wir einen Autor, der den größten Scharfsinn hinsichtlich des Themas der Opferreligion bewiesen hat, indem er darlegt, wie ihre Anhänger gewohnheitsmäßig ihren Opfercharakter vor sich verbergen und dieses Verbergen sogar wesentlich für die Wirksamkeit von Religion als eine Form der gesellschaftlichen Einheit und Bindekraft ist. Doch er selbst ist ein Beispiel ersten Ranges für eine solche Blindheit gegenüber dem Opfercharakter der Religion, zu der er sich bekennt. Vielmehr erklärt er, der Tod Jesu, der im Kern des Christentums liegt, sei in seiner Art so weit von Opferung entfernt, dass er geradezu die Negation des Opfers sei. Er räumt allerdings freimütig ein, dass seit der Gründung des Christentums der Tod Jesu gewöhnlich als Opfer „missverstanden" wurde und dass dieses Missverständnis die Ursache für viele bedrückende Merkmale des historischen Christentums gewesen sei, auch des Antisemitismus. Diese Vorstellung von einer Religion, die eine Sache bedeutet, aber immer missverstanden wurde, ist nicht selten unter christlichen Apologeten, deren Motto lautet: „Das Christentum wurde nicht gewogen und zu leicht befunden; es ist nie gewogen worden." Girard pflichtet dieser Denkschule begeistert bei. Dagegen könnte man anmerken, dass eine Religion sich nicht so leicht von ihren Äußerungen trennen lässt. Eine solche Trennung könnte als ein Versagen, Verantwortung für die Versäumnisse der eigenen Tradition zu übernehmen, analysiert werden. Ein Spruch von Jesus ist hier sehr wichtig: „An ihren Früchten werdet ihr sie erkennen." Die wirkliche Prüfung einer Religion oder jeder anderen Ideologie ist die Art und Weise, wie sie sich in der Praxis auswirkt; und die Tatsache, dass ihre Liebesbeteuerungen immer in Hassausbrüche umzuschlagen scheinen, ist möglicherweise nicht dem Missverstehen einer schwierigen Lehre geschuldet, sondern versteckten Schwachstellen in der Lehre an sich. Wir haben das in Bezug auf den Kommunismus gesehen, der sich auch als eine Doktrin der Liebe darstellte und dessen Anhänger üblicherweise auch auf die Ausrede zurückgegriffen haben, der „wahre" Kommunismus müsse noch praktiziert werden.

Es trifft sich, dass die Passionsgeschichte der Evangelien zu Girards Theorie vom Ursprung des Opfers besser passt als jeder andere Mythos, die er, manchmal wenig überzeugend, analysiert. Nach Girard ist Opferung im Kern eine Tat, die aus der Gewalt der Straße hervorgeht. Der archetypische Rahmen der Opferung ist eine Szene der willkürlichen Feindseligkeit, Verdächtigung und gegenseitigen Gewalt, in der durch die Fixierung der Masse auf ein Opfer Frieden erreicht wird; ihre Einmütigkeit, die Gewalt auf dieses Opfer zu richten, wird die Basis für eine friedliche, geordnete Gesellschaft. Die Institution der Opferung wird dann die Ritualisierung dieses ursprünglichen Aktes der einenden Gewalt. Girard selbst verweist darauf, dass die Geschichte in den Evangelien dieses Szenario veranschaulicht. „Jesus wird uns als das unschuldige Opfer einer krisengeschüttelten Gesellschaft präsentiert, die in der Gegnerschaft gegen ihn, zumindest vorübergehend, wieder zusammenfindet. Alle in das Leben und in den Prozess Jesu verwickelten Gruppen, ja alle irgendwie Beteiligten stimmen schließlich explizit dieser Tötung zu: die Menge in Jerusalem, die jüdischen Religionsbehörden, die römischen politischen Behörden und sogar die Jünger, denn jene, die Jesus nicht verraten oder aktiv verleugnen, fliehen oder bleiben passiv."[2] Man darf eine dieser Bemerkungen bezweifeln, nämlich die von der jüdischen Gesellschaft als einer „krisengeschüttelten Gesellschaft". Historisch betrachtet war es in der Tat eine Gesellschaft mit vielen rivalisierenden Parteien, in der Pharisäer, Sadduzäer, Herodianer, Samaritaner, Zeloten und andere Gruppen nach Vorherrschaft strebten; aber die Evangelien verschleiern diese Zersplitterung geradezu, um die Juden als einhellig gegen Jesus gerichtet zeigen. Gewiss aber hat Girard recht, wenn er sagt, dass die Evangelien ein Bild von einer feindlichen Gesellschaft bieten, die vereint ist in dem Wunsch, den unschuldigen Jesus zu töten. Es wäre auch richtig zu sagen, dass nach Auffassung der Autoren der Evangelien der Tod dadurch eine Funktion hinsichtlich der Erlösung hatte. Daraus zu schließen, wie Girard es tut, dass die Autoren der Evangelien den Tod Jesu nicht als Opfertod betrachteten, ist abwegig. Nach seinen Prinzipien müsste er ihn als hervorragendes Beispiel eines Opfertodes betrachtet haben.

Girards Argument ist im Wesentlichen, dass Jesus seinen eigenen Tod nicht als Opferung betrachtet haben konnte, da er jeglicher Gewalt abschwor und Opfer auf der erlösenden Wirkungskraft von Gewalt beruht. Jesus führte sehr wohl Erlösung herbei, jedoch durch nichtgewaltsame Mittel; er kam zu Tode durch seinen Widerstand gegen die Mächte der Gewalt, die unter der Benennung „Satan" zusammengefasst werden. Nicht die Gewaltsamkeit seines Todes bringt Erlösung, sondern tief empfundene Selbstidentifizierung mit der Botschaft der Gewaltlosigkeit, die er brachte.

Girard sieht die Ansage Jesu an das Regime der Gewalt in seiner Anprangerung der Pharisäer:

> Darum hört: Ich sende Propheten, Weise und Schriftgelehrte zu euch; ihr aber werdet einige von ihnen töten, ja sogar kreuzigen, andere in euren Synagogen auspeitschen und von Stadt zu Stadt verfolgen. So wird all das unschuldige Blut über euch kommen, das auf Erden vergossen worden ist, vom Blut Abels, des Gerechten, bis zum Blut des Zacharias, Barachias' Sohn, den ihr im Vorhof zwischen dem Tempelgebäude und dem Altar ermordet habt. Amen, das sage ich euch: Das alles wird über diese Generation kommen. (Mt 23,34–36)

Der Taschenspielertrick, mit dem Girard diese Passage erschreckenden Antisemitismus in eine Botschaft gegen Opferung und für Gewaltlosigkeit umdreht, ist verblüffend.[3] Laut Girard verwirft Jesus hier das ganze Gebäude der menschlichen Gesellschaft, das auf Gewalt errichtet ist. Er kritisiert nicht ausdrücklich die Pharisäer oder bezichtigt sie, dass sie Propheten töten, sondern nur dass sie einer Welt angehören, in der das Töten von Propheten, ein Nachhall der Uropferung, wesentlich für das Gefüge und den Fortbestand der Gesellschaft ist. Die Erwähnung Abels, des ersten Opfers, und Zacharias', des letzten in der Bibel erwähnten Opfers, zeigt, dass der Bezug universell ist und nicht einmal für die Juden als Volk gilt (da Abel kein Jude war), sondern für die ganze Menschheit.

Bezeichnenderweise lässt Girard die Einleitung des Zitats aus, die lautet: „Weh euch, ihr Schriftgelehrten und Pharisäer, ihr Heuchler", die vielleicht allzu deutlich gemacht hätte, dass diese angeblichen Bemerkungen Jesu wirklich gegen die Pharisäer gerichtet sind und nicht gegen irgendeine symbolische Gruppe. Der Umstand, dass Abel erwähnt wird, gibt der Passage keinen Universalismus, außer wenn es universalistisch ist, den Juden und ihren geistigen Führern, den Pharisäern, die Schuld an allem seit Anbeginn der Welt begangenen Übel zu geben. Die Passage, wie sie sich in den Kommentaren von Kirchenleuten durch die Geschichte des Christentums widerspiegelt, wirkt so, dass die „Generation" der Juden, die in der Zeit von Jesus lebten, mit der Schuld gewalttätiger Gegnerschaft gegen Jesus stigmatisiert wird. Die Stigmatisierung dieser „Generation" setzte sich sogar in der Erklärung fort, herausgegeben von der katholischen Kirche auf dem Zweiten Vatikanischen Konzil, die die Juden vordergründig von der Anklage des Gottesmordes freisprach. Diese „schuldige

Generation" war jedoch zufällig eine der bedeutendsten und maßgeblichsten in der Geschichte des Judentums, mit Persönlichkeiten wie Hillel, Gamaliel und Jochanan ben Sakkai, und der authentische Beweis ist, dass sie Jesus nicht ablehnten, sondern ihm eine verständnisvolle Anhörung gewährten. Über diese „Flüche" (wie kirchliche Prüfungsanweisungen sie immer nannten) durch eine verallgemeinernde Interpretation hinwegzugehen, die ihre ganze sektiererische Bosheit glättet, ist eine Übung in Geschichtsklitterung. Es ist nicht die Gewalt der jüdischen Gesellschaft oder sogar der Weltgesellschaft, um die es geht, sondern die antisemitische Gewalt des Autors des Matthäusevangeliums, der diese Worte fälschlich Jesus in den Mund legt und damit eine Geschichte christlicher Gewalt gegen die Juden in Gang setzt.[4]

Anmerkungen

1 Siehe Graves (1955), 71.1.

2 Girard (1987), S. 167. (Deutsche Neuübersetzung 2009, S. 218)

3 Girard (1987), S. 159–62. (Deutsche Neuübersetzung 2009, S. 209–14)

4 Girard widmet einen Artikel (*Biblical Interpretation* 1, 3 1993, S. 339–352) dem Thema „Gibt es Antisemitismus in den Evangelien?" Hier entwickelt er seine Ansicht, dass die offenbar antisemitischen Passagen, wie zum Beispiel die Weherufe gegen die Pharisäer, das Gleichnis vom Weinberg und die Anklage bei Johannes, die Juden seien Söhne des Teufels, nicht gegen die Juden als solche gerichtet seien, sondern gegen die gewalttätige Verfasstheit der Gesellschaft im Allgemeinen. In einer Antwort in derselben Ausgabe (S. 353–57) bemerkt Joanna Dewey zu Recht: „…Girards Interpretation der Juden in den Erzählungen der Evangelien als paradigmatisch für die ganze Menschheit scheint mir besonders anfällig für eine Bekräftigung antisemitischer Ansichten. Auf der einen Seite macht sie die Juden unsichtbar, nur eine Chiffre für die Menschheit im Allgemeinen; auf der anderen Seite macht sie (oder die Evangelien) die Juden zum Symbol für die Gewalt, die von der ganzen Menschheit ausgeübt wird. Eine Deutung der Evangelien wie die von Girard scheint mir Antisemitismus zu fördern, ungeachtet der Absicht Girards."

Kapitel 13

Die Anthropologie des Neuen Testaments

Für Girard liegt die von Jesus herbeigeführte Erlösung in seinen pazifistischen Äußerungen, nicht in seinem Tod. Jesus, so Girards Überzeugung, verkündete eine nicht auf den Opferungspakt gegründete Gesellschaftsform. Also war es seine absolut radikale Opposition gegen die auf Opferung und Gewalt beruhende Struktur der Gesellschaft, die solche Missgunst in den entscheidenden Kreisen weckte, dass sie sich vereinten, um ihn zu vernichten, aber dieser Akt der Vernichtung an sich, wenngleich unumgänglich, führte noch keine Erlösung für irgendjemanden herbei; auch behauptet das Neue Testament (außer vielleicht im Brief an die Hebräer) nicht, dass dies der Fall war.

Diese Lesart des Neuen Testaments verlangt manche außergewöhnliche Verdrehung der Bedeutung von Texten, die die Heilswirkung des Todes Jesu zu bekräftigen scheinen oder die jegliches gewaltsame Verhalten auf Jesus oder auf Gottvater zurückführen oder auf die mögliche Absicht Gottvaters, seinen Sohn für die Menschheit zu opfern, um seinen eigenen Zorn über die Sünden der Menschheit abzulenken. Girard ist kompromisslos gegenüber klassischen Wissenschaftlern, wenn sie die Bestätigung von Opferinhalten in ihren geliebten klassischen Texten zu meiden versuchen; doch ironischerweise liefert er in Beziehung zum Neuen Testament ein hervorragendes Beispiel für ebendiesen rechtfertigenden Standpunkt. Es sieht so aus, als kämen seine löblichen Bemühungen um das Verständnis der klassischen und alttestamentlichen Texte aus einer anthropologischen Perspektive zu einem abrupten Ende, wenn er sich dem Neuen Testament nähert. Doch in wichtigen Aspekten sollte das Neue Testament ein ideales Jagdrevier für Anthropologen sein. Viele seiner erzählenden und diskursiven Themen, wie sie in den Evangelien und in den Briefen geäußert werden, stellen einen Rückfall auf Opferkonzepte dar, die weitaus primitiver sind als jene, die man im Alten Testament findet.

Natürlich fällt das Girard auf; aber als Reaktion darauf sagt er, dass das Neue Testament das Schweigegelübde, das gewöhnlich den zentralen Inhalt des Opfers in der menschlichen Gemeinschaft umgibt, durchbricht, gerade weil es diese tieferen Opferthemen „aufdeckt". Das Neue Testament, argumentiert Girard, weist ständig auf die Gewalt hin, die die Gesellschaft stützt, die ihre Bindekraft nur deshalb zur Wirkung bringen kann, weil sie stillschweigend übereingekommen ist, nicht auf die Gewalt aufmerksam zu machen. Dies ist die „Heuchelei", die Jesus den Pharisäern unterstellt, die er aber als grundlegend für jede Gesellschaft betrachtet, sei sie jüdisch oder nichtjüdisch. Hier besteht eine Ähnlichkeit zwischen Girards Denken und jenem Freuds, der das Neue Testament für primitiver, jedoch ergiebiger als das Alte Testament hielt.[1] Denn das Neue Testament deckt die Gewalt gegen den Vater und die folgende Sühne des Sohnes auf – eine Gewalt, die das Alte Testament verheimlichte, seit es die Ermordung Moses durch die Israeliten in der Wüste in Schweigen hüllte. Der Unterschied liegt darin, dass Freud das Neue Testament gerade wegen seiner Primitivität, die die „Wiederkehr des Verdrängten" gestattete, als dem Alten überlegen betrachtete, während Girard diese Primitivität als absichtliche Strategie betrachtet. Freud betrachtet das Neue Testament so ähnlich wie einen gequälten neurotischen Patienten auf der Couch, der seine Probleme bewältigt, indem er die heftigen Leidenschaften seiner Kindheit noch einmal durchlebt; Girard betrachtet das Neue Testament, als spiele es die Rolle des Psychoanalytikers, der seinen Patienten anspornt, seine sadistischen Fantasien auszudrücken und so zu überwinden.

In Wirklichkeit aber entspricht das Neue Testament viel mehr Freuds als Girards Bild, obgleich man Freuds günstige Prognose bezweifeln mag, dass ein solcher Rückfall einen Durchbruch zu einer neuen Stufe der Lebenskraft verspricht. Das Ausmaß, in dem man die Krankheit als das Heilmittel betrachten kann, hat eine Grenze. Es ist wahr, dass eine Krankheit (besonders eine psychotische) häufig offen Symptome zeigt, die in einer gehemmten, aber funktionierenden Persönlichkeit verborgen und verdrängt bleiben. Aber die offene Zurschaustellung von Symptomen kann das Versagen eines funktionierenden psychologischen Kompromisses und den Zusammenbruch der Persönlichkeit in eine infantile Struktur ankündigen.

Girard ist der Meinung, dass die Erzählung vom Tod Jesu am Kreuz sich von allen anderen Erzählungen von Opferungen insofern unterscheidet, als Jesus ein unschuldiges und bereitwilliges Opfer ist. In anderen Erzählungen, etwa jener von Ödipus (den Girard fälschlich als ein ursprüngliches, religiöses Opfer betrachtet), wird dem Opfer die Schuld an seiner eigenen Bestrafung zugeschrieben, da es Verbrechen auf sich geladen hat. Auf diese Weise werden die Vollstrecker der Opferung für ihre Gewaltanwendung entschuldigt. Jesus dagegen, wie er in den Evangelien dargestellt wird, bietet keine derartige Entschuldigung für seine Verräter und Mörder, die als die Werkzeuge böser kosmischer „Mächte" beschrieben werden, in Wirklichkeit aber einfach die bösen Kräfte der Gesellschaft an sich sind, die durch die Urgewalt ihren Zusammenhalt erlangt und erhält. Indem Jesus diese Mächte in ihrer nackten Gewalt ans Licht bringt, entlarvt er sie und bringt ihren Anspruch ins Wanken, friedliche und positive Faktoren in der Formung der menschlichen Gesellschaft zu sein. Somit bringt der Tod Jesu tatsächlich Erlösung, aber nicht in der zum Opfer gehörenden Bedeutung, die Gewalt zu absorbieren, die sich anderenfalls in wahllosem Kleinkrieg ausleben würde; vielmehr verweist sein Tod auf eine neue Gesellschaftsform, die auf Gewaltlosigkeit beruht, und dies ist die Definition der wahren Erlösung für die Menschheit.

Girard übersieht allerdings die vielen Mythen und Rituale neben Jesus, die die Unschuld und Bereitwilligkeit des Opfers hervorheben. Ein biblisches Beispiel ist die Opferung Isaaks durch Abraham, bei der das Opfer in keiner Hinsicht schuldig war. In der griechischen Sage gibt es die Geschichte von Leos von Athen, der seine drei unschuldigen und willigen Töchter auf Geheiß des Orakels von Delphi opferte, um eine Hungersnot zu beenden, und von Aristodemos von Messenien, der seine Tochter opferte, um eine Pest zu beenden. Während es in anderen Erzählungen sicherlich eine Tendenz gibt, dem Opfer die Schuld zuzuschreiben, ist dies kein wesentliches Element, sondern eher eine Möglichkeit, den Opfernden für diese grausame Tat zu entschuldigen. Im Idealfall sollte das Opfer nicht unschuldig sein, aber makellos in jeder Hinsicht, geistig und körperlich, denn sonst ist die Opferung selbst mit einem Makel behaftet, da sie dann ein kleinliches Opfer einer minderwertigen Gabe an die Gottheit ist. Also liegt nichts Einmaliges in der Unschuld und Bereitwilligkeit Jesu, den Tod zu erleiden. Ausgerechnet in dem grausamsten Opferungssystem, dem der Azteken, wird auf die Unschuld und Bereitwilligkeit des Opfers der größte Wert gelegt. Als Heilkraft der Opferung gilt die Bereitschaft des Opfernden, aufzugeben, was für ihn am kostbarsten ist, verbunden mit der Bereitschaft des Opfers, um der Gemeinschaft willen zu sterben.

Die Evangelien und Briefe vermitteln uns das Bild, dass es der Tod Jesu ist, der die Menschheit vor den bösen Mächten in ihrem Umfeld rettet. Dies ist ein archetypisches Beispiel des Opfers. „Denn Gott hat die Welt so geliebt, dass er seinen einzigen Sohn hingab, damit jeder, der an ihn glaubt, nicht zugrunde geht, sondern das ewige Leben hat“ (Joh 3,16). Der Ausdruck „sein einziger Sohn“ wiederholt absichtlich die Beschreibung von Isaak (Gen 22,2), sodass Gott als Vater in der Rolle Abrahams erscheint. Die Situation ist natürlich paradox, weil Gottvater die Doppelrolle des Opfernden und der fordernden Gottheit spielt, der das Opfer dargebracht wird; aber solche Paradoxa sind im Opfermythos nicht ungewöhnlich. Jesus jedenfalls ist das klaglose Opfer, wie Isaak, dessen Tod um der Gemeinschaft willen freudig angeboten wird, in diesem Fall der Menschheit im Allgemeinen, d.h. „der Welt“, der Gott durch die selbstlose Gabe des Lebens seines Sohnes seine Liebe beweist. Der Gewinn, den die Gemeinschaft durch das Opfer erlangt, ist ewiges Leben, kein diesseitiger Gewinn, sondern das Überleben in einer geistigen Welt nach dem Tod. Dies ist kaum ein Gewinn für die Gemeinschaft, da er an Individuen übertragen wird; aber dies rückt den Jesuskult in die Kategorie der Mysterienreligionen, die ebenfalls Individuen mit Unsterblichkeit ausstatteten. Dass Johannes die erlösende Funktion Jesu in der Opferung sieht, zeigt sich auch in seiner Äußerung, „Seht, das Lamm Gottes, das die Sünde der Welt hinwegnimmt“ (Joh 1,29), ein Hinweis auf Jesus als Sühneopfer, der durch seinen Tod Sühne für Sünden bringt. Johannes wiederholt allerdings nur Paulus’ Formulierung, „Er hat seinen eigenen Sohn nicht verschont, sondern ihn für uns alle hingegeben…“ (Röm 8,32), die wiederum die Opferung von Isaak durch Abraham wiederholt, „…weil du das getan hast und deinen eigenen Sohn mir nicht vorenthalten hast…“ (Gen 22,16). Niemand leugnet, dass das Abraham-Isaak-Ereignis eine Opferung war. Der Unterschied liegt darin, dass es eine Opferung war, die nicht wirklich stattfand, während in Jesu Fall die Opferung tatsächlich stattfand, zumindest im Mythos (obgleich es sich auf der historischen Ebene nicht um eine Opferung handelte, sondern um die Hinrichtung eines Rebellen gegen Rom).

Sicherlich wurde die Deutung vom Tod Jesu als Opfer von den Kirchenvätern, den ersten Deutern des Neuen Testaments, allgemein akzeptiert, und es fällt schwer, Girards Behauptung zu akzeptieren, sie alle hätten den Text völlig missverstanden. Girard argumentiert sogar, dass sie seine Absicht umkehrten, indem sie einem Text eine auf Opferung bezogene Bedeutung gaben, der nichts mit Opfer zu tun hatte und sogar gegen Opfer sprach. Tatsächlich kam eine nicht auf Opferung bezogene Bedeutung ihnen nicht einmal als Möglichkeit in den Sinn, sodass sie offensichtlich eine starke mündliche Überlieferung der Deutung vermittelten, die aus der Zeit stammte, als die Evangelien verfasst wurden. Erst im Mittelalter erhob sich eine einsame Stimme, jene von Petrus Abaelardus, der aus Gründen der Menschlichkeit und Logik die Deutung als Opferung bekämpfte. Abaelardus ist fälschlich als Vertreter eines zeitübergreifenden Deutungsstrangs beschrieben worden, während, wie bei manchen anderen seiner Ansichten, diese mutige und menschfreundliche Persönlichkeit nur für sich selbst sprach, obwohl er der Wegbereiter späterer Denkrichtungen war, des Sozianismus der Renaissance und der liberalen Theologen der Gegenwart.

Eine der frühesten Auslegungen der Erzählung von der Passion Jesu in den Evangelien ist in einer kanonischen Schrift zu finden, dem ersten Petrusbrief. „Ihr wisst, dass ihr aus eurer sinnlosen, von den Vätern ererbten Lebensweise nicht um einen vergänglichen Preis losgekauft wurdet, nicht um Silber oder Gold, sondern mit dem kostbaren Blut Christi, des Lammes ohne Fehl und Makel" (1 Petr 1,18–19). Aber dies ist keine verständnislose Randbemerkung, obwohl der erste Petrusbrief nicht ist, was er zu sein vorgibt, sondern eine pseudepigrafische Schrift. Der Verfasser wiederholt nur, was er in den frühesten Schriften des Neuen Testaments fand: „Durch sein Blut haben wir die Erlösung, die Vergebung der Sünden nach dem Reichtum seiner Gnade" (Eph 1,7); „...durch die Erlösung in Christus Jesus. Ihn hat Gott dazu bestimmt, Sühne zu leisten mit seinem Blut..." (Röm 3,24–25); „...weil auch Christus uns geliebt und sich für uns hingegeben hat als Gabe und als Opfer, das Gott gefällt" (Eph 5,2).

Diese deutlichen Hinweise auf den Opferzusammenhang wurden von den Kirchenvätern und den mittelalterlichen christlichen Theologen umfassend herausgearbeitet. Durch alle Variationen, die in der Sühnetheorie vom 2. bis zum 15. Jahrhundert erkennbar sind, bleibt die grundlegende Vorstellung von der mystischen Heilswirksamkeit des Todes Christi unverändert. Das Wesen der Erlösung ist umstritten, vor allem weil Erlösung eine vielschichtige Idee ist: Denkbar ist sie als vor allem eine Aufhebung der Sündenlast oder als die Erlangung der geistigen Freiheit oder als Entkommen von der Unumgänglichkeit des Todes oder als Entkommen von der Hörigkeit gegenüber Satan oder in vielen anderen Richtungen, von denen jede einzelne zu einer Theorie über die grundsätzliche Bedeutung und Wirksamkeit des Todes Christi führte. Allen gemeinsam aber war, dass das (wie auch immer definierte) Verhängnis der Menschheit durch diesen Tod aufgehoben wurde, und diese Zuschreibung einer magischen Wirkung eines Todes ist genau die Definition des Opfers. Außerdem stellte der endgültige Charakter des Opfers, der die bruchstückhaften jüdischen Bräuche des sich wiederholenden Tieropfers ersetzte, das christliche Opfer in eine Linie mit anderen Opferkulten, namentlich den Mysterienkulten, in denen die Vergöttlichung des Opfers weitere Opferungen überflüssig macht, da von dem Eingeweihten nur ein mentaler Akt der Identifikation (genannt „Glaube“) verlangt wird. Nicht umsonst wird das zentrale christliche Sakrament, das Brot, das den Leib Christi darstellt, als „Hostie“ (von lateinisch hostia, „Opfer“) bezeichnet und kehrt dieses Ritual zu der frühesten bekannten Form des Opfers zurück, dem Verspeisen des Gottes. Dies ist nicht nur ein Opfer, sondern das Opfer wird vergöttlicht und in den Mittelpunkt der religiösen Praxis gerückt. In der katholischen Messe werden jede Handlung des Priesters und jeder einzelne Teil des Gottesdienstes als dramatische Anspielung auf die verschiedenen Umstände der Passion und des Todes Jesu betrachtet. Selbst der Altarkuss des Priesters zu Beginn und am Ende der heiligen Messe wird nach den Ritualbüchern auch als Erinnerung an den Kuss betrachtet, den Judas Ischariot Jesus gab, als er ihn verriet.

Kirchenkonzile hoben auch den Opfercharakter sowohl des Todes Jesu als auch der Messe hervor. „Wenn jemand sagt, in der Messe werde Gott nicht ein wahres und eigentliches Opfer oder was aufgeopfert wurde, sei nichts anderes, als dass uns Christus zur Speise gegeben werde, der sei im Banne. …Wenn jemand sagt, das Messopfer sei nur ein Lob- und Danksagungsopfer oder eine bloße Erinnerung des am Kreuz vollbrachten Opfers, nicht aber ein Sühnopfer…der sei im Banne“ (Konzil von Trient, zwischen 1542 und 1563, Sitzung vom 17. Sept. 1562, De Sacrificio Missae, 1. bzw. 3. Kanon).

Diese Auslegungen der Passionserzählung in den Evangelien waren nicht abwegig, wie Girard meint, sondern Weiterführungen der Lehre im Neuen Testament, die den Tod Jesu als Gottesopfer betrachtet, das der Menschheit Erlösung bringt. Das Neue Testament ist deshalb ein sehr taugliches Feld für eine anthropologische Analyse, da seine Vorstellungen vom Opfer es mit primitiven Kulturen und religiösen Bräuchen der Vorgeschichte in Zusammenhang bringen. Die anerkannte Grundidee ist für gläubige Christen wie für Nicht-Gläubige, dass das Neue Testament weniger primitiv sei als das Alte, und diese Grundidee wiederum beruht in hohem Grad auf der Ansicht, dass das Neue Testament über die in den Gebräuchen des Tieropfers verkörperten Vorstellungen vom Opfer, wie sie in Levitikus kodifiziert sind, hinausgehe. Diese herablassende Haltung gegenüber dem Alten Testament zeigt sich in der Bezeichnung von „Alt“ und „Neu“, die sich natürlich vom christlichen Dogma der „zwei Bünde“ ableitet. Es könnte eine heilsame Aufgabe für alle Bibelforscher und Anthropologen sein, den Begriff „Altes Testament“ zu meiden und stattdessen den Begriff Hebräische Bibel zu verwenden, was in der Tat einige schon tun.

Wenn auch nur als Möglichkeit eingeräumt würde, dass das Neue Testament tatsächlich in Opfervorstellungen zurückfällt, die viel älter als Levitikus sind, würde die Wissenschaft des Neuen Testaments eine überraschende Richtung einschlagen. Insbesondere würde man sehen, dass der Antisemitismus atavistische Wurzeln in der Schuldverschiebung hat, die mit einem bestimmten Stadium des Menschenopfers verbunden ist. Die Erforschung des Antisemitismus würde dann aus ihrem gegenwärtigen Zustand der Oberflächlichkeit und Mystifizierung hervortreten.

Es ist allerdings merkwürdig, wie das Neue Testament von Bibelforschern ständig von einer anthropologischen Analyse ausgenommen wird. Diese widmet sich ausschließlich der Hebräischen Bibel. Eine neuere interessante anthropologische Untersuchung der Hebräischen Bibel ist *The Savage in Judaism: an Anthropology of Israelite Religion and Ancient Judaism* (1990) von Howard Eilberg-Schwartz. Dieses Buch lässt sich lobenswerterweise nicht von neueren puristischen Einwänden gegen Kulturvergleiche einschüchtern und findet viele Auffälligkeiten von anthropologischem Interesse in biblischen Bräuchen wie Beschneidung, rituelle Reinheit und Tieropfer. Auch gibt der Autor einen sinnvollen Überblick über die Geschichte der alttestamentlichen Anthropologie und zeigt zum Beispiel, dass der angeblich primitive Charakter der israelitischen Religion von Rationalisten des 18. Jahrhunderts, etwa von Voltaire, als eine Waffe gegen das Christentum verwendet wurde. Selbst diese kühnen Denker untersuchten freilich nie in gleicher Weise das Neue Testament; ihr Angriff auf das Neue Testament bestand darin, darauf hinzuweisen, dass es auf die mangelhafte (weil primitive) Autorität des Alten Testaments baute.

Selbst Eilberg-Schwartz tritt jedoch in die Fußstapfen jener Rationalisten aus dem 18. Jahrhundert, indem er darauf verzichtet, eine anthropologische Analyse auf das Neue Testament anzuwenden. Seine Darstellung des Christentums, dem er einige Bemerkungen am Ende seines Buches widmet, handelt ausschließlich von seiner dem Judentum überlegenen Rationalität, besonders auf dem Feld der rituellen Reinheit. Es kommt diesem jüdischen Autor nie in den Sinn, dass gewisse Bereiche im Denken des Neuen Testaments eine unterlegene Rationalität oder geradezu Vernunftwidrigkeit im Vergleich zum jüdischen Denken aufweisen. So mächtig ist die theologisch abgeleitete Grundidee fortschreitender Entwicklung (dem evolutionäre Ideen des 19. Jahrhunderts zusätzlichen Auftrieb gaben), dass die Möglichkeit eines Rückschritts gedankenlos verworfen wird. Die christliche Lehre der Sühne durch Opfer spielt in Eilberg-Schwartz' Darstellung überhaupt keine Rolle; er ist imstande, das Wilde im Judentum zu sehen, aber das Wilde im Christentum bleibt für ihn unsichtbar.

Die meisten heutigen Anthropologen (allerdings nicht Girard, was für ihn spricht) halten wenig vom Werk von James Frazer *The Golden Bough* (dt. *Der goldene Zweig*, 1928). Wir alle kennen die Vorwürfe gegen Frazer: dass er ein Hobbyanthropologe war, dass er ein naiver Rationalist war, der primitive Religion bloß für eine Art stümperhafte Wissenschaft hielt, dass er an „Parallelomanie" litt, indem er ähnliche Phänomene in weit auseinanderliegenden Gesellschaften vorschnell verknüpfte, obgleich die Zusammenhänge sich strukturell unterschieden. Diese Vorwürfe sind nicht ohne Grundlage, doch diejenigen, die sie erhoben, kochten häufig ihre eigenen Süppchen: relativistische Ideologien oder sogar (so in Evans-Pritchards Fall) religiöse Überzeugungen, die es zu verteidigen galt. In Wahrheit war Frazer ein bedeutender Pionier, der Material von höchstem Wert sammelte und ordnete, das anderenfalls untergegangen wäre. Außerdem sind die Warnungen vor interkulturellen Vergleichen stark überspitzt worden, wiederum oft von Personen mit fragwürdigen Beweggründen (wie Eilberg-Schwartz in einigen wertvollen Kommentaren betont hat). Die angebliche Einmaligkeit jeder Kultur ist oft als Weg einer verdeckten Rückkehr zum Dogma der Einmaligkeit des Christentums und der Unrechtmäßigkeit aller Versuche, es in seinen Kontext zu rücken, nachdrücklich betont worden.

Frazer sah sehr klar das Wilde im Christentum. Er verwies auf die unübersehbaren Ähnlichkeiten zwischen dem wesentlichen christlichen Mythos der Erlösung und den Versprechen der Unsterblichkeit, die die Mysterienkulte anboten mit ihren sterbenden und wieder auferstehenden Göttern, die um der Menschheit willen Gewalt erlitten. Unter Neutestamentlern gab es einige, die imstande waren, dieselben Verbindungen herzustellen, trotz der Indoktrination, die in der Regel verhindert, dass Neutestamentler mögliche Spuren primitiven Denkens im Christentum bemerken. Richard Reitzenstein (1861–1931) wies in seinem viel geschmähten Buch *Die hellenistischen Mysterienreligionen nach ihren Grundgedanken und Wirkungen* auf den hellenistischen Einfluss auf das Christentum und besonders auf den Einfluss der Mysterienreligion und der Gnosis auf Paulus hin. Er argumentierte, dass die Eucharistie nicht von Jesus eingeführt wurde, sondern von Paulus, der behauptete, er habe in einer Vision von Jesus Anweisungen darüber empfangen; Paulus' Vision vom Abendmahl wurde später in die Darstellungen in den Evangelien aufgenommen. Eine der vielen faszinierenden Parallelen, die Reitzenstein bemerkte, bezog sich auf die angebliche Anweisung Jesu beim Abendmahl, Wein als Symbol seines Blutes zu trinken, indem er sagte: „Tut dies im Gedenken an mich." Reitzenstein zitiert hier einen magischen Text etwa aus der Zeit von Paulus: „[...] in welchem Osiris der Isis und dem Horus sein Blut in einem Becher Wein zu trinken gibt, damit sie nach seinem Tode ihn nicht vergessen, sondern in sehnsüchtiger Klage ihn suchen müssen, bis er neubelebt sich wieder mit ihnen vereint". Dieses vielsagende Detail führt die auffällige Ähnlichkeit zwischen dem christlichen Mythos von Jesus und jenem von Osiris vor Augen: Beide sterben einen entsetzlichen Tod, verraten von einem Eingeweihten; beide kehren ins Leben zurück und bieten einen Weg zur Erlösung. Die hellenistischen Verflechtungen des Abendmahls wurden weiter erforscht von Hans Lietzmann in *Messe und Herrenmahl*, wo er zeigt, wie eine jüdische nichtmystische Zeremonie, der Kiddusch, in eine mystische Mahlgemeinschaft nach dem Muster der Mysterienkulte umgewandelt wurde.[2]

Wilhelm Bousset (1865–1920) lenkte in seinem *Kyrios Christos* die Aufmerksamkeit ebenfalls auf die Verbindungen zwischen paulinischem Christentum und Mysterienreligion, besonders in der verwendeten Terminologie, wie etwa *kyrios* „Herr". Bousset beweist, dass diese Bezeichnung für Jesus in der Jerusalemer Kirche nicht existierte, sondern erst in der hellenistischen nichtjüdischen Kirche aufkam, die sie aus der Mysterienreligion ableitete. Bousset befasst sich jedoch nur mit dem Einfluss des „hellenistischen Mystizismus" und nimmt nicht den Einfluss des heidnischen Mythos der Erlösung durch Opfer mit seiner Erzählung vom gewaltsamen Tod wahr. Dies gilt allgemein für die Religionsgeschichtliche Schule, wie sie genannt worden ist. Trotz seiner Belege von Osiris sieht selbst Reitzenstein den gewaltsamen Tod von Osiris nicht als erhellend für den gewaltsamen Tod Jesu. Obwohl der Tod Jesu ein historisches Ereignis war, ist man nicht bereit zu erkennen, dass er vom paulinischen Christentum in einer Weise mythisiert wurde, die zum Vergleich mit den Todesarten anderer Erlösungsgötter der Epoche auffordert.

Die Religionsgeschichtliche Schule der neutestamentlichen Wissenschaft befasste sich damit, das Christentum in sein Umfeld zu stellen, es also als religiöses Phänomen des 1. Jahrhunderts zu betrachten und nicht als zeitlose einmalige Offenbarung. Deshalb interessierten sich die Autoren dieser Schule nicht nur für hellenistische Einflüsse, sondern auch für jüdische Einflüsse auf das frühe Christentum. Zunächst empfanden Gegner dieser Schule die Entdeckung jüdischer Einflüsse genauso bedrohlich wie die Behauptung eines hellenistischen Einflusses. Denn beide Behauptungen sprachen gegen die Einzigartigkeit des Christentums, indem sie es als historisches Phänomen einordneten. Aber nach einiger

Zeit erkannte man, dass die Bedrohung durch den Hellenismus viel größer war als die Bedrohung durch das Judentum. Einige wenige Theologen, zum Beispiel Rudolf Bultmann, waren bereit zu akzeptieren, dass das Christentum im Wesentlichen eine hellenistische Religion ist, auf die das Judentum lediglich abfärbte. Die meisten jedoch verwarfen entsetzt diese Einschätzung. Die Vorstellung vom Christentum als „Erfüllung des Judentums" musste gerettet werden, und die Darstellung des paulinischen Christentums als Rückfall ins Heidentum musste um jeden Preis bekämpft werden. So bewertete man Albert Schweitzers Rückführung des Christentums auf die jüdische Apokalyptik, womit er anfangs starken Widerstand erregt hatte, später als Rettungsanker vor einer Rückführung auf eine hellenistische Mysterienreligion. Schweitzer selbst hatte empört jeden Versuch zurückgewiesen, Verbindungen zwischen Christentum und Mysterienreligion herzustellen, und für ihn war selbst Paulus zu hundert Prozent eine jüdische Gestalt. Die hundertfachen Parallelen im Vokabular zwischen Paulus und hellenistischen Kulten wurden von Schweitzer als Hirngespinst abgetan. Schweitzer war nicht imstande zu sehen, dass sein überzeugendes Argument über den Einfluss der jüdischen Apokalyptik auf Jesus nur auf Jesus selbst und seine Anhänger in der Jerusalemer Kirche zutraf, nicht aber auf die paulinische Kirche, deren Quellen hauptsächlich hellenistisch waren.

Folglich wurden die Erkenntnisse von Reitzenstein, Lietzmann, Bousset und anderen Neutestamentlern beerdigt. Dem hellenistischen Einfluss auf das Neue Testament wurde widersprochen, es sei denn, es konnte nachgewiesen werden, dass er über das Judentum gekommen war, das (so wurde behauptet) schon eine ganze Menge Hellenismus enthielt. Viel Mühe wurde auf den Nachweis verwendet, dass die Idee eines göttlichen Erlösers durch die personifizierte Weisheit im Buch der Sprichwörter oder den Menschensohn bereits im Buch Daniel oder andere engelhafte Mittler angedeutet wurde. Dieser ganze Aufmarsch engelhafter Botenfiguren oder poetischen Personifizierungen vermochte die Kluft zwischen der jüdischen Vorstellung von dem Messias als einem menschlichen Befreier, der das Reich Gottes auf Erden errichten würde, und dem christlichen Messias oder Christus als einer göttlichen herabsteigenden und emporsteigenden Gestalt, die Unsterblichkeit bringen würde und zu der es nur in der heidnischen Mythologie und Mysterienreligion Parallelen gab, nicht zu überbrücken.

Was die erlösenden Leiden Jesu am Kreuz angeht, so wurde oft die Gestalt des Leidenden Gottesknechts aus Jesaja 53 herangezogen, um zu beweisen, dass selbst dies im Judentum angedeutet wird und nichts mit den leidenden Göttern in den Mysterienreligionen zu tun hat. Kommentatoren, jüdische wie nichtjüdische, haben betont, dass diese Gestalt für das jüdische Volk steht, das für die Sünden der Menschheit in dem Sinn gelitten hat, als sein Leiden ein Hinweis auf den moralischen Fortschritt der Menschheit ist. Es gibt bei Jesaja keinen Anhaltspunkt, dass der Leidende Gottesknecht die Thora als Mittel der Erlösung ersetzen soll oder dass seine Leiden der zentrale Bezugspunkt der Glaubensüberzeugung werden sollen. Der Abschnitt über den Leidenden Gottesknecht hat im Judentum die theologische Funktion eines Gegengewichts zu der Erklärung, die anderswo in der Bibel für die Leiden der Juden gegeben wird: dass sie eine Strafe für ihre Sünden sei. Diese Erklärung erhält tatsächlich starkes Gewicht und beherrscht die Liturgie, besonders jene des Fasttags am neunten Av, dem Jahrestag der Zerstörung des Tempels, und ist wichtig als Ansporn für jüdische Reue und geistige Erneuerung. Doch das konnte nie eine ausreichende und vollständige Begründung für jüdisches Leiden sein, wie die Erfahrungen des Holocausts unterstrichen haben. Ein anderer Grund, der die jüdische Rolle als Pionier und Märtyrer des menschlichen Fortschritts betont, wurde gebraucht, wenn auch nur um moralische Verzweiflung, eine dem Judentum fremde Gemütslage, zu verhindern. Der Leidende Gottesknecht ist kein Opfer, denn durch sein Leiden werden niemandes Sünden getilgt, noch wird denen, die sich mit seinem Schmerz identifizieren, Unsterblichkeit versprochen. Folglich wird keine böse verdammte Gestalt gebraucht, um die Verantwortung für seine Leiden in die Wüste zu tragen, so wie Judas hinausging in die Nacht. Vielmehr werden die Völker, die Israel Leid gebracht haben, durch ihre eigene freiwillige Reue erlöst. Die Notwendigkeit der Reue, ob von Juden oder von ihren Unterdrückern, wird nicht durch eine den Leiden zugeschriebene magische Wirkungskraft überflüssig gemacht.

Diese magische Wirkungskraft, die sich aus der grenzüberschreitenden Heiligkeit der Gewalt herleitet, macht die Definition des Opfers aus. Der Bruch des Tötungstabus löst eine dynamische Kraft aus, die die Bedrohung für den Stamm aufhebt; nur ein gewaltsamer Tod kann diese Wirkung haben. Aber da die Erlösung durch eine entsetzliche Grenzüberschreitung erreicht wird, braucht sie einen Sündenbock, um die Schuld der Opferung auf sich zu nehmen. Dieser von Anthropologen, Religionshistorikern und Bibelforschern ignorierte oder vertuschte Mechanismus liegt an der Wurzel des Antisemitismus.

Anmerkungen

1 Siehe Freud (1939).

2 Als die spanischen christlichen Eroberer im 16. Jahrhundert in Mexiko ankamen, waren sie entsetzt, dort einen Opferkult vorzufinden, der Folter und das Töten von Menschopfern umfasste, denen die Herzen als Gaben für den Sonnengott herausgerissen wurden. Die Azteken hingegen sahen starke Ähnlichkeiten zwischen ihrer eigenen Religion und jener der Eindringlinge, und diese Ähnlichkeiten waren höchst hilfreich für die missionarischen Bemühungen der spanischen Geistlichen. Insbesondere die Idee hinter der Eucharistie, dass das Trinken des Blutes und Verspeisen des Fleisches des geopferten Gottes dem Gläubigen geistige Nahrung gab, war den Azteken sehr wesensverwandt. Die christliche Verehrung des Heiligen Herzens Jesu fand starken Widerhall, während die Geschichte von der Kreuzigung Jesu und den vorausgehenden Stationen des Kreuzwegs sie lebhaft an ihre eigenen Folterungen der zu Opfernden erinnerte. Siehe Tierney (1989), S. 426–58, und Boone (1984).

Kapitel 14

Begann der Antisemitismus im Mittelalter?

Das Werk von Gavin Langmuir zur Geschichte des Antisemitismus hat viele Aspekte des Themas beleuchtet und verdient größte Achtung. Doch ein Aspekt in seinen Erkenntnissen darf hinterfragt werden: Dies ist seine Ansicht, dass der eigentliche Antisemitismus erst im Mittelalter begann.

Langmuir verbindet Antisemitismus vor allem mit der „Ritualmordlegende", die zum ersten Mal im 12. Jahrhundert mit dem Fall des William von Norwich (1144) aufkam.[1] Er argumentiert, dass es vor dieser Zeit einen Antijudaismus gab, der auf rationalen Voraussetzungen beruhte, nämlich den religiösen Unterschieden, die objektiv zwischen Judentum und Christentum existieren. Erst nach der Zäsur des 12. Jahrhunderts seien die Juden als unmenschliche Täter erfundener Verbrechen dämonisiert worden: Kreuzigung christlicher Kinder, kannibalistische Riten, Brunnenvergiftung, Verbreitung von Krankheit. Diese Dämonisierung, argumentiert Langmuir, ist so spezifisch für die Juden, dass sie nicht bloß als eine Form von Fremdenhass betrachtet werden kann, sondern als ein besonderes Phänomen zu sehen ist, das den Namen „Antisemitismus" verdient.

Hiermit würde man die Sache allzu sehr vereinfachen, indem man das mythische Element in der christlichen Einstellung gegenüber den Juden ignoriert. Langmuir sagt zum Beispiel, dass die christliche Anklage, die Juden hätten den Tod Jesu herbeigeführt, nicht als Antisemitismus betrachtet werden könne, da es sich um eine sachgerechte Anklage gehandelt habe, welche die Juden – jedenfalls in der Antike – nicht leugneten (wobei der strittige Punkt sei, ob er verdiente, hingerichtet zu werden[2]). Die Betonung liegt darauf, dass die Juden nicht einfach beschuldigt wurden, Jesus getötet zu haben (wie zum Beispiel die Athener Sokrates töteten). Die Anklage lautete auf Gottesmord, nicht auf ungerechtfertigte Hinrichtung. Die Juden wurden beschuldigt, den Opfertod eines göttlichen Besuchers aus dem All herbeigeführt zu haben, eine Anklage, die sie nie hinnahmen.

Durch die Anklage des Gottesmordes wurden die Juden zu Werkzeugen der kosmischen Macht des Bösen mythologisiert. Dass ihre Bosheit schließlich der Sache der Erlösung diente, machte die Juden nur noch unheimlicher als vorbestimmte böse Vollstrecker des göttlichen Opfers. Folglich ist nichts „rational" an der Art und Weise, wie die Juden von Anfang an im paulinischen Christentum gesehen wurden.

Es dauerte lange, bis aus dieser mythologischen Vorstellung der weitverbreitete allgemeine Abscheu vor den Juden als Untermenschen wurde. Wie Langmuir nachweist, mussten viele Faktoren mit dem ursprünglichen mythologischen Anstoß zusammentreffen, bevor sich die irrationale Ansicht von den Juden als vom Wesen her böse zu einer gesellschaftlichen Kraft entwickelte. Aber das bedeutet nicht, dass Antisemitismus erst im 12. Jahrhundert begann; man kann ihn in seiner reinsten irrationalen Form bei vielen christlichen Lehrern lange vor diesem Zeitpunkt finden, und zum ersten Mal äußert er sich in den Evangelien, wo die Juden die Rolle des Verräters Gottes spielen. Als angeblich vom Satan besessenes Volk wurden die Juden nie bloß als Anhänger einer konkurrierenden religiösen Anschauung gesehen. Außerdem scheint Langmuir die Geschichte der vorchristlichen Verteufelung der Juden (als Volk des Demiurgen) in der Gnosis nicht zu kennen.

Langmuirs Ansatz hat durchaus viele Verdienste. So sieht er, dass christlicher Antisemitismus in der christlichen Lehre wurzelt und nicht bloß von allgemeinem Fremdenhass ausgelöst ist oder, wie es (in grobem Missverständnis von Emmanuel Levinas) zu sagen in Mode gekommen ist, von der Furcht vor „dem Anderen". Langmuir erklärt den Zeitpunkt des starken Anschwellens der antisemitischen Verteufelung im 12. und 13. Jahrhundert damit, dass in dieser Epoche den Christen quälende Zweifel an ihrer eigenen Lehre von der Eucharistie kamen. Weil sie bezweifelten, ob das Brot sich wirklich in den Leib Christi und der Wein wirklich in sein Blut verwandelte, war es für sie tröstlich zu hören, dass die Hostie einen Schwall Blut verspritzte, als die Juden mit Nadeln hineinstachen. Als die Juden (angeblich) Glauben an die heilende Wirkung christlichen Blutes erkennen ließen, wurde es leichter, an die magische Wirksamkeit des Blutes Christi zu glauben. In Langmuirs Sicht dienten die Juden als Projektionswand für die innersten Zweifel und Ängste von Christen, deren Gewissheit auf Erlösung durch Fortschritte in Philosophie und Naturwissenschaft oder durch die Existenz von Kirchenspaltungen gefährdet war.

Dies ist ein soziologischer Ansatz (da er Erklärungen im rissig werdenden Gefüge der mittelalterlichen Gesellschaft findet), aber kein anthropologischer. Denn er lässt Faktoren außer Betracht, die nicht nur zu den Ursprüngen des Christentums in der antiken Welt zurückreichen, sondern sogar bis in die Vorgeschichte, Faktoren, die sich nur durch vergleichende Studien von Religion und Mythologie in vielen, zeitlich und räumlich weit voneinander getrennten Gesellschaften erklären lassen. Insbesondere vernachlässigt er die Rolle der Juden im christlichen Mythos. Die Juden in der mittelalterlichen Gesellschaft waren nicht einfach eine fremde Gruppe, auf die die momentanen Fantasien und Ängste bequem projiziert werden konnten. Sie waren eine Gruppe, die in einem sehr realen Sinn ganz und gar nicht fremd war, denn sie machte einen wesentlichen Teil der grundlegenden Fantasie aus, durch die der mittelalterliche Christ lebte und erlöst wurde. Die Juden traten als Untermythos oder Mythologem auf, ohne die der christliche Mythos nicht funktionieren und Erlösung nicht erreicht werden konnte.

Diese Unterscheidung zwischen Soziologie und Anthropologie ist vielleicht nicht völlig eindeutig. Manche haben eingewandt, dass die Unterscheidung nicht aufrechterhalten werden kann und deshalb die Soziologie als Teilgebiet der Anthropologie betrachtet werden sollte; andere halten dagegen, dass Anthropologie eine Unterabteilung der Soziologie sei. Ich möchte diese Fachdiskussionen nicht aufgreifen, sondern werde mich an die gängige Unterscheidung halten, dass Soziologie Themen abdeckt, die der westlichen Gesellschaft eigen sind, in der Veränderungen in dem historischen Umfeld berücksichtigt werden, während Anthropologie sich mit den eher unveränderlichen Bräuchen und Mythen nichtwestlicher Gesellschaften befasst und auch durch vergleichende Behandlung allen Gesellschaften gemeinsame Themen abdeckt. Soziale Anthropologie dagegen ist eine gemischte Disziplin, in der im Kontext der westlichen Gesellschaft entwickelte Konzepte auf nichtwestliche Gesellschaften angewandt werden. Das Christentum als Gemeinschaft mit Wurzeln in der antiken Welt und sogar in der Vorgeschichte ist demnach ein geeignetes Thema für eine anthropologische Untersuchung seiner Rituale, Mythen und sozialen Hierarchisierung, einschließlich seiner Einordnung der Juden in eine Unterklasse.

Langmuir lässt sein eher soziologisches als anthropologisches Vorurteil durchblicken, indem er die Ursachen des Antisemitismus in Sachverhalten und Ängsten findet, die eigentümlich für die historischen Umstände des Mittelalters sind. So sagt er, dass die Juden verfolgt wurden, weil Christen sich gerade in dieser Epoche Sorgen um die magische Wirksamkeit der

Eucharistie machten. Er fragt allerdings nicht, warum ausgerechnet die Juden zum Ziel und zur Abhilfe für diese Sorgen wurden. Er hätte vielleicht geantwortet, dass dies einfach deshalb so war, weil die Juden in Reichweite waren, die einzige fremde Gruppe, die in der Christenheit lebte, auf die sich die Ängste projizieren ließen. Aber das hieße, die Juden als eine Art unbeschriebenes Blatt zu betrachten, ohne spezifische Merkmale in christlichen Augen, und dies war weit entfernt von der Realität. Das bedeutet am Ende, doch wieder auf die Ansicht zurückzugreifen, dass Fremdenhass die Wurzel des Problems ist oder, um die modische Ausdrucksweise zu benutzen, der Jude als „der Andere" gefürchtet oder verachtet wurde.

Aber die Juden wurden nicht als irgendeine unbekannte Größe gefürchtet. Die christliche Gemeinschaft, deren heilige Schriften umfangreiche Bezüge auf sie enthielten, kannte sie sehr gut oder glaubte sie zu kennen. Sie wurden als Teil der christlichen Familie betrachtet, wenn auch als das schwarze Schaf der Familie. Das Judentum wurde sogar als Unterabteilung des Christentums betrachtet. Die Juden waren die wandelnden menschlichen Vertreter des Alten Testaments, das einen wesentlichen Teil der christlichen Bibel bildete und als Bestätigung und Legitimation des Christentums betrachtet wurde. Wenn die Juden bloß „die Anderen" gewesen wären, wäre ihre Stellung viel weniger mit ödipaler Angst belastet gewesen. Sie waren die Eltern des Christentums, missbilligende Eltern, die dazu gebracht werden mussten, die Rebellion ihrer Kinder zu akzeptieren oder aber von den bösartigen Fantasien der Kinder überwältigt zu werden. Die Panik und Wut, die sich unter Christen verbreitete, als ihnen zum ersten Mal in vollem Umfang die Rolle des Talmuds in der jüdischen Religion bewusst wurde (im 13. Jahrhundert), kann als familiär verstanden werden. Der ganze augustinische Kompromiss, durch den die Juden in der Christenheit toleriert wurden, war bedroht, weil er offenbarte, dass die Juden ihre Elternrolle verwarfen. Das authentische Kind des Alten Testaments war in jüdischen Augen nicht das Neue Testament, sondern der Talmud.

Ich behaupte freilich nicht, dass die Kenntnis des Talmuds für die Veränderung verantwortlich war, die in der Haltung des gewöhnlichen Christen gegenüber den Juden im 12. und 13. Jahrhundert eintrat, als die wahre Dämonisierung der Juden begann, die schließlich den Weg nach Auschwitz bereitete. Ressentiment gegenüber dem Talmud war ein Thema vor allem für die gelehrten Dominikaner und Franziskaner, die ihre missionarischen Bemühungen in dieser Epoche sehr verstärkten und den Talmud als Hindernis empfanden. Die Dämonisierung der Juden hatte viel mit der allgemeinen Intensivierung des christlichen Glaubens und Eifers zu tun, die sich in den Kreuzzügen zeigte und in der Zunahme endzeitlicher Erwartungen. Siege über den Islam förderten diese Stimmung, wurden sie doch begleitet von der Überzeugung, dass der weltweite Sieg des Christentums nahe sei. Langmuirs Gedanke, die Judendämonisierung sei eher aus Zweifel als aus Glauben entstanden, ist nicht unbegründet, weil die Intensivierung des Glaubens oft ein Zeichen von heimlichem Zweifel ist. Die Begegnung mit der Zivilisation des Islam musste bis zu einem gewissen Grad die Anmaßung christlicher Glaubensüberlegenheit sprengen. Doch die äußerliche Realität dieser Epoche war von Inbrunst und Frömmigkeit geprägt. Es war das Zeitalter des Glaubens schlechthin, als die Kirche ihrem Traum, weltliche Autoritäten ihrem Willen zu unterwerfen, am nächsten kam. Die gewöhnlichen Menschen, bisher Heiden im Herzen, wurden wirkliche Christen, die neue Formen der Frömmigkeit und tief empfundene Ängste vor der Hölle entwickelten. In dieser Atmosphäre erschien die Tolerierung der Juden, die auf einer persönlichen Ebene des Wohlwollens existiert hatte, nachlässig und unreligiös. Wir haben das Phänomen des Populisten Ludwig IX. von Frankreich, für den Hass auf die Juden Beweis eines guten christlichen Gemüts war und dessen antijüdische Exzesse sicherlich kein Hindernis für seine Kanonisierung als heiliger Ludwig war.

So erscheint es irgendwie abwegig, das Aufkommen der Ritualmordlegende in dieser Epoche eher christlichem Zweifel als christlichem Glauben zuzuschreiben. Das Aufkommen der Legende gerade in dieser Epoche hat offenbar wirklich mit der Eucharistie zu tun, wie Langmuir behauptet. Schließlich ist es bemerkenswert, dass der Vorwurf gegen die Juden wegen Kannibalismus genau das ist, was die Christen nach ihrem eigenen Verständnis in der Eucharistie taten, wenn sie gedanklich das Blut Jesu tranken und sein Fleisch aßen. Es ist allerdings viel wahrscheinlicher, dass der Mechanismus der Verlagerung dieses Tuns auf die Juden eher eine Schuldübertragung war als eine Möglichkeit, Zweifel zu beschwichtigen. Dies wäre bloß eine Erweiterung der allgemeinen Funktion der Juden als Schuldtilger in der christlichen Kultur. Die angeblichen Mörder Christi übten die sehr nützliche Funktion aus, die Schuld für ein Verbrechen auf sich zu nehmen, an dem sich jeder Christ beteiligte, wenn er vom Opfer in der Messe speiste. Aber warum beschäftigte sich der Vorwurf gezielt mit dem Mord an Kindern und nicht an Erwachsenen? Ich habe vorgeschlagen,[3] dass dieses Merkmal aus einer anderen, gleichzeitigen Entwicklung im christlichen Glauben entstand, nämlich der Marienverehrung. Dieser Vorschlag kombiniert den Vorzug von Langmuirs Theorie (ihren zeitbezogenen soziologischen Bezug) mit der tieferen anthropologischen Ebene der Erklärung, die in diesem Buch vertreten wird.

Die mittelalterlichen Geschichten und Balladen von angeblichen jüdischen Kindermorden (von denen die bekannteste Chaucers „Die Geschichte der Äbtissin“ ist) drehen sich oft um die Jungfrau Maria. Vor dem 11. Jahrhundert spielte Maria keine herausragende Rolle in der christlichen Vorstellung. Nach dieser Zeit stieg sie in den Rang einer göttlichen Gestalt auf, wichtigster Mittelpunkt von Gebet und Hoffnungen auf Vergebung. Jesus selbst wurde zu einer furchterregenden Gestalt, weil er als Richter am Jüngsten Tag dargestellt wurde. Dies traf jedoch nur auf den erwachsenen Jesus zu. Das Kleinkind Jesus wurde dagegen stark mit der Jungfrau Maria und ihrer Rolle als Beschützerin vor dem Bösen verknüpft, auch vor der Gefahr durch die Juden. Der Jesus, der bei der Messe verzehrt wurde, wurde allmählich als das Kind Jesus wahrgenommen. Die Verlagerung der Verantwortung für die Opferung Jesu auf die Juden umfasste nun Elemente, die früher gefehlt hatten: die Zerstückelung und das Verspeisen eines Kindes und das Trinken seines Blutes. Vorher war es nur die Kreuzigung des erwachsenen Jesus, für den die Juden verantwortlich gemacht wurden. Jetzt weckte die kannibalistische Fantasie, die das Verzehren während der Messe begleitete, Gefühle unbewusster Schuld, besonders jetzt, wo das Opfer als Kind gedacht war, sodass auch diese Opferung den Juden zugeschrieben werden musste.[4]

Die allgemeine Dämonisierung der Juden war somit im 11. und 12. Jahrhundert vollendet, nämlich als Folge des um diese Zeit erreichten Erfolgs in der Verbreitung einer übersteigerten Religiosität im gemeinen Volk. Die Furcht vor der Hölle, der Marienkult und die Hoffnungen auf eine apokalyptische Vollendung der Geschichte trugen alle zu diesem Ergebnis bei. Die Dämonisierung war schon lange in den Schriften christlicher Lehrer vorhanden und von der niederen Geistlichkeit vor ihren Gemeinden eifrig gepredigt worden. Nun kamen diese Lehren zum Tragen und wurden auch durch die religiöse Kunst gefördert (mit ihrer Darstellung der neutestamentlichen Feinde Jesu in jüdischer Tracht und mit karikierten jüdischen Gesichtszügen, während seine Apostel und andere Anhänger als blonde Nordländer abgebildet wurden) und durch die regelmäßige Aufführung von Passionsspielen, die jetzt eine neue Schärfe annahmen. In diesen Passionsspielen wurden die Juden, angeführt von Judas Ischariot, dargestellt, wie sie Jesus ausgiebig und erfinderisch folterten, bis die Zuschauer dieser Massenunterhaltungen zu antisemitischer Raserei aufgestachelt waren, die sich in Pogromen nach den Vorstellungen entlud. Die Passionsspiele waren besonders bösartig in Deutschland, dem Schauplatz des Endergebnisses mittelalterlicher Verfolgung, des Holocausts.

Von diesem Zeitraum an bekamen die Juden in der Vorstellung der christlichen Massen einen dämonischen Zug und den Charakter von Untermenschen. Nicht nur wurden sie für Vampire gehalten, die das Blut christlicher Kinder saugten; man glaubte auch, sie hätten einen widerlichen Geruch (den *foetor Judaicus*) und körperliche Anomalien, etwa Bocksfüße und männliche Menstruation (wobei letztere den Blutverlust verursache, der den Vampirismus bedingte). Keine Fantasie über die Juden war zu entsetzlich, um glaubwürdig zu sein. Die Folge war eine Welle öffentlicher Verfolgung, ausgelöst von den Kreuzzügen, während denen eine sehr große Zahl von Juden ihr Leben verlor, die aber danach anhielt, wenn auch eher unsystematisch. Diejenigen, die am meisten von den Juden profitierten, versuchten sporadisch, sie zu schützen, und der Papst und die höhere Geistlichkeit (die insgesamt finanziell an die Aristokratie gebunden waren) gaben gelegentlich wirkungslose Erklärungen ab, die die Menschen an den augustinischen Kompromiss erinnerten, die Blutbeschuldigung als Fantasie verurteilten und die Unzulässigkeit von Zwangsbekehrungen bekräftigten.

Auch wenn Zwangsbekehrungen stattfanden, waren damit die Leiden der bekehrten Juden nicht beendet. In Spanien wurden viele Tausende von Juden während der Massaker von 1391 bekehrt, und die Zahl der Übertritte stieg auf etwa 100 000 zur Zeit der Vertreibung der unbekehrten Juden aus Spanien 1492 an. Diese *conversos* (oder verächtlich Marranos) wurden die hauptsächlichen Opfer des größten Unterdrückungsinstruments vor dem Holocaust, der spanischen Inquisition, die von 1481 bis ins 18. Jahrhundert wirkte. Die bekehrten Juden Spaniens durften nicht in der allgemeinen Bevölkerung aufgehen. Es wurde nie vergessen, dass sie jüdischer Abstammung waren, und der Erfolg, den sie in der christlichen Gesellschaft erreichten (nachdem ihre rechtlichen Einschränkungen durch den Übertritt beseitigt waren), weckte bitteren Zorn und Neid. Die Situation war jener in Deutschland und Frankreich im späten 19. und frühen 20. Jahrhundert sehr ähnlich, wo die Emanzipation der Juden und ihr nachfolgender beruflicher Aufstieg zu Empörung und Neid führte, verkörpert in antisemitischen Bewegungen. In Spanien finden wir vom 16. Jahrhundert an die erste Erscheinungsform des Kastenstigmas, das lange nach der angeblichen Abschaffung des Kastenstatus weiterlebte. Im späteren Europa wurde dieses Stigma mit einer rassistischen Theorie unterlegt, die auf pseudowissenschaftlichen Theorien beruhte. In Spanien nahm es eine vorwissenschaftliche rassistische Form an, die auf dem Begriff des „Blutes“ beruhte. Jüdisches „Blut“ wurde als Makel betrachtet, nicht weil es biologisches Gift enthielt, sondern weil es von einem „entarteten“ Volk stammte, das durch den Verrat und die Ermordung des menschgewordenen Gottes eine zusätzliche Infusion der unauslöschbaren Erbsünde erhalten hatte.

Die Situation in Spanien im 16. Jahrhundert ist daher sehr aufschlussreich für die spätere Situation in Europa nach der Emanzipation, wo der Makel des Judeseins bestehen blieb und sogar noch zunahm wegen des Ressentiments, das der Anblick von Juden weckte, die als Gleichgestellte auftraten. Spanien erlebte den ersten Probelauf für das, was geschieht, wenn die Juden offiziell aus ihrer stigmatisierten Lage befreit wurden: Sie begrüßten die Freiheit stellten ihre zuvor unterdrückten Begabungen zur Schau und ernteten daraufhin feindselige Gegenreaktionen, die Wiedereinführung des Stigmas und eine Wiederaufnahme der Unterdrückung in beispiellosem Umfang. Ein aufschlussreiches Buch von Benzion Netanyahu hat einige verbreitete Irrtümer über die Verfolgung der Juden durch die spanische Inquisition ausgeräumt. Jüdische ebenso wie nichtjüdische Historiker glaubten, dass die verfolgten Personen ihr Judentum heimlich auslebten, wie die Anklagen gegen sie unterstellten. Netanyahu weist jedoch nach, dass in den meisten Fällen die Juden gar nicht insgeheim dem Judentum anhingen, sondern gewissenhaft das Christentum praktizierten. Die Anklagen wurden von Feinden vorgebracht, die von Eifersucht oder bloßem Hass getrieben waren. So weist Netanyahu nach, dass die Juden, die dem Judentum treu blieben und vertrieben wurden, wenig Sympathie für ihre konvertierten Brüder an den Tag legten, die unter der Inquisition litten, da sie dies als gerechte Strafe für ihre Treulosigkeit betrachteten; aber der wesentliche Beweis liegt in den Dokumenten der Inquisition, in denen kaum verschleiert wird, dass die Beschuldigungen aus den Fingern gesogen sind. Jene Juden also, die dem jüdischen Schicksal durch Abfall vom Glauben zu entgehen meinten, nur um durch die Inquisition zu sterben, sind die Vorläufer der Juden der Aufklärung, die ihre eigene Tradition aufgaben, um als Gleichberechtigte am Fest der Vernunft teilzunehmen, nur um sich sodann mehr denn je gehasst und wehrlos vorzufinden.[5]

Dieses Muster des Stigmas im Fall konvertierter spanischer Juden kann man heute noch in den Xuetas von Mallorca sehen. Diese sind Nachkommen konvertierter Juden und fromme Christen. Aber sie haben ihre ausgeprägte Identität als die Nachkommen von Juden nie verloren. Mischehen mit ihnen sind für Christen von rein christlicher Herkunft eine Schande. Sie werden nicht physisch verfolgt (denn sie haben in ihren Berufen, meist als Handwerker, keinen Neid erregt), aber sie werden als niedrige Kaste betrachtet und stoßen auf unverhüllte Verachtung und gesellschaftliche Diskriminierung.[6]

Theoretisch ist das Christentum antirassistisch. Zum Christentum Konvertierte sollten ungeachtet ihres Hintergrunds mit Respekt und Freundlichkeit behandelt werden. Die Juden insbesondere sollten, wiederum in der Theorie, als Konvertiten besonders begrüßt werden, da ihre Bekehrung traditionell als wesentlich für endzeitliche Hoffnungen gesehen wird; zu diesem Zweck ist in allen christlichen Ländern die Judenmission beibehalten worden. Ein echtes Beispiel, wie Konvertiten begrüßt und voll integriert werden können, lässt sich im Judentum finden, in dem eine historische Abfolge von Konvertiten, manchmal aus ganzen Völkern bestehend, nicht zu Enklaven der Diskriminierung geführt hat, sondern zu einer Einheit, in der die Abstammung von Konvertiten in Vergessenheit geraten ist. Trotzdem wird das Judentum oft kritisiert, es fehle ihm der Universalismus des Christentums, in dem es im Idealfall keine Diskriminierung zwischen „Grieche und Jude" gibt.

Die Realität unterscheidet sich stark hiervon. Weit davon entfernt, in die christliche Gemeinschaft aufgenommen zu werden, wurde den jüdischen Konvertiten nie erlaubt, ihr Judentum zu vergessen. Der Grund hierfür war, dass die Juden innerhalb der Christenheit schon als besondere Kaste ausersehen waren. Im Judentum dagegen gibt es keine vergleichbare Situation; die Konversion der „kanaanitischen Sklaven" zum vollen jüdischen Status durch Befreiung aus der Sklaverei hätte sich vielleicht als vergleichbar erweisen können, vermochte es aber nicht, weil das Ansehen des erworbenen jüdischen Status praktisch jede Erinnerung an die frühere Zugehörigkeit zu einer niedrigen Kaste auslöschte. Im Christentum waren die Juden nicht nur eine niedrige Kaste, sondern eine verhasste Minderheit, ausgestattet mit abscheulichen, mythischen Eigenschaften, die aus ihrer Rolle als *dramatis personae* im zentralen christlichen Mythos entstand. Dieses Stigma ließ sich durch Konversion nicht auslöschen, genauso wenig wie die Abschaffung des Status der Unberührbaren im hinduistischen Indien in der Praxis das Stigma beseitigte, zur niedrigsten Kaste zu gehören.[7]

Die Entsprechung zwischen den Juden und den Unberührbaren ist natürlich alles andere als vollständig. Doch ist sie sehr erhellend, weil sie die außerordentliche Hartnäckigkeit des Antisemitismus in der nachchristlichen säkularen Welt erklärt. Es ist jedoch notwendig, den Begriff des modernen Antisemitismus als die Fortdauer eines mittelalterlichen Kastenstigmas weiter zu erforschen und näher zu betrachten, ob die Beschreibung der Juden in der mittelalterlichen Christenheit als Kaste tatsächlich berechtigt ist.

Anmerkungen

1 Langmuir weist zu Recht darauf hin, dass die eigentliche Ritualmordlegende mit dem Fall von Fulda 1215 beginnt, als Juden zum ersten Mal beschuldigt wurden, das Blut von Christen zu trinken und es für rituelle Zwecke zu benutzen. Davor hatte man ihnen vorgeworfen, dass sie ein christliches Kind gekreuzigt hätten.

2 Siehe Babylonischer Talmud, Sanhedrin 43a, wo es heißt, dass Jesus verdientermaßen hingerichtet wurde durch Steinigung auf Beschluss des Sanhedrin, wegen des Vorwurfs der Hexerei und „Verführung anderer zum Götzendienst". Dieser unhistorische Bericht ist ein Machwerk des 3. Jahrhunderts, dazu bestimmt, der christlichen missionarischen Propaganda entgegenzutreten, aber er zeigt doch, dass die Juden die Möglichkeit nicht ausschlossen, dass Jesus aus religiösen Gründen durch jüdische Behörden hingerichtet wurde. Erst als jüdische Gelehrte auf der Grundlage neutestamentlicher Studien anzuzweifeln begannen, ob Jesus jemals göttlichen Status für sich beanspruchte, nahm das für die moderne jüdische Wissenschaft typische Szenario Konturen an: dass die Kirche die Lehre Jesu verfälscht hatte, während er selbst sich als menschlicher Messias und Befreier sah, und dass Jesus selbst loyal zum Judentum stand. Diese „jüdische Sicht von Jesus" begann tatsächlich schon im Mittelalter mit dem Werk von Profiat Duran (ca. 1350 bis ca. 1414).

3 Maccoby (1982), S. 156–60.

4 Zu anderen Theorien der Ursache der Ritualmordlegende siehe Dundes (1991). Magdalene Schultz verbindet den Vorwurf mit der Grausamkeit und Vernachlässigung nichtjüdischer Eltern im frühen Mittelalter. Im 12. Jahrhundert ließ diese schlechte Behandlung von Kindern allmählich ein Schuldgefühl aufkommen, das auf die Juden übertragen wurde. Ernest A. Rappaport bezieht die Ritualmordlegende auf „Wiederholungszwang". Die Wirksamkeit des Todes Jesu als Mittel der Erneuerung des göttlichen Lebens ist die zentrale christliche Überzeugung, aber in Zeiten von Zweifel und Panik gibt es einen Drang, die Opferung zu wiederholen, ausgedrückt als Fantasie andauernder Opferhandlungen durch die Juden, die ihre ursprüngliche mythologische Rolle wiederholen. Alan Dundes bietet eine Version meiner eigenen Theorie in *Der Heilige Henker*, ergänzt um den Begriff der „projektiven Umkehrung", durch die dem Opfer der Gewalt die Schuld gegeben wird. Diese Theorien erklären jedoch nicht, warum die Ritualmordlegende genau im 12. Jahrhundert aufkam.

5 Einige spanische Historiker haben Rechtfertigungen für die spanische Inquisition vorgelegt, indem sie behaupteten, die Zahlen für die Verbrennung von Juden seien stark übertrieben. Die rechtfertigenden Behauptungen sind selbst in hohem Maß verzerrt, da sie auf ein Jonglieren mit der Definition des Wortes „Jude" gestützt sind (zählt ein zum Christentum übergetretener Jude in der Statistik als Jude oder als Christ?). Wenn wir „Jude" so definieren, dass es „konvertierter Jude" bedeutet (die einzig vernünftige Definition), dann sind die Zahlen erschreckend. Die Zahl der Ketzer, die während des Bestehens der Inquisition (1480–1771) verbrannt wurden, lag bei über 30 000, von denen die Mehrheit Juden waren. Außerdem wurden rund 17 000, die entkamen, symbolisch verbrannt, und rund 300 000 wurden zu Strafen wie Auspeitschen verurteilt und auf die Galeeren geschickt.

6 Patai (1962).

7 Man könnte argumentieren, dass das Versagen, die conversos in Spanien zu integrieren, einfach ihrer großen Zahl geschuldet war. Entsprechend führte die Massenkon-

version von Muslimen in Spanien zu einem solchen Scheitern der Integration, dass sie (die Morisken) schließlich vertrieben wurden. Doch die zwei Fälle unterscheiden sich stark. Die Juden konvertierten aufgrund ihrer eigenen Entscheidung (da ihnen nur die zugegebenermaßen harte Alternative der Vertreibung offenstand), während die Muslime alle zwangsweise konvertierten. Die Muslime bemühten sich nicht, das Christentum außer dem Namen nach anzunehmen, während die jüdischen Konvertiten eine völlig christliche Lebensweise übernahmen. Im Fall der Juden waren es die Nichtkonvertierten, die vertrieben wurden, während es im Fall der Muslime der nominell Konvertierte war (der natürlich sofort zum Islam zurückkehrte, sobald er außerhalb Spaniens war). Tatsache ist, dass die jüdischen Konvertiten das Christentum annahmen, wenn nicht im Glauben, dann zumindest als ihre Art der Aufnahme in die spanische Gesellschaft und das Berufsleben, nur um festzustellen, dass diese Aufnahme ihnen weitgehend verweigert wurde.

Kapitel 15

Bildeten die Juden eine Kaste?

Die Frage, ob die Juden in der christlichen Welt des Mittelalters zutreffend als „Kaste" bezeichnet werden können, ist komplex. Nach einigen Definitionen sollte der Begriff „Kaste" nie außerhalb des Religionssystems des Hinduismus verwendet werden; andere Definitionen sind weniger streng und halten die Verwendung des Begriffs auch bei anderen Systemen für zulässig, wenn diese genügend Ähnlichkeit mit der hinduistischen Art und Weise der sozialen Schichtung aufweisen.

Was genau ist eine Kaste? Bilden insbesondere die Unberührbaren der hinduistischen Gesellschaft, denen die Juden im mittelalterlichen Christentum am nächsten kommen (wie wir später erörtern werden), eine Kaste oder waren sie eher Kastenlose, die aus dem ganzen Kastensystem ausgestoßen waren?

Die Antwort ist, dass die Unberührbaren tatsächlich einen Teil des Kastensystems bilden. Sie umfassen eine große Zahl von Kasten, von denen die „Parias" der Tamil sprechenden Region nur eine sind; aus irgendeinem Grund wurde der Name „Paria" in der englischen Sprache, dann auch in anderen europäischen Sprachen, für die gesamte Schicht der Unberührbaren verwendet.[1] Verwirrend wird es, weil die Unberührbaren nicht von den Kasten (*Jatis*) ausgeschlossen sind, aber von den *Varnas*, den großen Kategorien, zu denen die Kasten gehören.[2] Es gibt vier *Varnas*, und hinduistische Autoren erklären häufig: „Es gibt keine fünfte *Varna*." Das soll nur besagen, dass die Unberührbaren von allen ehrbaren Kategorien ausgeschlossen sind; es wird geleugnet, dass ihre Kasten mit etwas so Würdigem wie einer Varna zu tun haben. Aber die Unberührbaren machen in Wirklichkeit einen wesentlichen Teil des Kastensystems aus.

Ohne ihre Unreinheit könnten, wie Dumont erklärt, die Brahmanen nicht rein bleiben.

Zweifellos wiesen die Juden im Mittelalter bestimmte gesellschaftliche Merkmale auf, die zumindest einen Vergleich mit den benachteiligten hinduistischen Kasten nahelegen, d.h. mit den Shudras und den Unberührbaren, besonders den Letzteren. Wir können diese Punkte wie folgt zusammenstellen:

1. Sie trugen ein Stigma, das sie zu einer unehrenhaften Stellung in der Gesellschaft verdammte. Ihr offizieller Status im Christentum war jener von „Sklaven".
2. Das Stigma wurde durch einen Mythos bekräftigt, der aus einer alten Zeit stammte und einen Teil des zentralen gesellschaftlichen Mythos bildete, der ihre Ehrlosigkeit erklärte. Im Fall der Juden ordnete der Mythos die Juden als die Verräter Jesu ein, während im hinduistischen Mythos die Shudras (die unterste *Varna*) mythologisch von den unteren Gliedmaßen der Göttin stammten, deren Zerstückelung die Menschheit erschuf (wobei die höheren Kasten von den oberen Gliedmaßen derselben Göttin stammten).
3. Das Stigma wurde durch gesellschaftliche Ausgrenzung und unverwechselbare Kennzeichnung bekräftigt. Die Juden wurden in besonderen Wohnvierteln isoliert und gezwungen, einen gelben Stoffring (Judenring, Judenstern) zu tragen. Auch die Unberührbaren wurden in besonderen Dörfern ausgegrenzt und waren an ihrer Kleidung zu erkennen.
4. Trotz ihres Stigmas bildeten die Juden ein notwendiges Element in der christlichen Gesellschaft. Ihr herabgewürdigter Zustand diente dem Zweck, den Christen ständig die Wahrheit ihrer eigenen Religion vor Augen zu führen, denn die Juden belegten Gottes Strafe für ihre Weigerung, Jesus als Messias anzunehmen, und dienten auch als lebende Überbleibsel des alttestamentlichen Judentums, aus dem das Christentum hervorgegangen war und von dem es seine Gültigkeit ableitete. Folglich waren die Juden, durch die augustinische Verordnung, keine Außenseiter, sondern ein wesentliches Element in der christlichen Gesellschaft, das erhalten werden musste. Zur Zeit der Wiederkehr Christi würde ihr Stigma zusammen mit ihrer „Blindheit" von ihnen genommen werden. Tatsächlich war die Bekehrung der Juden eine notwendige Bedingung für die Wiederkehr. Ähnlich bildeten die Hindus der unteren Kasten ein notwendiges Element in der hinduistischen Gesellschaft, und der Zyklus der Reinkarnation gab ihnen die Hoffnung, in der Zukunft dem Stigma zu entkommen. Außerdem praktizierten die Juden religiöse Rituale, die von der christlichen Gesellschaft offiziell als *religio*

licita und deshalb als eine Facette des Christentums selbst gebilligt wurden (die Päpste beanspruchten sogar das Recht, den jüdischen Kult zu überwachen und jüdische „Ketzerei" zu bestrafen, d.h. Verstöße gegen die dem Judentum vorgegebenen Grenzen). Ähnlich hatten die Hindus der unteren Kasten ihre eigenen Formen des Kults, einschließlich eigene Götter, die einen Teil des allgemeinen Bildes der hinduistischen Religion bildeten, auch wenn sie sich von der höchsten Form des Kults, dem Brahmanismus, unterschieden.

5. Das jüdische Stigma machte die Juden verfügbar für Aufgaben, die für Christen zu entehrend waren, doch notwendig für das Funktionieren der Gesellschaft insgesamt. So übernahmen die Juden die wichtige, aber tabuisierte Rolle des Geldverleihs. Dadurch entstand eine Geldreserve, die jederzeit von Herrschern beschlagnahmt werden konnte, wenn sie für Kriegszwecke, Bauten oder die Verwaltung gebraucht wurde. Juden waren gezwungen, die unangenehme und Schuld erzeugende Aufgabe des öffentlichen Scharfrichters auszuführen. Ähnlich verrichteten die Hindus der unteren Kasten Aufgaben, die für die oberen Kasten tabu oder beschmutzend waren, zum Beispiel Tierhäute zu bearbeiten und Toiletten zu reinigen und auch Verbrecher hinzurichten.
6. Das den Juden aufgedrückte Stigma erlangte eine Beständigkeit, die alle Versuche überstand, es durch politische, legislative und sogar religiöse Mittel zu beseitigen. So kam in Spanien nach der Massenkonversion von Juden im 14. und 15. Jahrhundert der Begriff der „Reinheit des Blutes" (*limpieza de sangre*) auf, der den Erwerb des vollen christlichen Status und erhofften Verlust des jüdischen Status für Konvertiten unmöglich machte. Somit konnte die religiöse Idee von der Gleichheit aller Christen der mit dem Status der unteren Kasten verknüpften Abneigung nicht entgegenwirken. Später, im 19. und 20. Jahrhundert, kam der Begriff der „Rasse" auf, der den Erwerb des gleichberechtigten Status durch die Juden in der Gesellschaft der Aufklärung wirkungslos machte. Die Beständigkeit eines Stigmas ist ein überzeugender Nachweis für das Vorliegen einer Kaste und findet seine Entsprechung in der hinduistischen Gesellschaft in der Fortdauer des Stigmas der unteren Kasten trotz der Gesetzgebung, welche die Abschaffung der Kategorien der Unberührbaren beschloss.[3] Die Beständigkeit zeigt, dass das Stigma so in der gesellschaftlichen Vorstellung von der Gruppe verwurzelt ist, dass es unauslöschlich mit der Gruppe verbunden worden ist, als wäre es angeboren.

Dagegen muss man einräumen, dass sich der jüdische Status im Christentum vom Status der unteren Kasten im Hinduismus in wichtigen Punkten unterschied.

1. Hindus der unteren Kasten akzeptierten ihren Status, Juden dagegen nicht. Der jüdische Status existierte nur in den Augen der Christen, die ihn in Bezug auf ihr Religionssystem definierten. Die Juden hatten jedoch ihr eigenes Religionssystem, demzufolge ihr Status ein ganz anderer und nicht in Bezug auf das Christentum definiert war. Während das Judentum eine anerkannte Nische im Christentum hatte, besaß das Christentum keine Nische im Religionssystem des Judentums. Wenn es um ihre Stellung in der christlichen Gesellschaft ging, begriffen sich die Juden in einer politischen Beziehung zu der umgebenden Gemeinschaft, nämlich der von Verbannten, die unter einem unerklärlichen Maß an Feindseligkeit und Unterdrückung litten. Die Juden nahmen jedoch die Tatsache zur Kenntnis, dass von ihnen bestimmte Rollen erwartet wurden, und sie versuchten, ihr Überleben auf der Erfüllung dieser Rollen aufzubauen, vor allem jener des Geldverleihs (außer in Spanien und Polen, wo ihnen der Zugang zu anderen Berufen erlaubt war). Sie übernahmen die unehrenhafte Vorstellung von ihnen, die das christliche Denken durchdrang, nicht. Wann immer die Unterdrückung nachließ, führte das folglich zu einem jüdischen Leistungsausbruch auf höchstem beruflichem Niveau; dies wiederum erzeugte Neid und Groll seitens der Christen, was zu einer noch schärferen Unterdrückung als zuvor führte. Dieser Zyklus trifft nicht in gleichem Maß auf den Verlauf der Emanzipation der unteren Kasten in der hinduistischen Gesellschaft zu, wo eine Lockerung der Kastenunterdrückung nicht zu erstaunlichen weitreichenden Veränderungen in den beruflichen Aktivitäten der unteren Kasten führte.
2. Während der unehrenhafte Status der Hindus der unteren Kasten mit Unreinheit und deshalb Verboten von Mischehe und Tischgemeinschaft verbunden war, umfasste er nicht den Vorwurf der Kriminalität. Solange die Hindus der unteren Kasten sich an die Regeln ihrer Kaste hielten, wurden sie als gute Hindus betrachtet, und in der Tat waren sie meist fromm und entsprachen ihrer Stellung. Folglich wurden sie verachtet, aber nicht verteufelt. Um sie rankten sich keine Geschichte über schockierende Laster. Dagegen schlugen sich die Juden in der christlichen Gesellschaft mit einem Mythos herum, der sie des Verrats und Mordes beschuldigte. Dieser Mythos war immer anfällig dafür, in pathologischer Weise vertieft zu werden, besonders, wenn die politische Situation Paranoia, religiösen Wahn und endzeitliche Sehnsüchte förderte. Dies ist der Grund für die Massaker an Juden und Vertreibungen, zu denen es keine Entsprechungen in der Behandlung von Hindus der unteren Kasten gibt, außer in einzelnen Fällen, wo eine Person aus

einer unteren Kaste die Kastenschranken zu überschreiten schien (hier gibt es eine Parallele zwischen Hinduismus und Islam, der den Bürgern zweiter Klasse oder *Dhimmis* Grenzen zog, aber ob das *Dhimmi*-System unter die Definition einer Kaste fällt, müsste überprüft werden).

3. Es darf bezweifelt werden, ob der Begriff „Kaste" angewendet werden kann, außer wenn die soziale Schichtung der Gesellschaft religiöse Billigung genießt und sogar einen Teil des Religionssystems insgesamt bildet. Hier war die Stellung der Juden im Christentum zweideutig; in ihren eigenen Augen waren sie nicht Teil des Religionssystems des Christentums, in christlichen Augen dagegen sehr wohl.
4. Das hinduistische Kastensystem beruht auf einem Kodex ritueller Reinheit, durch den soziale Mischung zwischen den Kasten geregelt ist. Das Christentum dagegen hatte kein System ritueller Reinheit.
5. Im Christentum war es für einen Juden möglich, dass er seiner benachteiligten Lage durch Konversion zum Christentum entkam, in welchem Fall er theoretisch mit allen anderen Christen gleichgestellt wurde. Dies ist im hinduistischen Kastensystem nicht möglich, wo der Status der Brahmanen nur durch Geburt erlangt wird (in anderen Kasten sind einige individuelle Ausnahmen möglich, durch die die Höherstufung einer Kaste erreicht werden kann, welches nicht gleichbedeutend ist mit der Konversion zum Christentum).

Louis Dumont, Autor von *Homo hierarchicus*, forscht zum Kastensystem. Er meldet Einwände gegen andere Theoretiker an, die versucht haben, Kaste unter Begriffen wie Klasse oder Stand zusammenzufassen. Er besteht darauf, dass Klasse ein ökonomischer Begriff und Stand ein politischer sei, Kaste dagegen ein im Wesentlichen religiöser Begriff, der aus einer religiösen Vorstellung von Hierarchie hervorgehe. Folglich vertritt er den Standpunkt, dass es Kaste nur im Hinduismus gäbe und der Begriff in anderen Zusammenhängen unzutreffend oder allenfalls metaphorisch und ungenau sei.

In der hinduistischen Theologie sind die Kasten unveränderliche und gottgegebene Aufteilungen der ganzen Menschheit (nicht nur der Hindus). Die höchste Kaste, die Brahmanen, haben den Status von Göttern, und die untersten gehören einer anderen Rasse an. Es gibt eine gewisse Durchlässigkeit zwischen den Kasten, da Mischehen teilweise zwischen benachbarten Kasten erlaubt sind – vorausgesetzt, der Mann heiratet eine Frau aus einer niedrigeren Kaste. Somit ist das Kastensystem in der Praxis nicht rassistisch, sondern eine Art idealer Hierarchisierung, in der die Kasten ihre Identität behalten trotz einer gewissen lockeren Auslegung der Regeln der Binnenheirat. Die verschiedenen Kasten neigen zu charakteristischen Tätigkeiten, wobei die Brahmanen Priester sind, andere Krieger, Kaufleute, Handwerker, Wäscher usw., aber diese ökonomische Aufteilung der Arbeit ist nicht das Grundprinzip des Kastensystems, denn es ist unendlich flexibel. Eher beruht die Wahl der Tätigkeit für eine Kaste auf den rituellen Reinheitsvorschriften der Kaste und auf dem Umfang, in dem verschiedene Tätigkeiten rituelle Unreinheit mit sich bringen.

Wenn wir Dumonts Definition gelten lassen, können wir zum Beispiel sehen, dass das Feudalsystem, das die soziale Schichtung der mittelalterlichen Christenheit bestimmte, kein Kastensystem war. Vielmehr war es ein Ständesystem – Adel, Freibauern, Leibeigene und Sklaven –, das keinen Anspruch auf religiöse Billigung erhob, da es nicht behauptete, die ganze Menschheit zu umfassen, und nicht die Unterstützung irgendeines religiösen Mythos einforderte. Es gab gelegentlich Versuche, eine philosophische Rechtfertigung dafür anzubieten mit der Begründung, dass es die Gesellschaft vor Chaos, Anarchie und Kriegen gegeneinander bewahrte (ein beredtes Beispiel ist die Ansprache des Ulysses in Shakespeares Troilus und Cressida: „Die Himmel selbst, Planeten und dies Zentrum/ Reihn sich nach Abstand, Rang und Würdigkeit"), aber es wurden keine Beweisstellen aus der Bibel angeführt, und auf der Religionsebene waren alle Christen in den Augen Gottes von gleichem Rang.[4]

Innerhalb des Feudalsystems hatten die Juden den Rang der Sklaven. Aber die Zuteilung dieses Ranges rührte nicht vom Feudalsystem an sich her, sondern eher aus theologischen Erwägungen, die zuerst die Juden auf den niedrigeren Status zurückstuften und sich dann in der feudalen Gliederung umschauten, um einen passenden Rang für solche theologisch benachteiligten Personen zu finden. Tatsächlich waren die Juden in der ganzen mittelalterlichen Welt die einzige Gruppe, deren Status auf theologischer Grundlage bestimmt wurde, während alle anderen theologisch als gleichberechtigte Christen betrachtet wurden. Demnach scheint es so, dass nur die Juden eine Ähnlichkeit mit dem hinduistischen Kastensystem aufweisen. Denn nur die Juden schuldeten ihren besonderen Status in der christlichen Gesellschaft christlichen Erwägungen.

Vom christlichen Standpunkt aus waren die Juden ein Teil der christlichen Gesellschaft, der einen üblen Leumund hatte. Die Ablehnung der Juden war ein dauerhaftes Merkmal der christlichen Gesellschaft, das in einzelnen Fällen beiseitegeschoben werden konnte, für die große Masse aber für die absehbare Zukunft, bis zu der Zeit der Wiederkehr Christi, bleiben würde. Die Ablehnung der Juden erzeugte ein Stigma, das sie ausgrenzte: Doch im Unterschied zu Ketzern konnte man sie nicht durch Drohungen und Gewalt auf eine Linie mit der christlichen Lehre zwingen. Die Juden waren also nicht direkt eine Kaste, denn das hätte Anerkennung ihrer Art des Gottesdienstes bedeutet. Sie entsprachen eher den Unberührbaren der hinduistischen Kultur, die außerhalb der regulären Kategorien des Systems der *Varnas* standen, doch nicht völlig von dem religiösen Gesamtbild ausgeschlossen waren (da sie als eine namenlose fünfte *Varna* galten).

Die Unberührbaren müssen auch von den Shudras, der untersten der regulären *Varnas*, unterschieden werden. Die Unberührbaren setzten sich aus bestimmten Kasten zusammen, die als so rückständig angesehen wurden, dass ihnen nicht der *Varna*-Status zugestanden werden konnte, und sie waren deshalb Unberührbare. Anders als die Shudras wurden sie mit Hass und Abscheu betrachtet und für unverbesserlich unrein gehalten.[5] Dies entspricht bis zu einem gewissen Grad dem Abscheu und der Empörung, die Christen gegenüber Juden empfanden, Gefühle, die anfangs moralischer und theologischer Art waren, aber schließlich in paranoiden Hass ausarteten, als der Glaube an Ritualmorde und den *foetor Judaicus* aufkam.

Doch anders als die Unberührbaren wurden die Juden im Mittelalter nicht als rückständige Menschen betrachtet. Vielmehr wurde ihr hohes Niveau in Kultur und Bildung anerkannt und von unzähligen Verwaltungsbeamten, Philosophen und Naturwissenschaftlern durchaus genutzt, die alle nur zu froh waren, dass ihnen die Juden in Notzeiten zur Verfügung standen (nur um die Juden zurückzuweisen, wenn ihre Hilfe nicht mehr gefragt war). Zudem wurden die Juden oftmals als mächtige Gruppe gefürchtet, da sie angeblich mysteriöse internationale Kontakte unterhielten und sogar übernatürliche Kräfte nutzbar machen konnten, während die Unberührbaren als weit unter dem allgemeinen kulturellen Niveau stehend nur verachtet wurden. So scheint es im Einzelnen viele Unterschiede zwischen der Stellung der Juden und jener der Unberührbaren zu geben. Dennoch verwischten sich zur Zeit der Emanzipation selbst diese Unterschiede allmählich. Wegen der anhaltenden Unterdrückung durch die Christen war das kulturelle Niveau der Juden zurückgegangen, zumindest äußerlich. Sie waren nicht mehr die großen Kaufleute und wichtigen Bankiers und sie waren nicht mehr führend in den aktuellen Entwicklungen des Denkens, der Philosophie und der Wissenschaft und auch gar nicht mehr daran beteiligt. Sie waren meist kleine Hausierer oder Lumpenhändler geworden, da ihnen alle Berufe und Gewerbe verschlossen waren. Die Aufklärung kam für Juden viel später als für andere Menschen, und erst gegen Ende des 18. Jahrhunderts wurden die ersten Schritte zu ihrer Emanzipation gemacht. Ihr Erscheinungsbild hatte sich bis dahin sehr verschlechtert, sodass selbst wohlwollende Liberale sie für verwahrlost hielten, kaum fähig, ein annehmbares Bildungsniveau zu erreichen. In Wirklichkeit hatten die Juden, abgeschnitten von der abendländischen Bildung, einen sehr hohen Grad intellektueller Anstrengung durch Konzentration auf die eigenen kulturellen Quellen im Talmud und anderer rabbinischer Literatur beibehalten, sodass sie selbst ihre Sympathisanten, als die Emanzipation endlich kam, mit dem Tempo überraschten, mit dem sie in den Berufen aufholten. Damit widerlegten sie die Prophezeiungen von Antisemiten der Aufklärung wie zum Beispiel Voltaire, der niemals solche Phänomene wie den Aufstieg eines Moses Mendelssohn oder eines Salomon Maimon in die erste Reihe der europäischen Philosophie vorausgeahnt hätte, innerhalb weniger Jahre nach ihrem Aufbruch aus dem polnischen Schtetl.

Ein typisches Beispiel aufklärerischer Verachtung für die Juden zeigt sich an der Reaktion des vornehmen Henry Adams, eines namhaften amerikanischen Historikers und Kulturphilosophen im 19. Jahrhundert, auf die jüdische Einwanderung aus dem „Ansiedlungsrayon" (westliche Gouvernements) von Russland in die Vereinigten Staaten im frühen 20. Jahrhundert. Diese Immigranten erschienen Adams wie barbarische fremde Horden, bar jeder Kultur, aber mit einer Gier nach Geld und Erfolg, die gleichzeitig abstoßend und beneidenswert war. Adams nimmt das so wahr: „Kein polnischer Jude frisch aus Warschau oder Krakau – kein verschlagener Jakub oder Isaak, der noch nach dem Ghetto stinkt und in verquerem Jiddisch die Zollbeamten anschnauzt – aber hatte einen schärferen Instinkt, eine stärkere Energie und mehr Handlungsfreiheit als er." Adams wusste nicht oder wollte nicht wissen, dass dieses „verquere Jiddisch" eine Sprache mit einer längeren Geschichte als die englische Sprache war. Er wusste nicht, dass der „verschlagene" Jude, der, wie er schrieb, „mich schaudern macht", aus dem „stinkenden" Ghetto eine kulturelle Tradition auf Jiddisch wie auf Hebräisch mitbrachte, mit der verglichen die kulturellen Errungenschaften des Patriziers Adams parvenühaft waren. Er dachte nicht im Entferntesten daran, dass diese Juden die Opfer von Verfolgung waren oder dass das Ghetto, mit dem er sie verhöhnte, das Symbol ihrer Leiden war. Am allerwenigsten rechnete er damit, dass diese Juden oder ihre Kinder sich, sobald sie ihren Durst nach den elementaren Annehmlichkeiten des Lebens gestillt hatten, den akademischen Berufen und Künsten zuwenden, Nobelpreise in Naturwissenschaften und Literatur gewinnen und die New Yorker intellektuelle Szene beherrschen würden.

Die kulturelle Geringschätzung gegenüber den Juden kurz vor ihrer Emanzipation zeigt also, wie nahe Unterdrückung sie an den Status von

Parias gerückt hatte, wenigstens in nichtjüdischen Augen. Die Ähnlichkeit zwischen den Juden im Christentum und den Parias in der hinduistischen Gesellschaft nahm also zu, je länger die christliche Vorherrschaft andauerte und verringerte sich erst mit dem Erstarken einer säkularen Gesellschaft.

Die Vorteile, die Juden im Licht des hinduistischen Kastensystems zu betrachten, erkennt man vielleicht, wenn man die Situation der Juden mit jener der Sinti und Roma vergleicht. Dumont zeigt in einer beiläufigen Bemerkung, dass er die Juden und die Sinti und Roma als ähnliche Minderheitsgruppen in der westlichen Gesellschaft betrachtet, da beide Außenseiter sind und verachtet werden. Es überrascht, dass ein Theoretiker von so hoher Intelligenz nicht den gewaltigen Unterschied zwischen den zwei Gruppen bemerkte. Die Sinti und Roma haben keine theologische Bedeutung im christlichen System, außer in dem banalen Sinn, dass sie im Großen und Ganzen christliche Bräuche und Mutmaßungen übernommen haben, während sie eine Lebensweise beibehalten haben, die von ihrem ursprünglichen Status als Unterkaste wandernder Gaukler in der hinduistischen Gesellschaft herstammt. Es gab keinen Augustinus, der es für notwendig hielt, einen theologischen Standpunkt auszuarbeiten, um die Klassifizierung der Sinti und Roma innerhalb der christlichen Gesellschaft zu erklären und zu regeln. Die Juden stellten ein größeres Problem für Christen dar, weil sie die Vertreter der Religion waren, von der sich das Christentum herleitete. Die Beharrlichkeit des Judentums als Religion, die über die Loyalität, die Leidenschaft und den Intellekt einer beeindruckenden Gemeinschaft gebot, war ein Phänomen, das das Christentum an seinen Wurzeln herausforderte, da es die Frage offenhielt, ob der christliche Abfall vom Judentum gerechtfertigt gewesen war. Die Lebhaftigkeit dieser Frage wird deutlich in dem erbitterten Kampf um Konvertiten, der während der Jahre stattfand, als Judentum und Christentum auf Augenhöhe miteinander konkurrierten.[6] Selbst nach dem politischen Triumph des Christentums und seiner offiziellen Rückendeckung durch das Römische Reich blieben die rivalisierenden Ansprüche des Judentums weiterhin stark, wie das anhaltende Ringen um Konvertiten durch das Judentum zeigt, sowohl vom Heidentum als auch von der christlichen Kirche (was Auslöser der antisemitischen Hetze von Johannes Chrysostomos war). Selbst nach christlichen Erlassen, die den Übertritt zum Judentum mit dem Tod des Bekehrten wie des Bekehrers bestraften, fand eine erstaunliche Zahl von Konversionen von Christen zum Judentum statt.[7]

Nachdem die Kirche die Möglichkeiten der vollständigen Vertreibung oder Vernichtung der Juden verworfen hatte, fand sie Platz für diese in der Christenheit, indem sie ihren Rang als minderwertige Gruppe sorgfältig definierte. Gleichzeitig verbot die Kirche Mischehe und Tischgemeinschaften mit den Juden, verbot aber nicht den sozialen und kommerziellen Umgang mit ihnen überhaupt. Schließlich fand die Christenheit sogar eine ökonomische Nische für die Juden als Verwalter der Geldwirtschaft, obgleich diese nie durch die Religion gutgeheißen wurde und sogar auf widersprüchliche Weise gefördert und angeprangert wurde. Die Juden bekamen eine wichtige Aufgabe zugewiesen und wurden wegen ihrer Ausführung verachtet. Es besteht eine sehr vielsagende (wenn auch nicht vollständige) Parallele zu der Art und Weise, wie die hinduistische Gesellschaft wichtige Aufgaben an ihre niedrigeren Kasten überträgt, die andere Kasten für beschmutzend erachten. Der große Unterschied liegt darin, dass in der hinduistischen Gesellschaft die Idee der Reinheit und Unreinheit beherrschend ist, während im Christentum die Reinheitsbegriffe des Judentums weitgehend (wenn auch nicht ganz) fallen gelassen worden sind. Vielmehr beruhte die Verachtung auf der Moral; die Juden, die sich auf Wucher verlegten, wurden als böse betrachtet, nicht als unrein (obwohl Vorstellungen von Unreinheit, die immer nur schwer aus der Gesellschaft auszurotten sind, schließlich wieder auftauchten und neben den Vorstellungen von Bosheit wirkten). Moralisch betrachtet ist die hinduistische Einstellung gegenüber dem benachteiligten und verachteten Teil der Gesellschaft jener des Christentums weit überlegen, denn die hinduistischen Parias werden nicht dämonisiert. Der Hinduismus leidet nicht an der endemischen Scheinheiligkeit des Christentums, da das Delegieren rituell unreiner Tätigkeiten nicht den moralischen Widerspruch nach sich zieht, auch für böse gehaltene Tätigkeiten zu delegieren. Im Grunde entsteht dieser Unterschied aus den unterschiedlichen Besonderheiten des Pariatums im Christentum und im Hinduismus. Während man durchaus argumentieren kann, dass es im hinduistischen Kastensystem ein Element der Usurpation gab (da die niedrigeren Kasten Nachkommen einheimischer besiegter Völker waren, wie die Kanaaniter im Judentum), war das Usurpationselement im Christentum viel stärker ausgeprägt. Nur durch Verleumdung der Juden bis zum Äußersten konnte das Christentum seine usurpatorischen Ansprüche aufrechterhalten. Es integrierte also die Juden in sein Religionssystem, konnte dies aber nur tun, indem es den Mythos jüdischer Verdorbenheit lebendig erhielt, und dieser Mythos sprach gegen das Ziel einer dauerhaften Vereinbarung mit dem Judentum. Es war unvermeidbar, dass die antijüdische Paranoia den Kompromiss irgendwann in die Richtung der Verfolgung drängen würde. Dies lag vor allem daran, dass die Verleumdung der Juden ein starkes Element der Schuldverlagerung enthielt, sodass die Verfolgung der Juden dazu beitrug, die dem

Christentum innewohnende Schuldenlast zu erleichtern (Schuldgefühle wegen des Nutzens aus dem Tod Jesu, dem Verzehren seines Leibes und Blutes, Nutzen aus dem Wucher usw.). Der Kastenstatus war folglich labil verglichen mit jenem der niedrigeren Kasten im Hinduismus und immer anfällig für den Ausbruch von Gewalt.

Alles in allem ist es aufschlussreich, wenn man die Stellung der Juden in der Christenheit als Kaste zu betrachtet. Wir können fragen, welche besondere Stufe des hinduistischen Kastensystems am meisten an die jüdische Stellung im Christentum erinnert. Die Antwort scheint die Stufe der Unberührbaren zu sein, die sogar von den Shudras als unrein angesehen wurden. Während nämlich die Shudras von der einheimischen, von den Ariern besiegten Bevölkerung abstammten und deshalb nicht zu den drei arischen Kategorien der „Wiedergeborenen", d.h. der in Mysterienriten Eingeweihten, gehörten, vertraten die Unberührbaren eine noch frühere Bevölkerung, die auch vor der arischen Invasion schon verachtet und ausgegrenzt war. Dies erinnert uns an die Stellung der Juden etwa im normannischen England, wo die einheimische unterworfene sächsische Bevölkerung weitgehend niedrige Aufgaben übertragen bekam, doch die Juden noch viel weniger Ansehen genossen als die Sachsen, und nicht etwa, weil sie eine frühere einheimische Bevölkerung vertraten, sondern weil sie für die Reste der alten Religion standen, die von den Christen, Normannen wie Sachsen, besiegt worden war.

Während die Shudras rituelle Reinheit, wenn erforderlich, durch geeignete Waschungen erreichen konnten, waren die Unberührbaren dauerhaft unrein. Höhere Kasten mussten nicht nur vermeiden, sie zu berühren, sondern mussten auch eine bestimmte Distanz zu ihnen wahren, die je nach Heiligkeit der betreffenden Kaste abgestuft war, wenn auch diese Abstandsvorschriften im frommen Süden strenger beachtet wurden, wo das Übergewicht der Shudras in der Bevölkerung deren Bemühen verstärkte, den Status der Nicht-Unberührbaren zu demonstrieren. Die Unberührbaren waren in Dörfern ausgegrenzt, die sie nicht verlassen durften, genauso wie die Juden im normannischen England in Viertel in bestimmten festgelegten Städten ausgesondert waren. Die Unberührbaren waren in Gewerben beschäftigt, die als beschmutzend galten, zum Beispiel die Lederverarbeitung, sodass ihr niedriger Status tatsächlich nützlich für die hinduistische Gesellschaft insgesamt war, die außer in den höchsten Kasten ihre Lederwaren ohne Bedenken gebrauchten. Ähnlich waren die Juden in dem tabuisierten Gewerbe des Geldverleihs beschäftigt, der durchaus so wichtig war, dass die mittelalterliche Gesellschaft nicht ohne ihn hätte funktionieren können, obwohl die Juden gnadenlos getadelt und periodisch bestraft wurden, weil sie die Bosheit besaßen, diesem Beruf nachzugehen, in den sie gezwungen worden waren. Es ist ein interessantes Beispiel für den Gegensatz in Werten, dass im Hinduismus Geldverleih gegen Zinsen als ehrenhafter Beruf betrachtet wurde, das Vorrecht der dritten *Varna*, der Vaisyas.

Obwohl die Unberührbaren in der hinduistischen Gesellschaft in nützlichen Gewerben beschäftigt waren, wurden sie mit größter Verachtung und Abscheu behandelt, denn sie erhielten ständig Prügel, wenn sie von den strengen Regeln ihrer Einschränkung abwichen oder wenn man ihnen dies unterstellte. Aber sie waren nicht völlig von religiösem Trost ausgeschlossen. Wie die Shudras, die den Rang von Sklaven hatten, konnten sie auf den Aufstieg in einen höheren Kastenstatus in einem künftigen Leben hoffen (wenngleich bestimmte Texte nahelegen, dass eine solche Beförderung im Fall der Unberührbaren selten war). Hier hatten es die Unberührbaren besser als die Juden im Christentum (zumindest in christlichen Augen). Christen waren überzeugt, dass die Juden für etwas Schlimmeres als den Ausschluss vom Lebensrad bestimmt waren, nämlich für ewige Höllenqualen. Obwohl man glaubte, dass die Juden, die zur Zeit der Wiederkehr Jesu lebten, durch Übertritt vor der Hölle gerettet würden, funktionierte dies nicht rückwirkend. Alle Juden, die unter christlicher Herrschaft gelitten hatten, würden nach dem Tod noch schlimmere ewige Qualen finden.

Die Ähnlichkeit zwischen Juden und Unberührbaren ist wegen des Kontrastes im Erscheinungsbild zwischen den zwei Gruppen verdunkelt worden. Juden im Christentum stellt man sich als reich und sogar mächtig vor, während Unberührbare ein eindeutiges Elendsbild abgeben. Doch dieser Gegensatz ist irreführend. Der Anschein des jüdischen Reichtums war eine vergängliche Illusion und wurde aufgewogen durch Leiden, die viel größer waren als alles, was die Unberührbaren erduldeten, deren Elend zumindest gleichbleibend war und relativ frei von Massengewalt.

Unter dem Einfluss Gandhis wurde die rechtliche Stellung der Unberührbaren in dem Sinne modifiziert, als sie als reguläre *Varna* betrachtet werden sollten. Wie Dumont und andere bemerkt haben, war dies eine Reform des *Varna*-Systems, nicht des Kastensystems, das vollständig erhalten blieb. Das religiöse Ziel war, die Unberührbaren vom Stigma der Unreinheit zu befreien und ihnen den Zutritt zu Tempeln zu ermöglichen, von denen sie bisher ausgeschlossen waren. Das politische Ziel war, ihnen das Stimmrecht zu geben und Benachteiligungen zu beseitigen, die sie daran hinderten, am gesellschaftlichen und politischen Leben teilzunehmen. In der Praxis sind die gesellschaftlichen Benachteiligungen geblieben. Mischehen und Tischgemeinschaft mit ihnen sind selbst für Shudras weiterhin unmöglich. In dem Maß, in dem die indische Gesellschaft sich langsam in Richtung Säkularismus bewegt, werden diese Benachteiligungen allmählich verschwinden. Gegenwärtig ist es nur der gelegentliche talentierte Unberührbare (etwa ein Top-Kricketspieler), der sich frei in der indischen Gesellschaft bewegen kann. Wann immer eine gemeinsame Anstrengung von Unberührbaren unternommen wird, um Rechtsansprüche durchzusetzen, wird sie oft mit Gewalt beantwortet, besonders weil der Fortschritt, wie anderswo auch, zu einer Stärkung des Fundamentalismus und Fanatismus als Reaktion darauf geführt hat.[8]

Diese indische Situation wirft viel Licht auf den Antisemitismus, den die Juden in der heutigen Welt antreffen. Sobald eine Gruppe ein Stigma bekommen hat, das sie zu einer Kaste von Unberührbaren macht, ist der Überwindungsprozess eines solchen Stigmas langsam und mit Gewalt durchsetzt. Die Anerkennung des Kastenstigmas, das den Juden wegen des jüdisch-christlichen Religionskampfes angeheftet wurde, ist durch moderne strukturalistische Ideen erschwert worden, die eher eine vergleichende statt einer historischen Herangehensweise an gesellschaftliche Phänomene fördern. Die Stellung der Juden in der westlichen Gesellschaft lässt sich nicht begreifen, nicht besser als jene der Unberührbaren in Indien, ohne Berücksichtigung der langen Geschichte, die dahintersteht, und besonders der religiösen Ideen, deren Resultat sie ist. Erst wenn diese religiösen Faktoren offengelegt werden, können moderne Nicht-Gläubige, in denen religiöse Spuren schlummern und unerkannt sind und daher umso wirkmächtiger, verstehen, warum Antisemitismus immer noch lebendig ist.[9]

Anmerkungen

1 „Es ist erwähnenswert, dass zum Beispiel in der Gangesebene die mit Abstand größte Kaste der Unberührbaren, die die Mehrheit der Landarbeiter ausmacht, jene der *Chamar* oder „Leder"-Menschen ist, während im Tamil sprechenden Land die typische unberührbare Kaste die *Paraiyar* oder „die mit der Trommel" (*parai*, davon abgeleitet unser „Paria") sind, da Trommelfelle natürlich als unrein gelten, und die Unberührbaren folglich das Monopol der Dorfmusikanten haben." (Dumont 1980, S. 54).

2 Die *Varnas* gehen auf eine Zeit zurück, bevor das Kastensystem entwickelt wurde. Die ersten drei *Varnas* umfassen die Klassen oder Stände, in die die Arier untergliedert waren, bevor sie nach Indien kamen. Nach der Eroberung wurde eine weitere *Varna* hinzugefügt, die Shudras, die die besiegten Völker umfassten.

3 Es war diese Frage, die Mahatma Gandhi das Leben kostete. Seine Bemühung, die Benachteiligungen der Unberührbaren zu beseitigen, führte zu seiner Ermordung durch einen brahmanischen Extremisten.

4 Mittelalterliches Theoretisieren über „die zwei Schwerter" (siehe Lukas 22,38) deutete allerdings eine Art Kastensystem an, da es die Stellung des Kaisers in ein auf der Bibel beruhendes religiöses Schema einzubeziehen suchte, indem es die Macht des Kaisers wie des Papstes bestätigte. Dies ist der Situation im Hinduismus ähnlich, wo die religiöse Autorität der Brahmanen und die politische Autorität der Kshatriya-*Varna* in einem angespannten Verhältnis stehen, da beide religiöse Billigung haben.

5 Noch niedriger als die Unberührbaren waren die Bergstämme, die überhaupt nicht in das Kastensystem aufgenommen wurden.

6 Siehe Simon (1986), S. 65–97, Feldman (1993), S. 228–413, Golb (1987).

7 Golb (1987).

8 Ein radikalerer Vorstoß, das Problem der Unberührbaren zu lösen, war der von Dr. B. R. Ambedkar, der für eine Trennung vom Hinduismus seitens der Unberührbaren und den Eintritt in eine andere Religion, vor allem den Buddhismus plädierte. Eine andere separatistische Bewegung, die Ad Dharm, verkündete eine neue Religion speziell für die Unberührbaren. Siehe Juergensmeyer (1982).

9 Während die Ähnlichkeiten zwischen Juden und Unberührbaren unbeachtet blieben, haben einige eine Ähnlichkeit zwischen Juden im Christentum und *Dhimmis* im Islam ausgemacht. Sowohl Juden als auch Christen waren *Dhimmi*-Gruppen im Islam, denen man den Rang von minderwertigen, aber erlaubten Minderheiten zugestand und die man von der Zwangsbekehrung ausnahm. Es besteht eine gewisse Ähnlichkeit zwischen dem *Dhimmi*-Rang und der augustinischen Duldung der Juden. Außerdem ließ der erfolgreiche Versuch der Juden, sich über den *Dhimmi*-Rang zu erheben, indem sie einen unabhängigen Staat auf angeblich muslimischem Territorium errichteten, ein Ressentiment entstehen, das der Verteufelung berufstätiger Juden im Europa der Aufklärung vergleichbar ist. Die Unterschiede liegen darin, dass der Islam nicht versuchte, die jüdische oder christliche Religion in der augustinischen Weise zu regulieren, Verachtung und Hass gegen Juden nicht auf das paranoide Maß trieb, das man im Christentum findet, die Berufe der Juden nicht in annähernd gleichem Ausmaß einschränkte und im Allgemeinen die Juden nicht zu einer Kaste von Unberührbaren machte. Der Vergleich zwischen dem christlichen und dem hinduistischen Modell ist deshalb erhellender, obwohl der Vergleich zwischen religio licita und *Dhimmi* (oder übrigens auch zwischen *Dhimmi* und Kaste) keineswegs unbegründet ist.

Kapitel 16

Sündenesser und andere

Bei den Unberührbaren des Hinduismus haben wir ein Merkmal, das in der Rolle der Juden im Christentum hervorsticht, nicht gefunden, nämlich die Übertragung der Schuld, die mit dem heilbringenden Akt des Opfers verbunden ist. Den Unberührbaren wird kein Urverbrechen vorgeworfen, das auch als Mittel der Erlösung dient. Ein solches Uropfer existiert tatsächlich im Hinduismus, da das Menschengeschlecht und die Bildung der *Varnas* auf die Opferung einer Gottheit durch Zerstückelung zurückgeführt wird. Die Opferung von Tieren spielt eine wichtige Rolle im Ritual der Veden und hat den Zweck, den ursprünglichen Schöpfungsakt zu erneuern. Der Hinduismus, der aus dieser frühen Religionsform hervorging, scheute oder vergeistigte Tieropfer und ersetzte sie durch pflanzliche Opfergaben, die das wichtigste Privileg der Brahmanen und ihr Dienst für die Gesellschaft blieben. Aber obwohl das Schuldgefühl wegen des Blutvergießens die Art des Opfers veränderte, scheint es keine Schuldverlagerung ausgelöst zu haben. Der opfernde Brahmane der Veden tut nichts Beschämendes oder Schreckliches, sondern führt eine heilige Aufgabe aus, die mit dem eigentlichen Schöpfungsgeschehen verknüpft ist. Daher ist es nicht nötig (genauso wenig wie bei der Opferverherrlichung der Azteken), irgendeine Sündenbockgestalt zu finden, auf die man die Schuld des Blutvergießens übertragen könnte.

Auch wurden die Unberührbaren des Hinduismus nicht wie die Juden für empfundene Mängel in der Gesellschaft insgesamt verantwortlich gemacht. Während man den Juden die Schuld zuschob für Naturkatastrophen wie den Schwarzen Tod oder für Verbrechen anderer Leute wie Kindermord oder für politische oder wirtschaftliche Rückschläge wie die

Siege des Islam oder die französische Niederlage im Deutsch-Französischen Krieg, gibt es anscheinend keine Tendenz im Hinduismus, den Unberührbaren solche Dinge vorzuwerfen. Dafür werden die Unberührbaren zu geringgeschätzt. Man spricht ihnen keine spürbare Wirkung auf irgendetwas zu, das in der weiteren Welt geschieht. Dagegen werden die Juden ständig verdächtigt, große und böse Dinge insgeheim zu planen und auch zu erreichen. Und mögen sie noch so geknechtet erscheinen, herrscht der unauslöschliche Glaube, dass die Juden große Macht haben, die sie heimlich in dunklen Manövern einsetzen.

Der Grund dafür ist, dass die Juden eine herausragende Rolle im zentralen christlichen Opfermythos als Verräter und Mörder des menschgewordenen Gottes spielen. Das bedeutet, dass sie, mögen sie noch so sehr zu einer Kaste verachteter Sklaven degradiert worden sein, nie als unwichtig abgetan werden können. Das ideale Ergebnis wäre in christlicher Sicht die Annahme der Opferrolle durch die Juden und ihre daraus folgende Abwertung in einem Geist der Reue gewesen. Die christliche Legende, die diese Hoffnung verkörpert, ist die vom Ewigen Juden. Diese Gestalt erlangt in manchen Versionen der Legende sogar eine gewisse Würde. Hier ist der Jude, der seine ihm von der Geschichte zugedachte Rolle vollständig annimmt: Christus zu töten[1] und dann klaglos zu büßen. Es besteht ein gewisser Widerspruch zwischen der in dieser Legende ausgedrückten Hoffnung und der offiziellen christlichen Einstellung gegenüber jüdischen Konvertiten zum Christentum. Falls der Ewige Jude, wie es die Legende will, ein echter Büßer war, der Jesus als Gott akzeptierte, warum muss er dann weiter wandern und leiden? Als jüdischer Konvertit zum Christentum sollte er theoretisch Frieden und Ebenbürtigkeit im Schoß der Kirche finden. In der Praxis konnte die Kirche aber nur eine sehr begrenzte Zahl von Juden assimilieren. Wenn Juden in großer Zahl übertraten wie in Spanien, gingen sie nicht in der christlichen Masse auf, sondern blieben Juden, Menschen von „unreinem Blut" in den Augen von Christen, die die jüdische Funktion als Schuldträger fortführten, umso mehr gehasst wegen ihrer christlichen Verkleidung. Da die Juden sich nicht assimilieren ließen, malten sich die Christen aus, dass sie eigenständig blieben und als bewusste, bußfertige Zeugen für die Wahrheit des christlichen Mythos wirken würden, indem sie ihre Rolle als Mörder Christi annahmen.

Etwas mit dieser beliebten Rolle der Juden als Sündenträger für die Christenheit Vergleichbares kann man in dem Phänomen der „Sündenesser" in bestimmten christlichen Gemeinschaften sehen. Manche armen Familien konnten wirtschaftlich nur überleben, indem sie die Sünde für ihre Dorfgemeinschaften auf sich nahmen. Diese Sitte oder Institution war einst weit verbreitet in England, Schottland, Bayern und in Einwanderergemeinden in Amerika. Wenn eine Person im Dorf starb, gingen der Sündenesser und seine Familie zum Sterbehaus und setzten sich draußen auf Hocker. Sie bekamen Essen gebracht, das sie zum Teil sofort verzehrten, und sie bekamen auch Geld. Man glaubte, dass mit dem Verzehr der Speisen der Sündenesser die Sünden der verstorbenen Person übernehmen würde; er tauschte deshalb seine Hoffnungen auf ewige Seligkeit gegen das Überleben in dieser Welt aus. Später wurde daraus ein bloßer Brauch, der vielleicht nicht buchstäblich verstanden wurde, aber die frühere Form des Rituals zeigt größere Ernsthaftigkeit. Der Sündenesser wurde sogar in das Sterbezimmer gebracht, und ein von einem Verwandten auf den Leichnam gelegtes Stück Brot wurde dem Sündenesser gereicht, der es in Gegenwart des Toten aß. Dann bekam er sein Entgelt und wurde sofort unter Verwünschungen und einem Hagel aus Stöcken, Schlacken und anderen Geschossen aus dem Haus gejagt.

Diese Schuldübertragung verdankt offensichtlich einiges dem Sündenbock in Levitikus 16,21–22. Aber der Sündenbock erhielt kein Entgelt. Eine tiefere Entsprechung findet man vielleicht zwischen dem Sündenesser und Judas Ischariot, dem man ein Entgelt für seinen verräterischen Dienst gab, der auch eine Tat der Erlösung war (obwohl das Entgelt von den wirklichen Nutznießern, den Empfängern der Erlösung, auf die Priester verlagert wurde). Es gibt Hinweise, dass auf dem Höhepunkt des Brauches die Familie des „Sündenessers" vom Rest des Dorfes geächtet wurde. Es könnte kaum eine bessere Veranschaulichung der Rolle der Juden im Christentum geben; geächtet und verachtet erfüllten sie dennoch eine unverzichtbare Rolle für die Erlösung der Gemeinschaft. Doch selbst die Sündenesser veranschaulichen nicht ganz die Schmerzlichkeit der jüdischen Rolle, denn während die Sündenesser die alltäglichen Sünden der Dorfbewohner auf sich nehmen, nehmen die Juden die größte vorstellbare Sünde auf sich (ohne die die Erlösung nicht erreicht werden könnte), den Gottesmord; und im Mittelalter nahmen die Juden durch die Blutbeschuldigung sogar die banalere Schuld auf sich, Gott zu verzehren, das wesentliche und reguläre christliche Sakrament.

Eine in gewisser Hinsicht nähere Parallele kann man bei dem Indianerstamm der Mapuche finden, der in seinem Reservat am Lago Budi in Südchile lebt. Die Mapuche wurden von dem Entdecker und Anthropologen Patrick Tierney untersucht, der ihre Bräuche in *The Highest Altar* beschrieb. Die Mapuche haben ihre Traditionen zum Teil wegen ihrer stolzen Geschichte als Krieger bewahrt. Sie waren der einzige indianische

Stamm, der einen unabhängigen Vertrag mit den Spaniern erreichte, die sie nicht im Kampf besiegen konnten.

Die Mapuche haben bis in die nahe Gegenwart rituelle Opferungen durchgeführt, und Tierney konnte eine tatsächliche Ausführende, eine Zauberin oder *Machi* namens Juana Namancura ausfindig machen und interviewen. Sie gab ausweichende Antworten, aber Tierney erhielt von Zeugen die Bestätigung, dass sie 1960 eine wichtige Rolle bei der Opferung des Jungen José Luis Painecur anlässlich einer Flutwelle, die den Stamm bedrohte, gespielt hatte. Tierney stellte auch fest, dass der Gründungsmythos der Mapuche eine Entsprechung zu Noah enthielt. Ein Mapuche-Indianer opfert zusammen mit seiner Frau deren kleinen Sohn, wodurch ein rettendes Wunder geschieht, nämlich der Aufstieg des Berges, auf dem sie standen, über den Wasserspiegel. „Die Menschheit wurde durch ein Menschenopfer gerettet."

Die Region ist Erdbeben ausgesetzt, auf die dann gewaltige Flutwellen folgen. Das Erdbeben von 1960 war von beispielloser Stärke und wurde vom Ausbruch von einem Dutzend Vulkanen begleitet. Der Ozean zog sich zurück und legte meilenweit Meeresboden frei, um dann nach beängstigender Stille zurückzufluten, wobei er alles mit sich riss. Der Stammeshäuptling befahl gemeinsam mit Juana Namancura einem Mann namens José Vargas, seinen Enkel José Luis Painecur an einen Ort namens Cerro Mesa zu bringen, einem Hügel in Küstennähe mit einem altarähnlichen flachen Gipfel, dem Schauplatz alter Zeremonien. Dort wurde die Opferung vollzogen. Die Arme und Beine des Jungen wurden von den Beteiligten mit Messern abgetrennt. Sie reichten die Körperteile dem Häuptling Trafinado, der damit winkte und sie dann feierlich ins Meer warf. Juana fing in einem Gefäß das Blut auf, das sie dann mit einem Zweig ins Meer sprenkelte. Das Herz und die Eingeweide des Jungen wurden herausgeschnitten und ins Meer geworfen. Der Torso des Jungen wurde dann wie ein Pfahl in den Meeresboden gesteckt. Diese grausame Form der Opferung (abweichend von der üblichen Methode, die Kehle aufzuschlitzen) war für einen solchen Notfall vorgeschrieben. Die Körperteile des Jungen wurden der Riesenschlange Cai Cai Filu, die aus der Tiefe gekommen war, zum Fraß vorgeworfen. Juana sang ein Lied, das der Opferung an den Ozean gewidmet war. „Nimm jetzt diesen Jungen, / Wir helfen dir, / Wir bezahlen dich mit diesem Jungen. / Wir sind alle Waisen. / Warum bestrafst du uns, Gott?" Das Ritual schloss mit einem Tanz nackter bewaffneter Männer unter Juanas Anleitung, der Trotz gegen das Ungeheuer symbolisierte. Als Juana später von der chilenischen Polizei verhaftet wurde, sagte sie zuerst: „Große Ereignisse brauchen starke Heilmittel".

Später leugnete sie alles und wurde nach einigen Monaten auf freien Fuß gesetzt.

Das Interessanteste vom Standpunkt dieses Buches ist die zwiespältige Haltung der Mapuche zur Hexe Juana. Einerseits wurde sie gehasst und verachtet. Jedes Mal wenn etwas fehlschlug, von einer Missernte bis zu Krankheit in der Familie, gab man ihr und ihrer Hexerei die Schuld. Niemand sprach von ihr anders als in verächtlichen, herablassenden Worten. Als Tierney endlich jemanden fand, der bereit war, einen genauen Bericht von Juanas Rolle bei der Opferung von José Luis Painecur zu geben, verurteilte jener ihre Tat. Doch jedes Mal wenn es eine Stammeszeremonie gab, saß sie auf einem Ehrenplatz. Und in Zeiten äußerster Not, wenn die Existenz des Stammes gefährdet war, wurden ihre Anweisungen und ihre Oberaufsicht bedenkenlos sofort befolgt, so sehr man sie später verurteilen mochte.

Dies ist eine starke Parallele zur Stellung der Juden in der christlichen Gesellschaft, außer dass keine Anerkennung einer Dankesschuld gegenüber den Juden für ihre (angebliche) Durchführung der Opferung gestattet ist, nicht einmal bei zeremoniellen Anlässen. Bestenfalls sind die Juden von der Vernichtung ausgenommen, die andere Ketzer erleiden, und bekommen eine Belohnung in der Endzeit versprochen. Die Lebensverlängerung des Ewigen Juden erinnert uns an Kain, der Mörder Abels, dem ein Zeichen gegeben wurde, um ihn vor dem Tod zu bewahren (Kainsmal). Die Juden mussten bewahrt werden, nicht nur wegen des „Zeugnisses", was Augustinus angeführt hatte, sondern weil sie unverzichtbare *dramatis personae* in der Heilsgeschichte waren und ihre Rolle ewig wiederholen mussten, nicht nur in der dramatischen Form der Passionsspiele, sondern auch in den erfundenen Episoden der Ritualmordlegende.

Es ist nicht uninteressant, dass die Mapuche-Indianer, die der Bekehrung zum Christentum widerstanden, dennoch ein Element des Christentums in ihre eigene Religion aufnahmen. Von dem größten Vulkan auf ihrem Territorium glaubte man, dass in ihm ein Stamm böser Geister hauste. Nach Kontakt mit dem Christentum benannten die Mapuche diese Dämonen in „die Juden" um.

Patrick Tierney, der die Mapuche so gründlich erforschte, unter ihnen lebte und an einigen ihrer Zeremonien teilnahm, dehnte seine Forschung auf südamerikanische Riten des Menschenopfers im Allgemeinen aus. Er riskierte sein Leben, nicht nur in gefährlichen Abstiegen von hohen Bergen, um erschreckende Zeugnisse von Kinderopferungen bei den Inka zu entdecken, sondern auch um die heutige Praxis des Menschenopfers zu untersuchen, die vor allem von Drogenhändlern und Minenbesitzern durchgeführt wird, um den Erfolg ihrer Unternehmungen zu fördern. Er nahm mit einem versteckten Tonband Gespräche mit dem berüchtigten Maximo Coa auf, einem *Schamanen*, der auf Menschenopferungen, besonders von Frauen, spezialisiert war. Es stellte sich heraus, dass dieser Mann ursprünglich Theologe gewesen war, der deutlich die Zusammenhänge zwischen seinen eigenen Praktiken und der Lehre vom Menschenopfer des Christentums sah, obwohl seine geistige Nähe und seine traditionellen Bande bei den Inka und ihrer Verehrung des Opferberges zu finden war. Sein eigener Status war jenem Juanas ähnlich: Er war eine Person, die sowohl Ehrfurcht als auch Hass auslöste. Tierney nennt ihn einen „Heiligen Henker".[2]

Bisher haben wir einzelne Personen gefunden, die die Schuld der Durchführung von Menschenopferungen auf sich nehmen, jedoch auch in Anerkennung ihres Dienstes für die Gemeinschaft einen fragwürdigen Ehrenrang erlangen. Nur wird im Fall der Juden aber diese Rolle keiner Einzelperson zugeschrieben, sondern einer ganzen Gemeinschaft, die folglich auf den Status einer Pariaklasse degradiert wurde im Gegensatz zu einer verbannten und geächteten Einzelperson. Die Einzigartigkeit des Hasses gegen die Juden (d.h. Antisemitismus) ist, dass er zwei Elemente kombiniert, die man reichlich anderswo, allerdings getrennt antrifft: das Stigma, zu einer Pariaklasse zu gehören, und den rituellen Hass, der auf den Ausführenden der Opferung gerichtet ist.

Es gibt viele verschiedene Begründungen für die Bildung einer Klasse von Paria oder Unberührbaren. Die Juden teilen mit anderen Pariaklassen die Begründung der Usurpation: das Stigma, einer besiegten und verdrängten Gruppe anzugehören. Aber der Usurpationsmythos unterscheidet sich im Fall der Juden von jenem anderer Pariaklassen, als er vom Typus des Heiligen Henkers ist, eine Begründung der Unterwerfung, die aus der auf Erlösung durch Opferung bestehenden Natur der usurpierenden Religion hervorgeht.

In der Untersuchung des Antisemitismus können wir jedoch eines von anderen Pariagruppen lernen, nämlich die anhaltende Macht des *Stigmas*, sobald es einmal von einer Klasse von Personen erworben wurde. Wenn wir betrachten, wie das Stigma in anderen Pariagruppen funktioniert, werden wir uns nicht mehr über die Hartnäckigkeit des Antisemitismus in der nachchristlichen Zeit wundern und es nicht für notwendig halten, Antisemitismus in der modernen Welt vor allem mit modernen Faktoren erklären zu wollen. Die religiösen Faktoren des Mittelalters reichten vollauf aus, um ein Stigma zu schaffen, das keine noch so große wissenschaftliche Aufklärung beseitigen konnte – die Beseitigung der staatsbürgerlichen Behinderungen der Juden verstärkten sogar noch, wie schon früher erörtert, das Ressentiment gegen sie. Das Heilmittel gegen Antisemitismus wird also nicht in der Bekämpfung des Stigmas an sich mit Vernunftgründen liegen, sondern indem man die Geschichte seines Ursprungs, besonders seine religiösen Wurzeln, bloßlegt.

Ein hervorragendes Beispiel für die schiere Hartnäckigkeit eines gesellschaftlichen Stigmas, wenn es einmal eine Gruppe zugewiesen bekommen hat, ist die japanische Gruppe von Unberührbaren, die als *Buraku* bezeichnet werden. Dieses Beispiel veranschaulicht die Macht des Stigmas, selbst wenn es frei von allen anderen Erwägungen ist wie Aussehen, Sprache, Rasse, Alter oder Gebrechen. Die *Buraku* sehen aus und sprechen wie jeder andere Japaner, doch werden sie als die Geringsten in der japanischen Gesellschaft verachtet. Sie werden am Arbeitsplatz diskriminiert, in besonderen Stadtvierteln ausgegrenzt und vom gesellschaftlichen Umgang und der Ehe ausgeschlossen. Bemerkenswert freilich ist, dass die *Buraku* durch eine rein willkürliche und bürokratische Entscheidung während der Edo-Zeit im 17. Jahrhundert als Klasse geschaffen wurden. Einige Gesellschaftsplaner dieser Epoche stellten die Theorie auf, dass eine Klasse von Unberührbaren gebraucht wurde, um den untersten Sprossen des japanischen Feudalsystems Zufriedenheit und Glück zu bringen, den Händlern und Ladenbesitzern – damit sie sich jemandem überlegen fühlen konnten. In den größeren Städten wurden bestimmte Bezirke eingerichtet, in die die willkürlich ausgewählten Familien getrieben und als *Buraku* bezeichnet wurden. Sie waren auf Lederarbeiten beschränkt, wie die indischen Unberührbaren, und wurden offiziell als *Eta* („Schmutzige") bezeichnet, sodass ein Reinheitsaspekt eingeführt wurde. Mit der Zeit sank, wie zu erwarten, das moralische und kulturelle Niveau der unglücklichen *Buraku* tatsächlich, und sie waren die am wenigsten gebildeten Elemente in der japanischen Gesellschaft. Doch mit dem Beginn der Verwestlichung nach dem Zweiten Weltkrieg unternahm die Regierung Versuche, die *Buraku* zu emanzipieren und ihr kulturelles Niveau mit beträchtlichem Erfolg zu verbessern, denn sie sind nun in großer Zahl in die akademischen Berufe vorgedrungen, trotz anhaltender Diskriminierung durch Arbeitgeber (die jetzt Computernetzwerke nutzen, um Listen zusammenzustellen, die ihnen ermöglichen, unerwünschte Bewerber auszusortieren). Das Vorurteil gegen sie bleibt jedoch so hoch wie immer, und sie bleiben heiratsunfähig und gesellschaftlich tabu. Sie wohnen immer noch in abgegrenzten Vierteln, und diejenigen, die versucht haben wegzuziehen, sind auf Feindseligkeit gestoßen.[3]

Die *Buraku* als willkürlich geschaffene Klasse dürfen nicht mit einer anderen Pariagruppe in der japanischen Gesellschaft verwechselt werden, den Ainu, einem unterworfenen Volk mit ausgeprägten körperlichen

Merkmalen, die sie vom japanischen Hauptvolk unterscheiden. Diese Stigmatisierung der Ainu lässt sich mit purer Xenophobie begründen, der Angst vor dem „Anderen", das so unzureichend für die Erklärung eines religiös begründeten Vorurteils wie Antisemitismus ist. Der Pariastatus der *Buraku* ist das entgegengesetzte Extrem, ein Stigma, das nicht auf kulturellen, physischen oder auch religiösen Erwägungen beruht und die schiere Kraft eines Stigmas an sich veranschaulicht. Die einzige Hoffnung, das Stigma der Buraku abzustreifen, ist daher der Unterricht in der Geschichte des Stigmas an sich. Wenn die Japaner besser mit dem Ursprung der *Buraku*-Kaste vertraut wären, gäbe es die Aussicht, dieses irrationale Vorurteil zu erschüttern.

Ein bizarres Beispiel für die Langlebigkeit eines Stigmas, auch wenn es zufällig übertragen wurde, kann man in der Geschichte des Antisemitismus selbst finden. Die Lumpensammler oder *fripiers* von Paris waren einmal ausschließlich jüdisch und bildeten eine verachtete Gruppe. Nach der Vertreibung der Juden aus Frankreich 1394 fiel die Beschäftigung als Lumpensammler in die Hände von Nichtjuden, die alle praktizierende Katholiken waren. Diese katholischen Lumpensammler bekamen jedoch den Spitznamen „les juifs", ihre Zunft wurde „die Synagoge" genannt, und sie wurden mit der in etwa gleichen Verachtung behandelt wie ihre jüdischen Vorgänger. Das Gewerbe des Lumpensammelns hatte das jüdische Stigma bekommen, und jeder, der sich damit befasste, wurde ein Jude ehrenhalber. Als die *fripiers* 1652 von einem jungen Mann namens Jean Bourgeois als „Herren von der Synagoge" verhöhnt wurden, verprügelten sie ihn. Er ging dann erfolgreich gegen sie vor Gericht, was sie so wütend machte, dass sie ihm auflauerten und ihn ermordeten. Dies führte zu einer antisemitischen Kampagne, während der Pamphlete verfasst wurden, die die Gräueltaten „der Juden" brandmarkten. Eines dieser Pamphlete wetterte: „Es gibt niemanden, der nicht weiß, dass die Juden die Schande aller Völker sind und das schon seit sechzehnhundert Jahren und länger." Ein anderes Pamphlet legte satirisch eine Verteidigung in den Mund „der Juden": „Wessen sind wir schuldig? Mose in seiner Zeit opferte Tiere, und wir haben einen Menschen geopfert. Wird es nicht in demselben Buch gesagt, dass unsere Vorfahren die Macht hatten, Jesus Christus zu opfern, ihren König und unseren? Warum haben wir nicht die Macht, einen Menschen zu töten?" Doch steht außer Frage, dass die *fripiers* keine Juden waren, sondern Katholiken von unbestreitbarer Abstammung, in einer Zunft organisiert, die auf das 14. Jahrhundert zurückgeht – tatsächlich gegründet, als die Juden vertrieben worden waren und ihr Gewerbe an Christen übergeben hatten. So stark ist die Macht eines Stigmas.[4]

Es gibt kein hartnäckigeres Stigma als das der Pariaklasse, weil es in einer Gesellschaft verankert wird, in der jede Klasse Ansehen und Überlegenheit sucht. Die oberen Klassen wahren eifersüchtig ihren Status, während die unteren Klassen noch mehr darauf bedacht sind, irgendeinen Beweis zu finden, dass es welche gibt, die noch unter ihnen stehen. Dies ist zum Beispiel der Grund für das erschreckende Phänomen des schwarzen Antisemitismus in Amerika, ungeachtet der Tatsache, dass die jüdische Bilanz der Unterstützung für die Emanzipation der Schwarzen beispielhaft gewesen ist. Um den Antisemitismus zu bekämpfen, genügt es also nicht, seine historischen Ursprünge aufzudecken, obgleich das die wichtigste und grundlegende Aufgabe ist. Es besteht auch die Aufgabe, das Problem des Standesdünkels zu bekämpfen, der auf einem Mangel an Selbstachtung beruht und alle möglichen gesellschaftlichen Umstände ausnutzt, um das Gefühl zu stützen, eine angemessene Stellung in der Gesellschaft einzunehmen.

Es wäre freilich ein Fehler, sich auf Standesdünkel oder ein Gefühl der Klassenunterlegenheit als *Haupt*grund für Antisemitismus zu konzentrieren, wie es einige Theoretiker getan haben. Man muss sich immer noch fragen, warum es die Juden sind, die im Brennpunkt einer solchen Verachtung gestanden haben, dass selbst der unbegründete Verdacht, Jude zu sein oder entfernte Verbindungen zu Juden zu haben, ausreichte, um Verachtung zu wecken. Dies führt uns immer wieder auf die historischen Umstände zurück, die den Juden eine solche Last der Verachtung und des Hasses aufluden. Diese liegen in dem Religionsstreit zwischen Christentum und Judentum, dem Nährboden des unheilvollen christlichen Usurpationsmythos, das die Juden als Christusmörder stigmatisierte.

Anmerkungen

1 Der Ewige Jude bedrängt Christus tatsächlich auf seinem Weg zur Kreuzigung, aber dies ist deutlich symbolisch für die jüdische Rolle bei der Herbeiführung der Kreuzigung. Siehe Hasan-Rokem & Dundes (1986).

2 Patrick Tierney, der anfangs verwirrt war durch die zwiespältige Behandlung, die den rituellen Opfernden zuteil wurde, erkannte großzügig an, dass er die Erklärung in meinem Buch *Der Heilige Henker* fand. Er nahm vieles von unserer Diskussion des südamerikanischen Materials in sein Buch auf.

3 Siehe Pilkington (1995).

4 Siehe Poliakov, Bd. 1 (1962).

Kapitel 17

Schlussfolgerung: Der Holocaust war kein Mysterium

Das Neue Testament stellte die Juden als verfluchtes Volk hin, dem eine außergewöhnliche Bestrafung zugedacht war. Schon in den Schriften des Neuen Testaments gilt die Zerstörung des Tempels als Erfüllung dieses Fluches, und das spätere Exil der Juden (das in Wirklichkeit nicht vor der arabischen Eroberung im 7. Jahrhundert begann) wurde vordatiert und als weitere Erfüllung des Fluches betrachtet. Es war allerdings nicht das Neue Testament selbst, das die Juden zu einem Pariavolk machte, obwohl es die Bühne bereitete und alle Bedingungen für diese Entwicklung festschrieb. Die Juden wurden zum Pariavolk als Folge des Triumphs des Christentums im Römischen Reich nach dem Regierungsantritt Konstantins, der sie zum ersten Mal zu einem untertanen Volk in einem christlichen Reich machte.

Auch dann dauerte es noch lange, bis die Juden zur Pariagruppe in einer christlichen Gesellschaft wurden. Trotz der ständigen feindseligen Predigten christlicher Lehrer auf allen Ebenen über einen Zeitraum von Jahrhunderten[1] behielten die Juden ein menschliches und sogar würdevolles Erscheinungsbild in den Augen einer heidnischen Bevölkerung. Schließlich griff die Propaganda. Das 11. Jahrhundert kann als Wendepunkt bestimmt werden, als die Juden allmählich von der breiten Masse dämonisiert wurden. Sie wurden zur geächteten Gruppe, ausgeschlossen vom gesellschaftlichen Umgang, von der Mischehe und von jedem ehrbaren Beruf. Wie dargelegt wurde, besteht die größte Ähnlichkeit ihrer Stellung mit jener der Unberührbaren im Hinduismus, die freilich viel besser dastanden, da sie nicht mit der Schuld des Gottesmordes belastet waren und nicht dämonisiert wurden oder der brutalen Verfolgung ausgesetzt waren, unter der die Juden im Christentum litten.

Das Mittelalter dauerte am längsten für die Juden im zaristischen Russland, wo sie unter mittelalterlichen Bedingungen bis ins 19. Jahrhundert lebten, als sich der sichere Hafen der demokratischen Vereinigten Staaten von Amerika für viele von ihnen auftat, die aus dem „Ansiedlungsrayon" (das Gebiet im Westen des Russischen Reiches, das bis zu den polnischen Teilungen im 18. Jahrhundert zu Polen gehört hatte) und vor den Pogromen auf der Suche nach Freiheit flüchteten (um dort auf die angewiderte Grimasse von Menschen wie Henry Adams zu stoßen). Die Kontinuität zwischen dem mittelalterlichen Pariatum und dem modernen Antisemitismus kann man ganz deutlich in Russland sehen, wo die Abfassung der gefälschten *Protokolle der Weisen von Zion* stattfand, die Stütze und Bibel des modernen Antisemitismus. Aber der größte Ausbruch von Antisemitismus fand nicht in Russland statt, sondern in Deutschland, wo die Kontinuität nicht ganz so stark ins Auge fällt und deshalb von allen geleugnet wurde, die den Antisemitismus von seinen christlichen Vorläufern loslösen möchten. In Deutschland wurden die Juden nicht in Ghettos zusammengepfercht, sondern waren in den höchsten Berufen vertreten, als Richter, Professoren, Naturwissenschaftler, Ärzte, Schriftsteller, Kritiker, Politiker. Sie erfreuten sich ihrer Freiheit und rühmten sich ihres deutschen Patriotismus. Aber hier wurden sie zusammengetrieben, in Lager im Osten geschickt und umgebracht unter Umständen, die an mittelalterliche Bilder von der Hölle erinnern, mit jeder Beigabe, die bitterer Hass sich als Demütigung, Hunger und Folter ausdenken konnte.

Den Deutschen dafür allein die Schuld zu geben, bedeutet für andere Christen, der eigenen Verantwortung auszuweichen. Es ist wahr, dass Deutschland die Schande der schlimmsten Verfolgung von allen trägt, und dies ist eine Fortsetzung der besonders boshaften Färbung der deutschen Judenverfolgung im Mittelalter. In Deutschland war es, wo die ersten Massaker im Zusammenhang mit den Kreuzzügen stattfanden. In Deutschland hatten die Passionsspiele eine besonders sadistische Schärfe und die Darstellungen von Juden in Kunst und Karikatur eine brutale, obszöne Note. Trotzdem ist dies nur der deutsche Anstrich einer universellen christlichen Kampagne des Hasses.

Das blühende deutsche Judentum, in der illusorischen „deutsch-jüdischen Symbiose" mit Ironie und Trauer von Gershom Scholem beschrieben, hat dazu gedient, die Aufmerksamkeit von der historischen Kontinuität des Antisemitismus abzulenken. Ursachen sind angeführt worden, die in die Neuzeit gehören, wohingegen die Verfolgung und die antisemitische

Propaganda der Nazis in Wirklichkeit ein Rückfall in mittelalterliches Denken und Verhalten war, veranlasst durch Ressentiment gegen den jüdischen Versuch, den Vorteil der Versprechungen der Aufklärung wahrzunehmen und der mittelalterlichen Rolle als Paria zu entkommen.

Es ist darauf hingewiesen worden,[2] dass die Maßnahmen der Nazis, die die demokratischen Bürgerrechte der Juden beschnitten, in jeder Hinsicht die mittelalterlichen Verfügungen wiederholen. Außerdem war die aktuelle Propaganda, mit der die Juden verleumdet wurden, einschließlich der Ritualmordlegende, direkt der mittelalterlichen Literatur und Luthers antisemitischen Schmähschriften entnommen.

Angesichts dieser Kontinuität muss man wohl sagen, dass der Holocaust kein Mysterium war. Wenn ein Volk durch die Jahrhunderte ständiger Verleumdung und Dämonisierung ausgesetzt war, sodass ein allgemeiner Abscheu so tief eingeimpft wurde, um wie ein Instinkt zu funktionieren, kann es nicht überraschen, dass irgendwann eine Bewegung aufkommt, deren Ziel die Auslöschung dieses angeblichen Schädlings und Feindes der Menschheit ist. Wenn eine Nation eine demütigende Niederlage in einem großen Krieg erlitten hat und auch unter wirtschaftlicher Not leidet, ist es überhaupt nicht überraschend, dass ein Sündenbock in einer unbewaffneten Minderheitengruppe gefunden wird, die in den Köpfen der Menschen immer noch den Pariastatus einnimmt, der sich aus tiefen religiösen heilsbringenden Vorstellungen herleitet, oder dass eine politische Bewegung, die sich aus nationaler Verzweiflung speist, es sich nicht entgehen lässt, eine solche kraftvolle einende politische Waffe wie Abscheu und Misstrauen gegenüber den Juden zu nutzen.

Bezüglich der „Endlösung“ der Nazis muss eine Sache angesprochen werden, die gewissermaßen gegen die allgemeine Stoßrichtung des vorliegenden Buches läuft. Ich habe die Tatsache hervorgehoben, dass die Juden ein notwendiges Element in der christlichen Religionsökonomie des Mittelalters waren und dass dies den Schutz der Juden vor dem Schicksal der Albigenser und anderer Ketzer erklärt. Bernhard von Clairvaux ist das führende Beispiel des christlichen Anliegens, die Juden vor der Vernichtung zu bewahren; wichtig war hier nicht nur das „Zeugnis“, das die Juden trugen, sondern auch der Glaube, dass die Wiederkunft Christi nicht ohne ihre Bekehrung stattfinden könne. Wegen dieses Glaubens an die Notwendigkeit jüdischen Überlebens wurden die Juden eine Kaste im Christentum – eine Pariakaste, gewiss, aber eine, die wie die Unberührbaren im Hinduismus gebraucht wurde, um das religiöse Spektrum zu vervollständigen.

Hitlers Entscheidung, die Juden vollkommen zu vernichten, könnte also als Abkehr von der traditionellen christlichen Strategie gegenüber den

Juden verstanden werden. In Wirklichkeit ist es jedoch keine vollständige Abkehr, denn das Drehbuch der „Endlösung“ war auch im Christentum vorhanden. Es findet sich in den endzeitlichen Bewegungen, die von Zeit zu Zeit aufkamen und die um die Idee vom „Antichristen“ kreisten, vor allem gestützt auf 2 Thessalonicher 2,3-12. Diese Lehre wurde zuerst von den Kirchenvätern (Irenaeus, Hippolytus, Lactantius) ausgelegt. Die paulinische Passage wurde meist dahingehend gedeutet, dass zur Endzeit ein jüdischer Antichrist auftreten würde, der von den Juden als Messias betrachtet und eine mächtige jüdische Armee gegen die Streitkräfte des Christentums unter der Führung von Christus selbst anführen würde. Man glaubte auch, dieser Kampf würde zur völligen Vernichtung der Juden, Männer, Frauen und Kinder, durch die christlichen Streitkräfte führen.

Dieses Drehbuch widerspricht dem gängigeren Szenarium, wonach die Juden zur Zeit der Wiederkunft Christi zum Christentum bekehrt würden. Doch in einer Hinsicht stimmten die beiden Szenarien überein: dass die Juden zur Zeit des Endes nicht mehr notwendig sein würden. Sie würden verschwinden, entweder als Bekehrte oder als Opfer der Vernichtung. Die Existenz der Juden als Pariakaste in der Christenheit war in gewöhnlichen Zeiten notwendig, aber in der Endzeit hätte die triumphierende Kirche (Ecclesia triumphans) keinen Bedarf mehr an den Juden.

Also hatte Hitler in einem Strang der christlichen Tradition doch ein Vorbild für seine Vorstellung von der „Endlösung“. Tatsächlich war die endzeitliche Tradition besonders stark in Deutschland, wo Hitlers tönender Ausdruck vom „Tausendjährigen Reich“ einen endzeitlichen Widerhall hatte, der letztlich aus dem Neuen Testament (Offb 20,4–6) kam, aber auch an die von Thomas Münzer, der 1525 in Frankenhausen hingerichtet wurde, angeführten Wiedertäufer erinnert und an spätere Führer, Johann Matthiesen und Johann Bockholdt. Die Idee von einer endzeitlich inspirierten Volksbewegung, die die Hoffnung auf eine endgültige Befreiung der Welt von den Juden einschloss, wurde keineswegs von Hitler erfunden, wenn er auch seine eigene weltliche Version entwickelte.[3]

Die Endzeit-Prophetie war offiziellen christlichen Kreisen nie ganz genehm (trotz ihrer angesehenen Vorläufer im Neuen Testament und bei den Kirchenvätern), weil sie dazu neigte, mit populären Forderungen nach sozialer Gerechtigkeit einherzugehen und manchmal der Antichrist mit dem Papst anstatt den Juden identifiziert wurde. Das offizielle Christentum entschied sich deshalb für ein friedlicheres Vorgehen hinsichtlich der Juden: Sie würden irgendwann bekehrt werden, aber bis dahin als notwendiges Element in der christlichen Gesellschaft wirken, d.h. als Pariakaste. Hass baute sich gegenüber den Juden in ihrer Pariafunktion auf (wenngleich instabil verglichen mit dem festgelegten Status der Unberührbaren im Hinduismus), und dies war die eigentliche Bedingung für den Holocaust. Aber die gewaltsamen Fantasien, die zu der Endzeit-Vorstellung gehörten, spielten ebenfalls eine Rolle und tragen dazu bei, dem Holocaust noch mehr von seinem Geheimnis zu nehmen.

Mehrere Faktoren zusammen haben verhindert, dass die Offensichtlichkeit der Vorläufer des Holocausts allgemein akzeptiert wurde. Die meisten jüdischen Publizisten und Forscher haben sich gescheut, den Holocaust christlichen Lehren und gesellschaftlichen Regelungen zuzuschreiben. Bernard Levin zum Beispiel schreibt in Abständen über den Holocaust in *The Times* und seine Botschaft ist immer die gleiche: Der Holocaust ist ein unergründliches Geheimnis. Auf einer höheren Ebene haben jüdische Denker wie Elie Wiesel und Emil Fackenheim ebenfalls ein Geheimnis aus dem Holocaust gemacht, indem sie seine Ursache irgendeinem dunklen Element des Bösen im Universum zuordnen. Fackenheim und andere haben sogar eine Modifizierung der Theologie des Judentums gefordert, die der Existenz des Bösen einen wichtigeren metaphysischen Rang einräumt. Dies ist von christlichen Theologen begrüßt worden, die hier eine Wendung der Juden hin zur Theologie des Kreuzes sehen. Einige christliche Theologen haben in ihrem Eifer nach einer christlich-jüdischen Annäherung die Leiden der Juden im Holocaust als Echo der Kreuzigung gesehen, und einige Aussagen Elie Wiesels scheinen diese Deutung zu stützen. Von hier war es nur ein Schritt, den Holocaust nicht als spezifisch jüdische Erfahrung zu sehen, sondern auch als Teil der Geschichte und Mission des Christentums. Einige Christen, besonders solche mit jüdischen Wurzeln, aber auch einige, die trotz allgemeiner christlicher Gleichgültigkeit versuchten, den Juden zu helfen, starben in den Todeslagern. Der Tod dieser Christen, von denen die meisten als Juden starben, nicht als Christen, wurde als Bekräftigung des Anspruchs auf christliche Beteiligung als Opfer im Holocaust verstanden. In diesem Geist versuchte eine Gruppe von Karmeliterinnen, einen Konvent auf dem Gelände von Auschwitz zu errichten und war erstaunt, auf jüdischen Widerstand zu stoßen, da ihnen niemand erklärte, dass dieser aus der jüdischen Überzeugung komme, der Holocaust sei ein Ergebnis der christlichen Lehre und nicht etwa ein Beweis für deren Wahrheit.

Der Holocaust ist wahrhaftig ein Teil der Geschichte des Christentums, aber nicht in dem Sinn, den jene Christen beabsichtigten, die den Holocaust für die christliche Theologie vereinnahmen wollen. Der Holocaust ist die schwerste Krise, der sich das Christentum jemals stellen musste, weitaus größer zum Beispiel als die Reformation.[4] Die christliche Antwort auf den Holocaust wird über die Zukunft des Christentums – und ob es eine Zukunft hat – entscheiden. Vielen Christen ist dies bewusst, und sie formulieren die Lehrsätze des Christentums, besonders jene der Christologie, im Licht der entsetzlichen Folgen früherer Lehren neu. Aber es herrscht immer noch sehr wenig Verständnis für die Rolle des Neuen Testamentes und der Kirchenväter in der Entwicklung der Dämonisierung der Juden. Einige christliche Autoren (zum Beispiel Rosemary Ruether, John Gager und Jack Sanders) räumen allerdings ein, dass die Evangelien antisemitisch sind. Zusammen mit Krister Stendahl, Lloyd Gaston und anderen versucht John Gager, während er den Antisemitismus der Evangelien vollständig einsieht, in Paulus' Schriften eine philosemitische Enklave zu finden, allerdings mit geringem Erfolg. Der modische Ausweg aus den antisemitischen Schmähungen der Evangelien ist, sie der „innerjüdischen Rivalität" zuzuschreiben – ein Versuch mehr, die Schuld für den Antisemitismus auf die Juden selbst zu schieben! Wenn die Neuformulierung christlicher Doktrin einer winzigen Minderheit von Gelehrten überlassen bleibt und keine Auswirkung auf den christlichen Kanon hat, wird sie wohl kaum viel Wirkung auf die Kirche insgesamt ausüben, zumal die große Mehrheit der Christen (in Südamerika und Osteuropa zum Beispiel) noch unberührt von der modernen kritischen Methode ist.[5]

Die römisch-katholische Kirche hat seit dem II. Vatikanischen Konzil mutige Anstrengungen unternommen, ihre Lehre und Liturgie zu reformieren, aber leider ohne dabei die Verantwortung für die Vergangenheit zu übernehmen. Die ganze Unterdrückung der Juden im Mittelalter sei einem „verbreiteten Missverständnis" geschuldet gewesen.[6] Man darf in diesem Fall fragen, warum so viele herausragende christliche Kirchenmänner, von denen einige als Heilige kanonisiert wurden, die Unterdrückung förderten. Man muss des Weiteren darauf hinweisen, dass eine Religion nach ihren moralischen Auswirkungen zu beurteilen ist. Wie Jesus selbst sagte: „An ihren Früchten also werdet ihr sie erkennen" (Mt 7,20). Wenn eine Religion, nachdem sie die Menschen über Jahrhunderte beharrlich belehrt hat, den Holocaust als ihr Endergebnis stehen hat, ist es aber zu einfach, die Sache auf die ungebildeten Massen zu schieben.[7]

Der christliche Antisemitismus ist nicht die einzige Ausprägung des Antisemitismus, die es gibt, aber es ist diejenige, die den Holocaust hervorgebracht hat. Keine der anderen Arten (griechisch, römisch, gnostisch, muslimisch) drückte die Juden auf den Pariastatus hinab oder stattete sie mit dem gleichen Stigma und Abscheu aus, wodurch sie Ausbrüchen allgemeiner oder obrigkeitlicher Gewalt ausgesetzt wurden. Das Niveau der christlichen antisemitischen Propaganda, ihre Bestätigung in sakralen

Texten und die Länge der Zeit, über die sie verbreitet wurde, sind ohne Parallele. Angesichts dieser Geschichte ist es grotesk, Erstaunen über das Geschehen zu bekunden. Nur eine resolute Entscheidung, Geschichte zu ignorieren, kann der Grund für solches Erstaunen sein, und leider begünstigen neue Trends der „Theorie" die Verdrängung der Geschichte.

Erklärungen des Antisemitismus gibt es zuhauf, aber sie bleiben in der Schwebe zwischen zwei Polen. Einerseits kann Antisemitismus als einmaliges und geheimnisvolles Phänomen betrachtet werden, für das keine rationale Erklärung vorgelegt werden kann. In dieser Ansicht können sämtliche Versuche, Ursachen entweder in gegenwärtigen oder in historischen Faktoren zu finden, bestenfalls nur unvollständige Erklärungen ergeben; insbesondere bleibt die Beständigkeit des Antisemitismus in allen Arten von unterschiedlichen historischen und geografischen Umständen unerklärlich. Diese Sicht des Antisemitismus als Geheimnis kann von Nicht-Gläubigen wie Bernard Levin vertreten werden, wird aber häufiger als Unterstützung einer religiösen Position vertreten, manchmal einer christlichen, aber manchmal auch einer jüdischen.

Am anderen Extrem steht die Ansicht, dass Antisemitismus vollständig aus unmittelbaren Ursachen heraus zu erklären ist. Nach dieser Ansicht habe jede Generation ihren eigenen Antisemitismus, und es sei falsch zu versuchen, alle diese Antisemitismen zu einer zusammenhängenden historischen Kette zu verbinden; tatsächlich gebe es nicht so etwas wie Antisemitismus als historisches Phänomen, das die Jahrhunderte überspannt. Also hätten Ereignisse im Mittelalter keinerlei Bedeutung für antisemitische Äußerungen im 20. Jahrhundert. Antisemitismus sei im Grunde eine Form von Fremdenhass, eine Reaktion auf „den Anderen" oder auf diejenigen, die nicht als zugehörig betrachtet werden. Da die Juden in irgendeiner Weise (gewöhnlich erklärt als jüdische Unzulänglichkeiten, d.h. „Exklusivität") länger als alle anderen Fremde in der Gesellschaft geblieben seien, seien sie mehr Spielarten von Fremdenhass begegnet als andere, aber diese Spielarten müssten jeweils für sich behandelt und dürften nicht auf eine unzulässig metaphysische Art verknüpft werden. Das Studium des Antisemitismus bestehe aus der separaten Untersuchung von generationsmäßigen Antisemitismen, die jeweils in Bezug zu den soziologischen Zeitumständen analysiert würden.[8]

Alternativ kann die Sicht auf den Antisemitismus als Fremdenhass im eigentlichen Sinne mit den Begriffen von „Stereotypen" ausgedrückt werden. Hier besteht die Annahme, dass angebliche jüdische Charakteristika ein Stereotyp bilden, das aus bloßer Fremdheit und Nicht-Übereinstimmung entsteht, so, wie alle anderen angeblichen nationalen Merkmale

Feindseligkeiten gegenüber benachbarten, aber fremden Kulturen hervorrufen (Ire: dumm; Schotte: geizig; Franzose: unzüchtig usw.). Diese Theorie ist nicht falsch, aber mehr auch nicht; gewiss ist ein Bestandteil des Antisemitismus Fremdenhass oder Reaktion auf das Fremdartige. Aber das als die vollständige Antwort auf das Problem vorzutragen ist oberflächlich, weil es nicht erklärt, warum der Jude in der christlichen Gesellschaft immer ein Fremder bleibt, mag er sich noch so sehr um Assimilation bemühen, sogar so weit, dass er Christ wird.

Mein eigener, in diesem Buch dargelegter Standpunkt verwirft beide oben genannte Standpunkte. Antisemitismus ist nicht einmalig oder geheimnisvoll, denn er enthält Elemente, die sich alle anderswo finden, wenn auch nicht in Kombination. Eine historisch ausgeprägte Gruppe, die eine verachtete, doch notwendige Rolle in einer größeren Gesellschaft spielt, die ihren Status durch religiöse Texte bestimmt – das alles ist keineswegs einmalig, denn die gleiche Charakterisierung kann man für die Unberührbaren im Hinduismus feststellen. Eine Gruppe, die Ansprüche auf historische Priorität hat und deren Rang deshalb im Interesse einer usurpierenden Mehrheit aberkannt werden muss – das ist noch verbreiteter, genauso wie die Zuordnung eines Usurpationsmythos zu einer solchen bedrückten Minderheit, um ihre Ersetzung zu erklären und zu entschuldigen. Der besondere Mythos, der an den Juden für Usurpationszwecke festgemacht wird, wiederum ist durchaus nicht einmalig. Es ist der Mythos des Heiligen Henkers, der dunklen Gestalt, die mit der Schuld der Gottesopferung belastet ist, und diese Rolle erscheint im Ritual und in der Mythologie vieler Kulturen, wo immer Schuld wegen eines zentralen Rituals der Opferung empfunden wird. Was allerdings einmalig ist, das ist die Anwendung dieses Mythos für die Zwecke der Usurpation und der Schaffung einer Pariakaste.

Während ich die Ähnlichkeit des Antisemitismus mit vielen anderen gesellschaftlichen Äußerungen in anderen Kulturen einräume, verwerfe ich das zweite Extrem, den Antisemitismus mit lokalen soziologischen Faktoren zu erklären, unterschiedlich in verschiedenen Gesellschaften, so dass die Einheit des Antisemitismus als historisches Phänomen zerstört wird. Dies ist eine oberflächliche Herangehensweise, die den historischen Sachverhalt zerstückelt und verfehlt, den Antisemitismus als ein viele Jahrhunderte umfassendes Phänomen zu betrachten. Eine solche Herangehensweise bietet keine Hoffnung auf irgendeine grundlegende Lösung des Problems des Antisemitismus, weil es das Problem als eine Hydra zurücklässt, deren Köpfe man nach und nach abhacken kann, der aber ständig neue Köpfe nachwachsen. Während ich zustimme, dass es mehrere Arten von Antisemitismus gibt, bestehe ich darauf, dass der christliche Antisemitismus der bei weitem wichtigste in seinen historischen Folgen samt dem Holocaust ist. Während der islamische Antisemitismus keineswegs unbedeutend ist und in jüngerer Zeit wegen der Staatsgründung Israels noch wichtiger geworden ist, hat er keinen Holocaust auf dem Gewissen. Außerdem bietet er sich nicht in gleicher Weise wie der christliche Antisemitismus selbst zur Lösung an, weil fundamentalistischer Glaube im Islam noch kaum den Schock des Modernismus erfahren hat, und kritische Annäherungen wesentlich sind für die Lösung dessen, was im Kern ein religiöses Problem ist.

Das Christentum bietet dennoch eine gewisse Hoffnung auf eine Lösung, weil es die postfundamentalistische Phase erreicht hat. Es ist daher möglich, die Analyse christlicher religiöser Texte in einem wissenschaftlichen Geist anzugehen und ihren auf Opfer bezogenen Inhalt freizulegen. Trotz 200 Jahren nichtfundamentalistischer Kritik des Neuen Testaments hat diese Aufgabe gerade erst begonnen, weil die Wissenschaftler, seien sie noch so furchtlos in der Zerlegung der Texte und ihrer Zuordnung zu verschiedenen Dokumenten, sich immer noch dagegen sperren, sich dem Kern ihrer Grausamkeit zu stellen. Die anthropologische Analyse des Neuen Testaments ist der unverzichtbare Prolog zum Verständnis des Antisemitismus.

Die historischen Umstände, unter denen die Spaltung zwischen Judentum und Christentum stattfand, sind auch wichtig, um zu erklären, wie das Christentum dazu kam, die Juden zu dämonisieren. Das Bedürfnis des Heidenchristentums, von Paulus zu einer unpolitischen jenseitigen Religion der Erlösung umgewandelt, bestand darin, seine Bande zum Judentum zu zerschneiden und sich den Römern als unverbunden mit jüdischem Nationalismus und Unabhängigkeitsstreben darzustellen. Folglich wurde die Rolle des Feindes (immer noch vom jüdischen Christentum an den Römern festgemacht) auf die Juden übertragen, aber in einer ins Unermessliche gesteigerten Form, da der Feind nicht mehr politisch war, sondern kosmisch, und Satan in seiner Gegnerschaft gegen den göttlichen Erlösungsplan half. Noch unheimlicher war der Schwindel, durch den gerade die Anstrengungen der Juden und Satans, die Erlösung zu verhindern, dazu dienten, diese herbeizuführen. Die Gesamtwirkung der Verschmelzung von auf Opferung beruhender Erlösungsreligion und politischer Selbstentschuldigung war, die Juden in ein verfluchtes Volk zu verwandeln, durch ihre ganze Geschichte der Rolle des archetypischen Verräters geweiht. Dieses Gebräu war auch nützlich für den Usurpationsmythos, da es erklärt, warum das Judentum durch das Christentum als das wahre Israel ersetzt werden musste. Somit war die Bühne bereitet für die Zeit, da die Juden Europas schutzlos dem triumphierenden Christentum ausgeliefert sein würden, das sie in eine Kaste von Sklaven verwandeln, ihnen entehrende Aufgaben aufbürden und sie schließlich so weit dämonisieren würde, dass Massaker auf Massaker unvermeidlich wurde und im Holocaust gipfelte.[9]

Anmerkungen

1 Zu einer vollständigen Darstellung der Verunglimpfung der Juden durch die Kirchenväter und mittelalterliche Autoren siehe Ruether (1974) und Maccoby (1990). Die Juden wurden von Eusebius, Aphrahat, Chrysostomos, Irenaeus, Justinus, Ephraem des gewohnheitsmäßigen Verbrechens beschuldigt (besonders des Götzendienstes und sexuellen Lasters). Chrysostomos wirft ihnen sogar Kannibalismus vor. Wie James Parkes nachgewiesen hat (Parkes, 1934), waren die häufigen Beschuldigungen, wonach die Juden die frühe Kirche verfolgten, haltlos. Die Theorie, dass die Juden unter einem Fluch standen und durch die Zerstörung des Tempels, durch Exil und durch Sklaverei bestraft worden waren, war allgegenwärtig und wurde auch von dem relativ aufgeklärten Thomas von Aquin vertreten.

2 Siehe Nicholls (1993), S. 203–07, der im Einzelnen die Entsprechungen zwischen kirchenrechtlichen Gesetzen gegen die Juden und jenen der Nazis, darunter Verbot von Mischehen und Tischgemeinschaft, Bücherverbrennung, Kennzeichnung durch besondere Kleidung, Ausgrenzung und Verbot des Verkaufs von Grundbesitz an Juden.

3 Ich führte die Idee von Hitlers Erwartung des Tausendjährigen Reiches zum ersten Mal ein in The Sacred Executioner (1982), S. 171–75 (dt. *Der Heilige Henker*, 1999, S. 275–80). Die Idee wurde später von Robert Wistrich in Hitler's Apocalypse, London 1985, ausgearbeitet.

4 Die Reformation führte zu Veränderungen im christlichen Kanon des Neuen Testamentes, der Gegenstand hitziger Auseinandersetzungen in den frühen Jahrhunderten der Formierung der Kirche gewesen war. Als ich bei Gelegenheit in einer öffentlichen Diskussion mit christlichen Gelehrten vorschlug, eine Revision des Kanons sei im Licht des Holocausts notwendig, löste ich damit Entsetzen und Unverständnis aus.

5 Die gedankenlose Feindseligkeit gegenüber Juden der großen Mehrheit südamerikanischer Katholiken, ob traditionell oder der „Befreiungstheologie“ folgend, wurde mir deutlich gemacht von meinem Freund, Professor Federica Castro aus Venezuela, persönlich ein Mensch mit wahrhaft liberaler Einstellung, der stark unter Unterdrückung gelitten hat.

6 Dies war der Ausdruck, den Dr. Eugene Fisher, Vorsitzender des Sekretariats für Katholisch-Jüdische Beziehungen, mir gegenüber in einem öffentlichen Dialog vor der Graduiertenschule der City University of New York gebrauchte. Laut Fisher war meine Analyse des Christentums als eines Menschenopferkultes, in dem die Juden als Heilige Henker handeln, völlig korrekt, soweit das volkstümliche Christentum betroffen war, habe aber keine Bedeutung für das offizielle Christentum. Siehe Braham (1986).

7 Das Verhalten der römisch-katholischen Kirche während des Holocausts ist für eine Bewertung ihrer Haltung danach wichtig. Papst Pius XII. drückte das Siegel auf die

jahrhundertelange Unterdrückung der Juden durch die Kirche, als er sich standhaft weigerte, in Deutschland Protest gegen den Holocaust einzulegen, selbst als er die vollständigen Einzelheiten kannte. Auch als die Juden Roms auf Lastwagen geladen und nach Ausschwitz in den Tod geschickt wurden, schritt er nicht ein, obwohl bestimmte Katholiken in Rom ihn inständig darum baten. Er unterstützte jedoch das Verstecken einiger Juden, die dem Abtransport entkommen waren. Selbst als die Alliierten Rom besetzten und die Nachricht von Vorbereitungen zur Ermordung der ungarischen Juden eintraf, griff er nicht ein, außer Rassismus im Allgemeinen zu beklagen. Er wurde von Katholiken wie von Juden angefleht, die Exkommunikation gegen jeden Katholiken zu verkünden, der sich am Holocaust beteiligte, aber er reagierte nicht darauf, obwohl eine solche Ankündigung vielleicht viele Katholiken, die nach Führung suchten, beeinflusst hätte. Siehe Friedlaender (1966), Lewy (1964). Siehe auch Gutteridge (1976) zu der ebenso gleichgültigen Politik der deutschen protestantischen Kirchen.

8 Eine besonders simple Version dieser Ansicht ist vor Kurzem erschienen, vertreten von solchen jüdischen Autoren, die versuchen, an die Theorie des „Orientalismus" von Edward Said anzuknüpfen (siehe zum Beispiel Cheyette, 1993). Nach dieser Ansicht ist der Antisemitismus des 19. und 20. Jahrhunderts ein Ausdruck des Kolonialismus gewesen; Juden sind verachtet worden als Repräsentanten dreister Orientalen, die okzidentale „Ermächtigung" herausforderten. Selbst Autoren wie G. K. Chesterton, Hilaire Belloc und T. S. Eliot, deren Antisemitismus offen religiös in seiner Motivation war, sind in dieser Richtung analysiert worden. Der Begriff „Antisemitismus" ist sogar in „Semitismus" geändert worden, um ihn auf eine Linie mit Saids Begriff „Orientalismus" zu bringen. Said selbst lehnt natürlich solche Verbündete ab, da er es vorzieht, Juden als Erzkolonialisten zu betrachten, eine Ansicht, die zumindest auf ein Merkmal des antisemitischen Mythos hinweist, das von den oben genannten jüdischen Theoretikern ignoriert wurde, nämlich dass die Juden immer als Inhaber einer geheimnisvollen und furchterregenden Macht gesehen wurden, nicht als rückständige Eingeborene. Natürlich soll dies nicht leugnen, dass das fundamentale jüdische religiöse Stigma zeitweise von reinem Klassendünkel überlagert wurde, wie ihn die Romane von Trollope an den Tag legen. Jede Generation und sogar jede Klasse hat ihre eigene ausgeprägte Art, antisemitisch zu sein, aber diese Nuancen liefern keine Erklärung für die Beharrlichkeit des Antisemitismus an sich.

9 Siehe Daniel Jonah Goldhagens *Hitlers willige Vollstrecker. Ganz gewöhnliche Deutsche und der Holocaust.* Kritiker dieses Buches (das erschien, während das vorliegende Buch in der Presse besprochen wurde), haben es meist falsch dargestellt, als gäbe es die Schuld am Holocaust allein den Deutschen. Tatsächlich gibt der Autor, wie die ersten Kapitel deutlich machen, die Schuld am Holocaust vor allem der christlichen mittelalterlichen Verteufelung der Juden, und er hebt die Kontinuität zwischen mittelalterlichem und modernem Antisemitismus hervor. Erst zweitrangig beschuldigt er die Deutschen, deren besondere Geschichte sie besonders anfällig für eine moderne rassistische Version des mittelalterlichen Abscheus machte. Goldhagens detaillierte Beweisführung der unkritischen Komplizenschaft des Durchschnittsdeutschen im Holocaust bietet eine starke Bekräftigung der Wirkung einer jahrhundertelangen christlichen antisemitischen Indoktrination.

Literatur

Abraham, Israel: *Studies in Pharisaism and the Gospels*, London 1917, 1924.
Adams, Henry: *The Education of Henry Adams*, Boston 1918.
– : *Mont-Saint Michel and Chartres*, Boston 1905.
Anselm von Canterbury: *Opera*, hg. v. F. S. Schmitt, 6 Bde., Edinburgh 1938.
Thomas von Aquin: „Letter to the Duchess of Brabant", in A P. d'Entrèves, hg. v., *Selected Political Writings*, New York 1959.
Augustinus von Hippo: *De civitate dei*, hg. v. Christoph Horn, Berlin 1997.
Basham, A. L. (Hg.): *A Cultural History of India*, Oxford 1975.
Bauer, Yehuda: *The Holocaust in Historical Perspective*, London 1978.
Boone, Elizabeth H. (Hg): *Ritual Human Sacrifice in Mesoamerica*, Cambridge, Mass. 1984.
Bousset, Wilhelm, Kyrios Christos: *Geschichte des Christusglaubens von den Anfängen des Christentums bis Irenaeus*, Göttingen 1918.
Braham, Randolph L. (Hg.): *The Origins of the Holocaust: Christian Anti-Semitism*, New York 1986.
Brandes, Georg: *Die Jesus-Sage*, Berlin 1925.
Brandon, S. G. F.: *The Fall of Jerusalem and the Christian Church*, London 1951.
Brooten, Bernadette J.: *Women Leaders in the Ancient Synagogue*, Chico 1982.
Bultmann, Rudolf: *Die Geschichte der synoptischen Tradition*, Göttingen 1921.
Burkert, Walter: *Homo Necans. Interpretationen altgriechischer Opferriten und Mythen*, Berlin 1972.
Carmichael, Joel: *The Satanizing of the Jews*, New York 1995.
Charsley, Simon: *„'Untouchable': What is in a name?"*, in: The Journal of the Royal Anthropological Institute, 2, 1, 1996.
Cheyette, Bryan: *Construction of "The Jew" in English Literature and Society*, Cambridge, Mass. 1993.
Cohen, Jeremy: *The Friars and the Jews: The Evolution of Medieval Anti-Judaism*, Ithaca/London 1982.
Cohn, Norman: *The Pursuit of the Millennium*, London 1957.
– : *Warrant for Genocide: the Myth of the Jewish World-Conspiracy and the Protocols of the Elders of Zion*, London 1967.
Dahood, Mitchell J., *The Psalms*, Ancor Bible, 3 Bde., New York 1966–70.
Davies, Alan T., Hg. v.: *Antisemitism and the Foundations of Christianity*, New York 1979.
Dewey, Joanna, „A Response to René Girard, ‚Is there anti-Semitism in the Gospels?'", in: *Biblical Interpretation*, 1, 3 (1993), S. 353–356.
Diodorus Siculus: *Bibliotheca Historica*, 12 Bde., Cambridge, Mass. 1933–67.
Douglas, Mary: *Purity and Danger*, London 1966.
– : „Atonement in Leviticus", *Jewish Studies Quarterly*, 1, 2, S. 109–130, 1993/94.
– : *Natural Symbols*, New York 1973.
– : „The Forbidden Animals in Leviticus". *JSOT* 59 (1993), S. 3–23.
– : „The Stranger in the Bible". *Arch. europ. sociol.*, XXXV (1994), S. 293–298.
Dumont, Louis: *Homo Hierarchicus: The Caste System and its Implications*, Chicago/London 1980.
Dundes, Alan (Hg.): *The Blood Libel Legend: A Casebook in Anti-Semitic Folklore*, Madison 1991.
Dunn, James D. G.: *Christology in the Making: An Inquiry into the Origins of the Doctrine of the Incarnation*, London [2]1989.

Dutt, N. K.: *Origin of Caste in India*, Bd. 1, London 1931.
Eilberg-Schwartz, Howard: *The Savage in Judaism: an Anthropology of Israelite Religion and Ancient Judaism*, Bloominton 1990.
Eliot, T. S.: *The Complete Poems and Plays*, London 1969.
Feldman, Louis H.: *Jew and Gentile in the Ancient World: Attitudes and Interactions from Alexander to Justinian*, Princeton 1993.
Fischel, W. J.: „Cochin", in: *Encyclopaedia Judaica*, Jerusalem 1972.
Flannery, Edward H.: *The Anguish of the Jews*, New York 1963.
Frazer, Sir J. G.: *The Golden Bough*, 3. Aufl.: Teil III, *The Dying God*, London 1911. Teil IV, *Adonis Attis Osiris*, London 1907. Teil VI, *The Scapegoat*, London 1913.
Freeman, James M.: *Untouchable. An Indian Life History*, London 1979.
Freud, Sigmund: *Der Mann Moses und die monotheistische Religion*, London 1939.
Friedlander, S.: *Pius XII and the Third Reich: A Documentation*, London 1966.
Gager, John G.: *The Origins of Anti-Semitism*, New York/Oxford 1983.
Gaston, Lloyd: *Paul and the Torah*, Vancouver 1987.
Gilbert, Arthur: *The Vatican Council and the Jews*, Cleveland/New York 1968.
Girard, René: *Des choses cachées depuis la fondation du monde*, Paris 1978 (dt. Neuübers.: *Das Ende der Gewalt*, Freiburg 2009).
– : *La violence et le sacré*, Paris 1972 (dt. *Das Heilige und die Gewalt*, Frankfurt a.M. 1994).
– : „Is there Anti-Semitism in the Gospels?", in: *Biblical Interpretation* 1, 3 (1993), S. 339–352.
Golb, Norman: *Jewish Proselytism – a Phenomenon in the Religious History of Early Medieval Europe*, Cincinnati 1987.
Goulder, Michael: *A Tale of Two Missions*, London 1994.
Graves, Robert: *The Greek Myths*, 2 Bde., London 1955.
Grayzel, Solomon: *The Church and the Jews in the Thirteenth Century*, New York 1966.
Green, A. R. W.: *The Role of Human Sacrifice in the Ancient Near East*, Missoula 1975.
Gutteridge, R.: *Open Thy Mouth for the Dumb: The German Evangelical Church and the Jews 1879–1950*, Oxford 1976.
Hare, Douglas A. R.: *The Theme of Jewish Persecution of Christians in the Gospels according to Matthew*, Cambridge 1967.
Hasan-Rokem, Galit; Dundes, Aland (Hg.): *The Wandering Jew. Essays in the Interpretation of a Christian Legend*, Bloomington 1986.
Hay, Malcolm: *The Foot of Pride*, Boston 1950.
Haynes, Stephen R.: *Jews and the Christian Imagination. Reluctant Witnesses*, Basingstoke 1995.
Heer, Friedrich: *Gottes erste Liebe. 2000 Jahre Judentum und Christentum. Genesis des österreichischen Katholiken Adolf Hitler*, Esslingen 1967.
Hengel, Martin: *Between Jesus and Paul*, London 1983 (urspr. dt. in verschiedenen Zeitschriften und Büchern).
Herford, R. Travers: *The Pharisees*, London 1924.
Hiltebeitel, Alf (Hg.): *Criminal Gods and Demon Devotees*, Albany 1989.
Howden (Hoeveden), Roger: *Chronicles of the Reign of Henry II and Richard I*, hg. v. W. Stubbs, 4 Bde., London 1868–71.
Hubert, Henri; Mauss, Marcel: *Sacrifice: Its Nature and Functions*, USA 1964 (urspr. „Essai sur la nature et la fonction du sacrifice", in: *L'Année Sociologique*, Paris 1898).
Hutton, J. H.: *Caste in India*, London 1963.
Jacob, Joseph (Hg.): *The Jews and the Angevin England*, London 1893.
Jeremias, Joachim: *Die Gleichnisse Jesu*, Zürich 1947.
Juergensmeyer, *Mark: Religion as Social Vision: The Movement against Untouchability in 20th-century Punjab*, Berkeley 1982.

Katz, Jacob: *Exclusiveness and Tolerance*, London 1961.

Klass, Morton: Caste: *The Emergence of the South Asian Social System*, Philadelphia 1980.

Kümmel, Werner Georg: *Einleitung in das Neue Testament*, Heidelberg 121963.

Langmuir, Gavin I.: *Toward a Definition of Antisemitism*, Berkeley 1990.

Lanternari, V.: *The Religion of the Oppressed: A Study of Modern Messianic Cults*, London 1965.

Lévy-Strauss, Claude: *Das wilde Denken*, Frankfurt a.M. 1968.

Lewy, G.: *The Catholic Church and Nazi Germany*, New York 1964.

Liebeschütz, H.: „Max Weber's Historical Interpretation of Judaism", in: *Year Book of the Leo Baeck Institute* 9, 1964.

Lietzmann, Hans: *Messe und Herrenmahl*, Berlin 1955.

Loisy, A.: *Les mystères païens et le mystère chrétien*, Paris 1930.

Lüdemann, Gerd: „The Successors of Pre-70 Jerusalem Christianity: A Critical Evaluation of the Pella-Tradition", in *Jewish and Christian Selfdefinition*, hg. v. E. P. Sandres, Bd. 1, London 1980.

Maccoby, Hyam: *Judaism on Trial: Jewish-Christian Disputations in the Middle Ages*, London 1982, 1993.

– : *The Sacred Executioner*, London 1982 (dt. *Der Heilige Henker*, Stuttgart 1999).

– : *The Mythmaker*, London 1986 (dt. *Der Mythenschmied*, Freiburg 2007).

– : *Early Rabbinic Writings*, Cambridge 1988.

– : „Antisemitism", in: *A Dictionary of Biblical Interpretations*, hg. v. R. J. Coggins; J. L. Houlden, London 1990.

– : *Paul and Hellenism*, London 1991.

– : Judas Iscariot and the Myth of Jewish Evil, London 1992.

– : „Holiness and Purity: the Holy People in Leviticus and Ezra-Nehemia", in: *Reading Leviticus*, hg. v. John Sawyer, Sheffield 1996.

Majumdar, D. N.: *Races and Cultures in India*, Bombay 1958.

Mayer, Adrian C.: *Caste and Kinship in Central India*, London 1960.

Milgrom, J.: *Cult and Conscience: The Asham and the Priestly Doctrine of Repentance*, Leiden 1976.

– : *Leviticus 1–16*, The Anchor Bible, New York 1991.

Momigliano, Arnaldo: „A Note on Max Weber's Definition of Judaism as a Pariah-Religion", in: *On Pagans, Jews and Christians*, S. 231–237, Middleton, Conn. 1987.

Montefiori, C. G.: *The Synoptic Gospels*, 2 Bde., London 1927.

Moore, George Foot: *Judaism in the First Centuries of the Christian Era*, 2 Bde., Cambridge, Mass. 1927.

Morris, Brian: *Anthropological Studies of Religion*, Cambridge 1987.

Netanyahu, B.: *The Origins of the Inquisition in Fifteenth Century Spain*, New York 1996.

Neusner, Jacob: *From Politics to Piety*, New Jersey 1973.

Nicholls, William: *Christian Antisemitism: A History of Hate*, Northvale, New Jersey/London 1993.

Nietzsche, Friedrich Wilhelm: *Complete Works*, 18 Bde., New York 1925.

Parkes, James: *The Conflict of the Church and the Synagogue*, London 1934.

Patai, Raphael: „The Chuetas", *Midstream* 8, 1962, S. 59–69.

Pilkington, Edward: „Japan's ‚Untouchables' locked into disadvantage by collective amnesia", *The Guardian*, 2. Juli 1995.

Poliakov, Leon: *The History of Antisemitism*, 4 Bde., London 1962–74.

Reif, Stefan C.: *Judaism and Hebrew Prayer. New Perspectives on Jewish Liturgical History*, Cambridge 1993.

Reitzenstein, Richard: *Die hellenistischen Mysterienreligionen*, Berlin ^{3}1927.

Robertson, J. M.: *Pagan Christs*, London 1911.
Robinson, J. (Hg.): *The Nag Hammadi Library in English*, Leiden 1977.
Rogerson, J. W.: *Anthropology and the Old Testament*, Oxford 1978.
Rosenberg, Edgar: *From Shylock to Svengali: Jewish Stereotypes in English Fiction*, London 1961.
Roth, Cecil: *The History of the Jews in England*, London 1964.
Roth, Norman: *Conversos, Inquisition, and the Expulsion of the Jews from Spain*, Madison, Wisconsin 1995.
Rowland, Christopher: *Christian Origins: An Account of the Setting and Character of the most Important Sect of Judaism*, London 1985.
Ruether, Rosemary: *Faith and Fratricide*, New York 1974.
Sanders, E. P.: *Paul and Palestinian Judaism*, London 1977.
– : *Judaism: Practice and Belief, 63BCE–66CE*, London 1992.
Sanders, Jack T.: *The Jews in Luke-Acts*, London 1987.
Schiper, I.: „Max Weber on the Sociological Basis of the Jewish Religion", in: *Jewish Journal of Sociology* 1, 1959, S. 250–60.
Schürer, Emil: *Geschichte des jüdischen Volkes im Zeitalter Jesu Christi*, Berlin 1886–90.
Schweitzer, Albert: *Geschichte der Leben-Jesu-Forschung*, Tübingen 1906.
Simon, M.: *Verus Israel, Littmann Library of Jewish Civilization*, Oxford 1986.
Sombart, Werner: *Die Zukunft der Juden*, Leipzig 1912.
Stendahl, Krister: *Paul among Jews and Gentiles*, Philadelphia 1976.
Strack, Hermann L.: *Der Blutaberglaube in der Menschheit, Blutmorde und Blutritus*, München 1891.
Strack, Hermann L. und Billerbeck, Paul: *Kommentar zum Neuen Testament aus Talmud und Midrasch*, 4 Bde., München 1922.
Tierney, Patrick: *The Highest Altar: The Story of Human Sacrifice*, New York 1989.
Trachtenberg, Joshua: *The Devil and the Jews*, New York 1966.
Urbach, Ephraim: *The Sages: Their Concepts and Beliefs*, Jerusalem 1975.
Visuvalingam, Sunthar: „The Transgressive Sacrality of the Diksita: Sacrifice, Criminality and Bhakti in the Hindu Tradition", in: *Criminal Gods and Demon Devotees*, hg. v. Alf Hiltebeitel, Albany 1989.
Vermes, Geza: *Jesus the Jew*, London 1973.
– : *Jesus and the World of Judaism*, London 1983.
Weber, Ferdinand: *Jüdische Theologie auf Grund des Talmud und verwandter Schriften*, Leipzig 1897.
Weber, Max: *Gesammelte Aufsätze zur Religionssoziologie*, 3 Bde., Tübingen 1920–21. (Bd. 1: *Die protestantische Ethik und der Geist des Kapitalismus*, 1920; Bd. 3: *Das antike Judentum*, 1921.)
Wellhausen, Julius: *Prolegomena zur Geschichte Israels*, Berlin 1883.
– : *Die Composition des Hexateuchs*, Berlin 1889.
Wells, G. A.: *The Jesus of the Early Christians*, London 1971.
Whitely, D. E. H.: *The Theology of St Paul*, Oxford 1974.
Williams, A. L.: *Adversus Judaeos*, Cambridge 1935.
Wilson, Stephen: *Ideology and Experience: Antisemitism in France at the Time of the Dreyfus Affair*, Toronto 1982.
Wistrich, Robert S.: *Hitler's Apocalypse*, London 1985.
– Antisemitism: *The Longest Hatred*, London 1991.
Yerkes, R. K.: *Sacrifice in Greek and Roman Religions and Early Judaism*, London 1953.

Über den Autor

Hyam Maccoby
(1924–2004) war Talmudphilologe, Bibliothekar am Leo Baeck College in London und zuletzt Professor für Judaistik an der Universität Leeds. Er erforschte die Entstehung und historische Dynamik von Christentum und Judentum. Seine zentralen Werke *Der Mythenschmied* und *Der Heilige Henker* wurden auch außerhalb der akademischen Welt bekannt. Sein Theaterstück *Die Disputation* wurde in zahlreichen Städten der USA sehr erfolgreich aufgeführt.